LES TERROIRS
DU QUÉBEC

JACQUES DORION

810, Route 228, Saint-François-de-Montmagny.

GUIDE AGROTOURISTIQUE

TRÉCARRÉ
Ⓜ QUEBECOR MEDIA

Catalogage avant publication de la Bibliothèque nationale du Canada

Dorion, Jacques
Les terroirs du Québec : guide agrotouristique
Comprend des réf. bibliogr.
ISBN 2-89249-969-0

1. Québec (Province) - Guide. 2. Produits agricoles - Québec (Province) -
Histoire. 3. Québec (Province) - Ouvrages illustrés. 4. Aliments - Industrie et
commerce - Québec (Province) - Répertoires. 1. Titre.

FC2907.D672 2003   917.1404'4   C2003-940900-7

F1052.7.D672 2003

2003 Éditions du Trécarré, division de Éditions Quebecor Média inc.

Nous reconnaissons l'aide financière du gouvernement du Canada par l'entremise du Programme d'aide au développement de l'industrie de l'édition (PADIÉ) pour nos activités d'édition ; du Conseil des Arts du Canada ; de la SODEC ; du gouvernement du Québec par l'entremise du Programme de crédit d'impôt pour l'édition de livres (gestion SODEC).

Conception graphique et mise en pages : laframboise·design.com

Révision : Diane Martin
ISBN 2-89249-969-0
Dépôt légal 2003
Bibliothèque nationale du Québec
Imprimé en Chine

Éditions du Trécarré, division de Éditions Quebecor Média inc.
7, chemin Bates
Outremont (Québec) Canada
H4V 4V7
1 2 3 4 5 07 06 05 04 03

Page couverture : Rang Centre, Les Éboulements.

LES TERROIRS DU QUÉBEC

JACQUES DORION

GUIDE AGROTOURISTIQUE

À tous ces agriculteurs et agricultrices qui, chaque matin, de leurs mains, respectueusement, pétrissent la terre, la tradition et le paysage, habités qu'ils sont par les exigences du terroir ; le terroir qui donne au village un visage, au pays un chant de nous ; le terroir qui échappe au temps, fondant le passé et le présent, pour nourrir toutes les imaginations ; le terroir qui s'accouple à la main pour garder le geste artisanal ; à tous ces artisans et artisanes qui, chaque soir, ferment le jour, fiers de leur moisson qui délectera les tablées, je rends témoignage.

J. D.

Pierre Dorion partit de Salies-de-Béarn, dans les Basses-Pyrénées, en France. Là-bas, Jean Labarthe, historien, me raconta que le patronyme tenait au fait que les Dorion originaient d'un village localisé dans la presqu'île du Péloponnèse nommé D'Orion; leur migration vers la France se serait produite quelque part vers le XIIe ou XIIIe siècle. Hypothèse pour le moins plausible.

Pierre Dorion arriva en Amérique en 1684 avant de s'établir définitivement à Québec où il pratique l'agriculture. Comme des milliers d'autres, il contribuat à la naissance de la vie rurale et agricole en Nouvelle-France. Quatre cents ans plus tard, l'agriculture au Québec offre ce qu'elle peut produire de plus beau et de plus noble : des produits du terroir, expression distinguée de l'intimité entre l'habitant d'ici et son pays, expression d'une culture, expression d'une langue…

À mes deux fils, Louis et Olivier, porte-parole de la onzième génération, qui lèvent leur verre à la France, ce pays de nos gourmands héritages.

À France

« *M*ais que veut dire terroir? Cela signifie qui vient du sol de la région. La notion de terroir peut être comparée avec les vins. La qualité de ceux-ci provient du cépage, qui, lui, pousse d'un sol. Deux vins, faits avec le même raisin de la même façon, mais poussant sur deux versants de montagne différents, n'auront pas le même goût. C'est ça le terroir. »

Guy Bessone, chef cuisinier, « Grand Buffet des saveurs de Charlevoix. »
Le Soleil, Le samedi 19 octobre 2002, cahier H6

Chemin du Quai, Sainte-Rose-du-Nord.

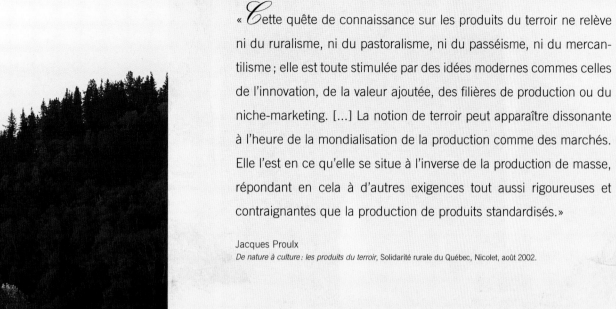

« *C*ette quête de connaissance sur les produits du terroir ne relève ni du ruralisme, ni du pastoralisme, ni du passéisme, ni du mercantilisme ; elle est toute stimulée par des idées modernes commes celles de l'innovation, de la valeur ajoutée, des filières de production ou du niche-marketing. [...] La notion de terroir peut apparaître dissonante à l'heure de la mondialisation de la production comme des marchés. Elle l'est en ce qu'elle se situe à l'inverse de la production de masse, répondant en cela à d'autres exigences tout aussi rigoureuses et contraignantes que la production de produits standardisés.»

Jacques Proulx
De nature à culture : les produits du terroir, Solidarité rurale du Québec, Nicolet, août 2002.

Rang Saint-Laurent, Baie-Saint-Paul.

« Vivent les mets qui ont un passé et vivent les mets qui ont une patrie. »

Marguerite Bourgeois, journaliste,
Paysana, juin 1938, vol. 4, p. 21.

Thérèse Charbonneau, Paradis des Petits Fruits, Dunham.

« *C*haque chef devrait avoir son jardinier ; j'ai l'impression de faire partie de l'équipe de la cuisine, de participer à l'innovation alimentaire, à l'éclatement des couleurs. Faire des jardins constitue pour moi un moyen d'expression. Chaque été, c'est comme si je créais une nouvelle œuvre d'art en hommage à la beauté du pays. »

Jean Leblond, La Métairie du Plateau aux Éboulements.

Terrasse La Ré Mi, Baie-Saint-Paul.

« *D*abord essentiellement géographique, le terroir représente désormais davantage que la seule référence au territoire. Il serait plutôt l'expression d'une relation étroite entre l'homme et son milieu, entre deux formes de patrimoine, le naturel et le culturel. Outre son ancrage géographique, le lien au terroir se trouve dans la façon d'exploiter une ressource, d'en tirer le meilleur parti sans l'épuiser. Il suppose une connaissance approfondie du milieu et de ses potentiels, une somme de savoirs informels transmis de génération en génération, tel un capital à exploiter et à faire fructifier. »

Bernard Genest, ethnologue, ministère de la Culture et des Communications
« Une question d'identités – Terroirs d'ici, mythe ou réalité ? », *Cap-aux-Diamants*. n° 65, printemps 2001, page 12.

Rang de la Beauce, Calixa-Lavallée.

L'Union des producteurs agricoles est heureuse de collaborer à la réalisation de cet ouvrage.

Rang Belle-Rivière, Saint-Gédéon.

SOMMAIRE

1777, Chemin Royal, Saint-Pierre, Île-d'Orléans.

AVANT-PROPOS

À la campagne, il y a la forêt, il y a les villages, il y a la population clairsemée, il y a le paysage, il y a un mode de vie, un monde de vie à connaître, un rythme, une authenticité. Il y a « l'esprit » d'un coin de pays, comme une odeur. C'est tout cela, et plus encore, qui donne son attrait au monde rural et qui façonne l'identité d'un territoire (d'un terroir, dit-on...) et de ceux qui y vivent. Et au Québec, nous sommes choyés : les campagnes sont nombreuses, vastes, diversifiées, invitantes, accueillantes et chaleureuses, on le reconnaîtra volontiers. De plus en plus, d'ailleurs, on y trouve des produits qui se veulent à leur image : fromages, viandes, vins, fruits, petits fruits, herbes, miel, produits de l'érable, etc. La liste, qui n'a de cesse de s'allonger, est aussi longue que savoureuse.

Les terroirs du Québec nous en donne un vaste et bel aperçu, nous proposant de prendre la clé des champs et de suivre un véritable itinéraire gourmand. L'auteur, Jacques Dorion, fournit ainsi compas et boussole à ceux et celles qui recherchent plus que jamais le goût du Québec à travers ses campagnes. L'UPA, au cœur du monde rural depuis plus de 75 ans, est fière d'y participer dans une troisième collaboration avec l'auteur. Les produits du terroir, on le verra, offrent souvent l'occasion d'une rencontre. Car derrière bon nombre de ces « crus » régionaux il y a, à l'origine du moins, une ferme, un agriculteur et une agricultrice, toute une famille même. Vous découvrirez alors des gens de nature passionnée. Qui aiment ce qu'ils font. Qui aiment l'agriculture, traditionnelle ou nouveau genre, l'une et l'autre complémentaires. Des gens qui, tous, ont l'amour du travail bien fait. Le goût du beau, du bon, du vrai, de l'authentique, de l'original; n'est-ce pas d'ailleurs ce qu'on recherche dans les produits du terroir, un goût partout différent mais qui nous révèle ses saveurs et ses « couleurs » ? Saveurs et couleurs de la Gaspésie, de Charlevoix, des Cantons-de-l'Est, du Bas-Saint-Laurent, de la Montérégie... Saveurs et couleurs de chez nous.

En plus du goût, il y a derrière ces produits une histoire, une origine, parfois récente, parfois moins, toujours intéressante. Celle d'un rapport intime avec la terre, les gens, les lieux, la tradition, les savoir-faire. Partir à la découverte de ce monde d'histoires et de saveurs, voilà l'aventure que nous propose Jacques Dorion par le texte et par l'image, espérant que son lecteur, à force d'appétit, finira par se laisser tenter, lui aussi, à courir par monts et par vaux pour savourer « les goûts » du pays.

Laurent Pellerin, président de l'Union des producteurs agricoles

INTRODUCTION

Depuis quelques années, les produits du terroir font la une. La gastronomie du Québec semble en pleine révolution. Les fromages fins se muliplient, les vignes se répandent au Témiscamingue, en Mauricie et ailleurs en région ; la route des cidres sillonne la Montérégie, les boulangeries artisanales réapparaissent dans nos villages ; des savoir-faire que l'on croyait réservés à certains pays européens, comme le gavage des canards et des oies, se pratiquent désormais au Québec ; des boissons artisanales variées, fabriquées autrefois par nos grands-parents gagnent à nouveau la faveur populaire.

Parler des produits du terroir du Québec, c'est d'abord mettre la loupe sur le produit lui-même, sa fabrication, ses secrets, son évolution. C'est aussi rencontrer ceux et celles qui ont consacré des années, sinon leur vie entière, à tâcher d'obtenir la reconnaissance et la consécration d'un hydromel, d'un cidre ou d'un fromage ; car, il faut bien le dire, les temps n'ont pas toujours été favorables pour ces petits fermiers-artisans, souvent perçus comme des « cultivateurs du dimanche ». Leur ténacité, leur détermination et leur sens de l'innovation ont permis aux produits du terroir de renaître et de s'approprier une tradition souvent oubliée. Est-il nécessaire d'ajouter que ces mêmes agriculteurs vont aussi renouveler l'agrotourisme au Québec grâce à différentes manifestations telles que la visite à la ferme, les circuits de découverte de produits locaux ou la dégustation. Autant de manifestations qui viennent appuyer un souci de conservation du patrimoine rural défini notamment par des paysages, des architectures, des semences et des races animales.

Ce que nous vous proposons donc, ce sont des rencontres : des rencontres avec le temps, avec le passé. Des rencontres avec des savoirs quelquefois oubliés, des traditions perdues, parfois reprises en main et assaisonnées au goût du jour : c'est la tradition au présent. Des rencontres aussi avec ceux et celles qui ont vécu avec l'agriculture une aventure, sinon une histoire d'amour, et qui nous la racontent. Et, pour enrober le tout, des rencontres avec le milieu, des régions, dans certains cas, de « petits pays », des atmosphères, des impressions qui naissent sous forme d'itinéraires, de sillons, de chants du coq dans les rangs, de chèvres curieuses et accueillantes ou encore de pommiers en fleur qui forment bouquet à flanc de coteau. Au total, de belles découvertes, des conversations, des émotions que je vous transmets bien fraîches, emballées par les guillemets.

J.D.

COMMENT UTILISER CE GUIDE

Les Terroirs du Québec est un guide pratique de découverte des produits alimentaires de fabrication artisanale et aussi de produits régionaux. Nous vous présentons donc des Paysages gourmands du Québec. Ces paysages gourmands, ce sont ceux de quatorze régions agrotouristiques et de leur terroir, illustrées de plus de 800 photographies. Pour que chacun puisse s'y retrouver facilement, nous avons adopté une classification connue de tous, celle des régions touristiques du Québec. Afin d'agrémenter le volet agrotouristique de ce guide, nous avons privilégié des circuits, des itinéraires inédits accompagnés de capsules cartographiques qui vous aideront à bien naviguer. Nous présentons donc un témoignage de nos visites chez ces passionnés du terroir et nous vous transmettons leur histoire, leur fierté et leurs convictions. Les Clins d'œil, sous forme de reportage photographique accompagné d'un texte un peu plus élaboré, font foi de ces réalités. Comme beaucoup de régions regorgent d'une grande variété de produits du terroir, nous indiquons pour chacune d'entre elles, en fin de chapitre, nos préférences ou Nos coups de cœur : originalité du produit, accueil, savoir-faire, charme des lieux, etc. ont été nos principaux critères pour choisir ces coups de cœur.

Puisque l'on se pose actuellement beaucoup de questions sur le terroir nous avons tenté de répondre à quelques-unes : qu'est-ce qu'un produit du terroir? quel rapport y a-t-il entre le terroir, et le patrimoine vivant? le terroir a-t-il toujours existé au Québec? Il y a donc matière à susciter de bonnes discussions entre amis autour d'une table bien garnie! Voilà le contenu Des mots dans mon assiette ✎ , rubrique insérée comme une halte entre chacune des régions du Québec

Les Terroirs du Québec est enfin accompagné d'un carnet de Bonnes adresses. Ce carnet fournit les coordonnées de plus de 900 fermiers et artisans. Simple à consulter, le carnet des Bonnes adresses est une référence indispensable pour goûter les régions. En plus, Les Bonnes adresses établit, pour chaque région du Québec, une liste de circuits et randonnées, de comptoirs de produits régionaux, de foires et festivals, de marchés publics et de musées et centres d'interprétation liés à l'agriculture. Maintenant, à vous de jouer, car les occasions de rencontre, de dégustation, de voyage au cœur de nos saveurs sont richissimes !

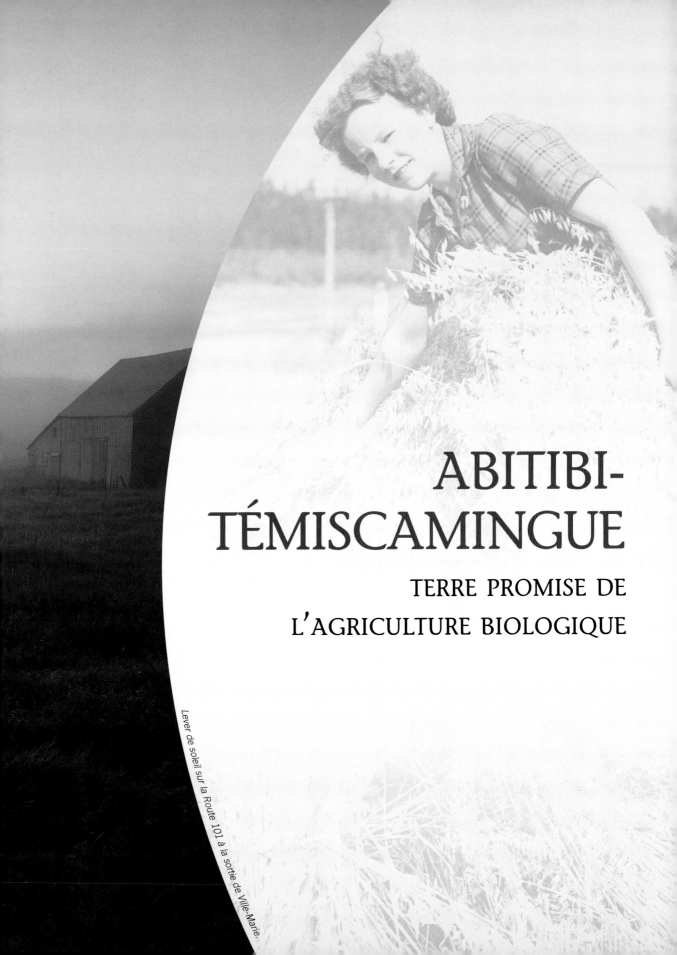

ABITIBI-TÉMISCAMINGUE

TERRE PROMISE DE
L'AGRICULTURE BIOLOGIQUE

Lever de soleil sur la Route 101 à la sortie de Ville-Marie.

Route à Cotnoir, Saint-Bruno-de-Guigues.

TERROIRS DU NORD

L'Abitibi-Témiscamingue est la région agricole la plus au nord du Québec. Son éloignement, souvent décrié par le passé, a été, depuis une vingtaine d'années, une source d'inspiration pour plusieurs agriculteurs et artisans. Les conditions géographiques et climatiques spécifiques à cette région ont contribué à développer ses terroirs. Glissez-en un mot à Richard Dessureaux, du Domaine des Ducs à Ville-Marie, qui vous expliquera que son vignoble profite d'un microclimat qui a quelque chose à voir avec la baie Georgienne ; Brigitte Rivard, du Gallichan de Framboises, observe que la fraîcheur des nuits d'été et les longues heures d'ensoleillement s'unissent pour donner des petits fruits plus sucrés qu'ailleurs au Québec. Des producteurs de bovins tiennent le même discours : la qualité des herbages, qui profitent aussi de ces nuits fraîches et d'un ensoleillement prolongé, permet de rehausser la nature de la viande bovine, ce qui est d'ailleurs confirmé par des analyses scientifiques.

Normand Olivier, 1049, Rang 2, Saint-Bruno-de-Guigues.

L'Abitibi-Témiscamingue, jeune contrée s'il en est une, surprend donc à plusieurs égards. Sait-on par exemple que c'est en Abitibi que le prix des terres agricoles est le plus bas au Québec ? que c'est aussi en Abitibi qu'on recense autant de terres disponibles qu'il y en a en production ? que cette jeune région est, aux yeux de plusieurs agriculteurs et agronomes, une terre promise à l'agriculture biologique ? Afin de comprendre leur credo dans l'agriculture biologique, quelques chiffres sont nécessaires : ayez en tête qu'un hectare est l'équivalent de 10 000 mètres carrés, soit un terrain mesurant 100 mètres sur 100 mètres ou, si vous préférez, 330 pieds sur 330 pieds. L'Abitibi-Témiscamingue a donc un potentiel inexploité de 2,4 millions d'hectares comparativement à 4 millions d'hectares actuellement en culture au Québec. En fait, à peine deux cent mille hectares sont mis en valeur en Abitibi-Témiscamingue. Ces 2,4 millions d'hectares intègres résultent d'un développement tardif de l'agriculture et d'une faible densité de population ; ces hectares, exempts de traces d'engrais et de pesticides, offrent donc un fort potentiel pour prendre le virage biologique. Gérard Drainville, évêque d'Amos et biologiste de formation, clame partout que l'agriculture biologique est la voie de l'avenir. Tout ce contexte, notamment, a donné le goût de la terre à une génération montante d'agriculteurs qui développent une agriculture innovatrice et artisanale. Et, bien sûr, l'agrotourisme s'intègre dans le quotidien de bon nombre de ces petites entreprises. Avant de les présenter, levons d'abord le voile sur la région et ses paysages.

Paysage agricole à Ville-Marie.

Coucher de soleil à Témiscaming.

TROIS PAYS EN UN

L'Abitibi-Témiscamingue, avec ses 155 000 habitants, c'est en fait « trois pays » en une région : la plaine du Témiscamingue, les hautes terres et les basses terres de l'Abitibi. Le dénominateur commun à ces trois pays : la forêt qui arrive toujours à poindre sur la ligne d'horizon, à distance plus ou moins appréciable, et qui cerne cette immense plaine ; si on ne parle que de l'Abitibi, il faut ajouter les mines au paysage. Les premiers efforts pour implanter l'agriculture au Témiscamingue remontent au milieu des années 1870. Ce n'est par contre que vers 1910 que les terres de l'Abitibi s'ouvrent au colon agriculteur. Un siècle plus tard, ce que l'on découvre dans les paysages agricoles, c'est cette jeune histoire qui a laissé des empreintes bien visibles, notamment dans les constructions : il faut savoir qu'au tournant des années 1950 l'Abitibi-Témiscamingue comptait plus de 9 000 fermes, alors qu'aujourd'hui on en recense moins de 800. Nous n'écrirons pas ici l'histoire agricole de la région ; mais sachez que la ferme traditionnelle offre de nombreux témoins de ces époques en Abitibi-Est : réduite à sa plus simple expression, c'est la maison et la grange-étable de petites dimensions (environ 12 mètres sur 24, parfois moins), campées dans un environnement dépouillé. La grange-étable est un repère chronologique intéressant puisque « la grange à combles français », comme disent des gens du coin, à toit plutôt arrondi, tapisse le paysage rural. Quant aux granges à versants droits, elles sont rarissimes parce qu'elles sont de la première génération, c'est-à-dire qu'elles ont été construites avant 1940. Saint-Félix-de-Dalquier et Guyenne illustrent bien cette agriculture traditionnelle.

C'est en Abitibi-Est que l'on trouve bien implantés, quelques produits régionaux désormais connus dans tout le Québec. Menacé de fermeture au début des années 1970, le village de Guyenne se lance dans la production de tomates, et aujourd'hui ses serres coopératives se classent parmi les cinq premières entreprises serricoles du Québec : la tomate de Guyenne est devenue un porte-étendard de l'Abitibi. Il en est de même des Champignons Laurentiens, de Berry, et, plus récemment, c'est Paul Bernier, de La Morandière, qui s'est lancé dans la production de porcs biologiques.

Un autre visage de l'Abitibi est offert par les agglomérations plus à l'ouest ; le paysage se moule à une topographie plus vallonneuse où se succèdent de forts jolies fermes : c'est le cas notamment à Palmarolle, à Sainte-Germaine-Boulé ou à Colombourg. D'autres localités, comme Sainte-Hélène-de-Mancebourg, profitent aussi de dénivellations et de la présence d'un cours d'eau, comme le passage de la rivière Duparquet à Gallichan, pour laisser paître sur les coteaux chèvres, moutons et vaches à viande.

889, Route 101, Saint-Bruno-de-Guigues.

Le 7e et le 8e Rang de Palmarolle, plus précisément la route 390 entre Poularies et Palmarolle, le 2e et le 3e Rang Ouest de Sainte-Hélène-de-Mancebourg, ou encore les rangs de la rivière Est et de la rivière Ouest de Gallichan et les environs de Sainte-Germaine-Boulé esquissent des tableaux représentatifs et très beaux de cette jeune Abitibi.

Jean-Louis Marcoux, Brasserie Belgh Brasse, Amos.

C'est précisément dans ce secteur ouest de l'Abitibi qu'émerge une concentration d'entreprises artisanales : on trouve à Palmarolle (Au gré des framboisiers) un beurre de framboise concocté par Louisa Gobeil et son conjoint qui, depuis 1992, ont aménagé une framboisière et un site fort attrayant destiné aussi à l'autocueillette ; on produit également un sirop et une gelée de cassis à Taschereau. Brigitte Rivard exploite pour sa part les fraises et les framboises depuis 1991. Sur un site fort joli qui longe la rivière, elle élabore des produits transformés des petits fruits (Le Gallichan de Framboises). Pendant quelques années, la petite île ancrée à l'entrée du village de Gallichan a servi de pâturage communautaire ; des moutons y broutaient tout l'été.

1482, Route 101, Ville-Marie.

Louisa Gobeil, Au Gré des Framboisiers.

Brigitte Rivard, Le Gallichan de Framboises, Gallichan.

LA VACHE À MAILLOTTE

En activité depuis 1996, La Vache à Maillotte, comme plusieurs autres fromageries du Québec, a renoué avec la tradition du cheddar, mais en plus diversifie sa production en fabriquant un fromage à base de lait de brebis. Rappel de la comptine « Elle est morte la vache à Maillotte », la fromagerie est née de l'initiative de sept personnes désireuses de fabriquer un fromage cheddar de qualité associé à la région. La fromagerie a une belle boutique des produits régionaux ; il est possible d'observer, derrière un écran transparent, Jacquelin Sévigny, le maître fromager, et son personnel œuvrant à la fabrication des 3 000 kilogrammes de fromage issus des troupeaux laitiers d'Abitibi-Ouest.

Jacquelin Sévigny, fromager.

France Daigle, fromagère.

Fromagerie, La Vache à Maillotte, La Sarre.

L'EAU DE SAINT-MATHIEU

Saint-Mathieu est un petit village de 730 habitants au sud d'Amos. En 2001, l'eau de Saint-Mathieu a reçu la médaille d'or du Berkeley Springs International Water Tasting Award Given, la plus importante compétition internationale qui réunissait alors 200 municipalités dont, entre autres, Genève et Paris. Mais qu'a donc de particulier l'eau de cette localité? Cette eau est puisée à même l'esker de Saint-Mathieu-Berry (Saint-Nazaire-de-Berry est le village voisin). Les eskers ne sont pas exclusifs à l'Abitibi-Témiscamingue, puisqu'on les trouve partout où les glaciers ont recouvert le nord de l'Amérique, de l'Europe et de l'Asie. Toutefois, ceux de l'Abitibi ont une remarquable particularité: ils renferment de très grandes quantités d'eau d'excellente qualité qui forment des rivières souterraines circulant en profondeur. L'eau est si abondante dans les eskers souterrains qu'elle déverse ses surplus par des centaines et des milliers de sources sur toute la région abitibienne. L'esker de Saint-Mathieu-Berry est le résultat d'une filtration naturelle; conséquemment, l'eau puisée dans l'esker possède des qualités exceptionnelles: elle est cristalline, transparente, inodore, pure, faible en sels minéraux et par surcroît avec un excellent pH de 7,1. L'esker est un milieu fragile, affecté notamment par les dépotoirs et les gravières, et où prospère le pin gris. Aussi, Saint-Mathieu s'est doté d'un centre d'interprétation de l'esker et d'un comité de protection.

LA FROMAGERIE DION

La Fromagerie Dion à Montbeillard est une petite entreprise exploitée par Gilberte Pelchat depuis 1986. Cette productrice fait figure de pionnière dans la région. Son troupeau est constitué d'une soixantaine de chèvres laitières. Ses fromages, le Brin de chèvre, le Montbeil et les Délices sont particulièrement appréciés partout au Québec. Au fil des ans, Gilberte Pelchat a diversifié son marché : elle fabrique du yogourt, du lait et même un savon appelé La Saponaire.

Gilberte Pelchat, Fromagerie Dion, Montbeillard.

LES CHAMPIGNONS LAURENTIENS

Fernand Miron a mis sur pied en 1996, à Berry en Abitibi, l'entreprise Les Champignons Laurentiens. La forêt boréale qui regorge de champignons très variés (pleurotes, morilles, champignons tortues, chevaliers jaunes, etc.) a inspiré cet homme ; à l'origine, celui-ci y cueillait les champignons sauvages, mais les difficultés de l'autocueillette alliées aux variations de température ont orienté ses choix ; il s'est donc tourné, vers la culture de champignons sur bran de scie de feuillus, ces arbres étant fort répandus dans la région. Dans des serres construites à cette fin, on fait la production de cultures semencières avant de les incuber et de les faire fructifier ; on y cultive notamment plusieurs variétés de pleurotes, l'hydne crinière de lion et la pholiote nameko. Ce sont des techniques culturales en provenance de la Chine, qui s'est spécialisée dans cette culture depuis des milliers d'années, qui guident les Champignons Laurentiens.

Route Notre-Dame, Ville-Marie.

EN ROUTE VERS LE TÉMISCAMINGUE

Que ce soit à Béarn, à Ville-Marie, à Saint-Bruno-de-Guigues ou à Laverlochère, les campagnes du Témiscamingue dans leur ensemble plaisent à l'œil ; bien arrimée à des terres vallonneuses, leur agriculture est diversifiée et se traduit par de nombreux élevages, dont principalement la vache à viande, la vache à lait et les moutons ; des producteurs ont opté pour la culture maraîchère avec des champs de pommes de terre et de carottes.

Chemin Girard, Île-du-Collège, Ville-Marie.

Les rangs, pour la plupart asphaltés, conduisent d'un village à l'autre, chacun séparé par de courtes distances, généralement entre dix et quinze kilomètres. La route qui gravit parfois de petits monts cache de belles cartes postales ; la route Notre-Dame qui conduit de Ville-Marie à l'Île-du-Collège en est une belle illustration ; il en est de même de la route régionale 391 qui se faufile à travers la municipalité de Béarn et mène à Lorrainville. En juillet, alors que le canola, l'orge, l'avoine et le blé tendent vers leur maturité, les champs revêtent des manteaux soyeux.

889, Route 101, Saint-Bruno-de-Guigues.

L'agrotourisme dans la région du Témiscamingue repose sur des bases innovatrices qui auraient relevé de l'impossible il y a encore quelques années : un vignoble s'est établi à Ville-Marie, un passionné de culture fruitière a réussi à y implanter pommes, cassis, prunes, et bien sûr une petite fromagerie, Le Cru du Clocher, a vu le jour à Lorrainville. Normand Olivier et Sylvie Côté, de Saint-Bruno-de-Guigues, propriétaires depuis plusieurs années d'une fraisière destinée jusque-là à l'autocueillette, se tournent aussi vers la transformation artisanale et s'apprêtent à mettre sur le marché une liqueur de fraise. C'est aussi au Témiscamingue que la culture du bleuet est en voie de renaître ; si le bleuet sauvage continue d'être prisé en Abitibi-Témiscamingue, le bleuet cultivé a connu des périodes difficiles qui ont mené à sa disparition ; des gels printaniers

803, Route 101, Saint-Bruno-de-Guigues.

répétés en terrain découvert ont affecté grandement le fruit, contrairement à son cousin le bleuet sauvage. Depuis peu toutefois, on a réintroduit le bleuet cultivé à Nédélec et à Guérin, au Témiscamingue, en adoptant cette fois-ci une méthode culturale différente : une rangée de bleuets alterne avec une rangée de feuillus, souvent des bouleaux, qui ont pour fonction de protéger le petit fruit des gelées tardives.

LA FERME AU VILLAGE

*L*orrainville est un joli petit village d'environ 1 500 habitants. Situé à huit kilomètres de Ville-Marie, Lorrainville a été ouvert à la colonisation au début des années 1880. Dans la vague des premiers arrivants : Léandre Barrette et sa femme Albina Lambert. Un siècle plus tard, les Barrette marchent sur les pas de leurs ancêtres. Christian Barrette est agronome ; il

est fils de Lorrainville, enfant de la quatrième génération. En 1990, Christian Barrette et sa conjointe, Hélène Lessard, font l'acquisition d'une « ferme au village ». Après bien des réflexions le couple décide de démarrer une petite fromagerie qui se spécialise dans la fabrication du fromage cheddar. Avec le lait de leur

troupeau ils ont en tête de façonner un fromage fermier qui se distinguera des autres cheddars. L'attachement à leur coin de pays les convainc également de doter le Témiscamingue d'une fromagerie qui sera un fleuron de leur région. Aujourd'hui, Le Cru du Clocher est avantageusement connu au Québec.

Hélène Lessard n'en est pas peu fière ; Le Cru du Clocher fabriqué avec du lait cru, un souhait d'Hélène Lessard de retrouver le goût du lait de son enfance, est affiné pendant 90 jours. À la fromagerie, on vous offrira une visite commentée et la possibilité de visionner une bande vidéo qui présente les étapes successives de la transformation du lait en fromage. Après avoir fait provision de fromage, n'hésitez pas à emprunter quelques rangs situés à l'est de la rue Notre-Dame (chemins du 1er du 2e Rang Laverlochère) pour vous imprégner de paysages ruraux remarquables sous une lumière de début ou de fin de journée.

VIGNOBLE LE DOMAINE DES DUCS

Et ne voilà-t-il pas que, depuis peu, ce sol que l'on disait «sans avenir pour l'agriculture» se laisse chatouiller par ses premières vignes! Deux agronomes ont implanté un vignoble à Ville-Marie. Claire Bolduc et Richard Dessureaux voulaient relever un défi en implantant un vignoble sur l'Île-du-Collège, non loin de Ville-Marie. Ce défi, c'était celui des distances, mais c'était surtout celui du climat, que l'on disait inapproprié à certaines cultures. Dès 1995, les premiers plants de vignes apparaissent sur les flancs de l'Île-du-Collège et, trois ans plus tard, les fruits de ce terroir du Témiscamingue étaient mis en bouteille. Pour y parvenir, il aura fallu expérimenter une quarantaine de variétés qui ont toutes survécu à ce climat. Finalement, six variétés se montrèrent mieux adaptées au microclimat local : printemps hâtif, gel d'automne précoce, eaux favorables du lac Témiscamingue qui font obstacle aux gels printaniers et servent d'écran aux chutes trop rapides de la température automnale, masse d'air en provenance de la baie Georgienne qui réchauffe l'atmosphère. Les deux agronomes parlent désormais «d'étés courts à jours longs» pour définir ce microclimat.

Domaine des Ducs, Route de l'Île-du-Collège, Ville-Marie.

Panier-cadeau du Verger des Tourterelles.

VERGER DES TOURTERELLES

Ce sont probablement les mêmes conditions climatiques qui ont profité à Jean-Yves Gaudette qui, à quelques kilomètres de là, à la sortie nord de Ville-Marie, a implanté en 1989 un verger comprenant aujourd'hui 130 pruniers, 200 pommiers et des plants de cassis. Les variétés sélectionnées de son verger se prêtant peu à la vente brute, Jean-Yves Gaudette a développé, au Verger des Tourterelles, une petite entreprise artisanale de transformation où il fait tout lui-même : du jus de pomme, du coulis de cassis, du sirop de groseille et de framboise ainsi que des beurres aux petits fruits, pomme et miel et cerise brune.

Site du Verger des Tourterelles, Ville-Marie.

Jean-Yves Gaudette, propriétaire du Verger des Tourterelles.

Champ d'orge, Lorrainville.

LES ARRÊTS
AGROTOURISTIQUES

1. Au Gré des Framboisiers *(confiture, Palmarolle)*
2. Le Gallichamp de Framboises *(gelée, Gallichan)*
3. Cassiro *(sirop de cassis, Taschereau)*
4. Les Champignons Laurentiens *(champignons, Berry)*
5. Brasserie Belgh Brasse *(bière, Amos)*
6. La Fromagerie Dion *(fromage, Montbeillard)*
7. Poissonnerie Témis *(caviar, Saint-Bruno-de-Guigues)*

Consulter les Bonnes adresses ou le site www.upa.qc.ca
pour un inventaire complet des produits de la région.

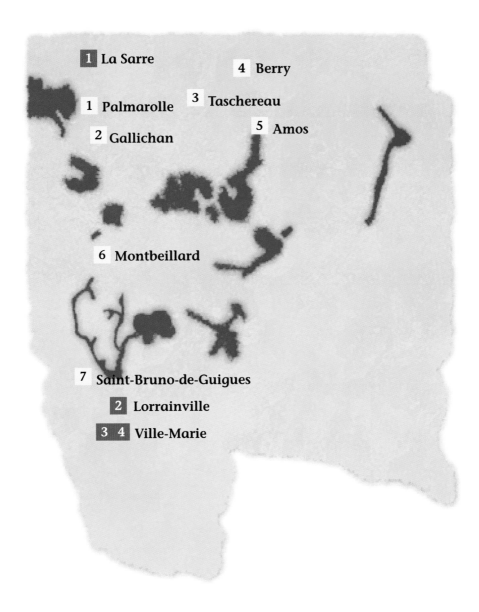

1 La Sarre

4 Berry

1 Palmarolle

3 Taschereau

2 Gallichan

5 Amos

6 Montbeillard

7 Saint-Bruno-de-Guigues

2 Lorrainville

3 **4** Ville-Marie

Paysage du Témiscamingue.

NOS COUPS DE CŒUR

1. La Vache à Maillotte *(fromage, La Sarre)*

2. La Ferme au Village *(fromage, Lorrainville)*

3. Verger des Tourterelles *(coulis, Ville-Marie)*

4. Vignoble Le Domaine des Ducs *(vin, Ville-Marie)*

DES MOTS
DANS MON ASSIETTE
LA PURETÉ DU TERROIR :
L'AGRICULTURE BIOLOGIQUE

1

L'agriculture biologique est toute jeune au Québec. Pour comprendre l'engouement actuel, il faut remonter au début des années 1970 alors que « le retour à la terre » amène à la campagne des citadins à la recherche d'une agriculture autre que conventionnelle (lait, poulet, porc, etc.) qui, de toute façon, ne leur est pas financièrement accessible. Parmi eux, Russell Pocock et Thérèse Shaheen qui, sur leur ferme de Compton, pratiquent alors « une agriculture naturelle », comme on l'appelait à l'époque. Ils deviennent les premiers au Québec et au Canada à obtenir une certification biologique (obtenue de l'État du Vermont) dans les années 1970. D'autres suivront… Lorsqu'on parle d'agriculture biologique, c'est plutôt une définition par la négative qui nous vient en tête : pas d'engrais chimiques, pas d'antibiotiques, pas de pesticides, pas d'organismes génétiquement modifiés (OGM).

Si toutes ces caractéristiques collent bien à l'agriculture biologique elle est plus que cela puisque essentiellement, ses fondements reposent sur le respect et la préservation de la vie; on la qualifie souvent d'agriculture durable. L'agriculture biologique protège, nourrit et enrichit les sols en maintenant ou en accroissant la qualité et la quantité de matières organiques indispensables à la qualité de l'air; elle tient compte des écosystèmes (végétation, haies, bosquets, cours d'eau, etc.) et aussi des bêtes en respectant leurs besoins comportementaux. On proscrit la surpopulation animale dans des bâtiments fermés pour favoriser des conditions

de vie décentes avec de l'espace pour bouger et de l'air frais. L'agriculteur biologique utilise donc des engrais naturels, des semences originales et cultive le sol grâce à des méthodes éprouvées. On parle alors de rotation de cultures ou d'utilisation d'engrais verts.

Il est aussi question d'utilisation de compost, de plantation d'arbres et d'arbustes, de plantes semées pour nourrir le sol, etc. Pour assurer la crédibilité de l'appellation biologique, on a donc recours à la Loi sur les appellations réservées, dont nous reparlerons. En un mot, cette loi fournit les garanties nécessaires quant à l'authenticité des produits. Depuis février 2000, l'appellation biologique fait l'objet d'une certification obligatoire. L'usage du terme « biologique », au même titre que les termes « organique », « écologique », « biodynamique » et leurs diminutifs (éco, bio, etc), est régi par des règles strictes au chapitre de la certification des produits, de leur emballage et de leur étiquetage.

Ces règles ne permettent pas à un agriculteur du Québec de vendre des produits biologiques s'il ne répond pas aux règles énoncées précédemment. Le Québec et la Colombie-Britannique sont les deux seules provinces dotées de normes biologiques provinciales. Depuis quelques années, les ventes de produits biologiques augmentent de 25 % au Québec annuellement ; la demande pour ce type de produits est si pressante ici qu'on doit importer 70 % des produits biologiques vendus en épicerie.

Il existe au Québec une Fédération de l'agriculture biologique, mise sur pied en 1989, qui regroupe quelque 700 fermes. Pierre Gaudet en est le président et voici ce qu'il déclarait dans une interview diffusée à *La semaine verte* de Radio-Canada : «Quand j'ai vu le dégât que je faisais à la terre, je me suis mis à lui parler. Maintenant, je fais attention à elle. Des mauvaises herbes, ça n'existe pas ; il y a juste des herbes qui ne sont pas à la bonne place. Le bio, ce n'est pas le passé, c'est l'avenir.» L'agriculture biologique a déjà une première manifestation qui lui est acquise : une Bio-Fête se tient à Montréal, quelque part en août, à un marché public de la ville.

Il existe aussi un magazine du bioquébécois, *Bio-Bulle*, publié six fois par année. On peut se le procurer en écrivant au Centre d'agriculture biologique, Service à la clientèle, 401, rue Poiré, La Pocatière, Québec GOR 1ZO Tél : (418) 856-1110, poste 340.

1. Chemin Notre-Dame, Ville-Marie.
2. 4e Rang, Saint-Arsène.
3. Route 323, Sainte-Angélique-de-Papineauville.
4. 11e Rang, Plessisville.
5. Chemin Principal, Sainte-Dorothée.
6. Cidrerie Saint-Nicolas, Saint-Nicolas.
7. Rang Sainte-Sophie, Oka.

BAS-SAINT-LAURENT

L'ESTUAIRE ET SON ARÔME

Le village de Saint-André-de-Kamouraska.

Belle résidence sur l'avenue Morel, Kamouraska.

DES TERROIRS OUBLIÉS

Pays de montagnes, de rivières et d'îles que le fleuve découpe d'ouest en est, le Bas-Saint-Laurent séduit par la diversité de ses paysages. C'est dans cette région aux climats changeants et aux sols agricoles harcelés par la montagne que vont se nouer la tradition et le savoir-faire de ses habitants. De La Pocatière, qui marque la limite ouest à Sainte-Luce, qui en est la limite est, en passant par Rivière-du-Loup et Rimouski, la région du Bas-Saint-Laurent est porteuse de plusieurs produits du terroir inspirés des ressources agricoles, halieutiques et forestières. Le savoir-faire est aussi au rendez-vous.

Vue du village de Trois-Pistoles.

Pour découvrir ces produits régionaux, la route 132 apparaît encore comme la voie de circulation la plus panoramique ; et, de temps à autre, il sera intéressant de faire de petites excursions vers l'intérieur des terres afin d'y rencontrer des artisans de l'agriculture. Mais auparavant, redonnons vie temporairement à ces terroirs oubliés du Bas-Saint-Laurent.

Il nous faut reculer de quelques décennies pour rappeler l'engouement des citadins à privilégier le beurre salé de marque Kamouraska sur les marchés de Québec et de Montréal ; le beurre de Kamouraska, fabriqué de façon artisanale, principalement par des femmes, depuis la fin du XVIIIe siècle, était un produit typique du terroir de la région. Malheureusement, afin de répondre aux besoins des marchés urbains en pleine expansion, le beurre de Kamouraska a été fabriqué de façon industrielle dès la fin du XIXe siècle et, de ce fait, confondu avec le reste de la production québécoise.

Brasserie Breughel, 68, Route 132, Saint-Germain-de-Kamouraska.

Belle grange, 76, route 132, Saint-Simon.

C'est aussi dans la région de Kamouraska, à la Grande Anse, que l'on a élevé pendant plus d'un siècle des oies et des dindes sur les basses terres du littoral : la présence de mares et d'herbes aquatiques déjà prisées par les oiseaux migrateurs ont convaincu plusieurs fermiers de l'époque d'instaurer un élevage avicole ; observé dès 1722, cet élevage se poursuivait encore un siècle plus tard.

On ne peut passer devant Rimouski sans évoquer le rôle joué par les sœurs de Notre-Dame-du-Saint-Rosaire qui, de 1895 à 1995, vont maintenir un vaste complexe agricole. Elles récoltent pommes, prunes (la reine du nord), groseilles, fraises, framboises, cerises (reine-claude de Montmorency), citrouilles, légumes et miel. Au fil des travaux et des jours, elles perpétuent des traditions festives comme celle de la Grosse Gerbe, celle de l'Agneau pascal ou encore la procession de la Fête-Dieu dans les vergers en fleurs. Malheureusement, la relève faisant défaut, les sœurs du Saint-Rosaire cessent leurs activités agricoles en 1995.

180, avenue, Morel, Kamouraska.

5ᵉ Rang, Saint-Narcisse-de-Rimouski.

L'agriculture contemporaine n'est cependant pas en reste ; des producteurs de bovins de boucherie du Bas-Saint-Laurent, plus précisément de la région de Rimouski, mettent en marché de la viande bovine naturelle, sans hormones de croissance, et les bêtes sont nourries à l'herbe et à l'orge produites dans le Bas-Saint-Laurent. Ce produit de niche a été baptisé « Natur'Bœuf ». La culture biologique s'implante avec de plus en plus d'assurance dans ce coin de pays puisque l'association Avenue Bio de l'Est compte une quarantaine d'agriculteurs producteurs de lait (36 % de tous les producteurs de lait biologique du Québec se trouvent dans le Bas-Saint-Laurent), l'acériculture, les cultures maraîchères, la production de petits fruits, d'agneau, etc. Afin d'expliquer cet intérêt pour la culture biologique, les agriculteurs vous raconteront que le climat du Bas-Saint-Laurent les favorise : « La saison de production écourtée génère moins d'insectes et l'absence de cultures commerciales intensives facilite la transition de l'agriculture conventionnelle vers le biologique. »

Vue du village de Saint-Germain-de-Kamouraska.

VALLIER ROBERT, ARTISAN ACÉRICULTEUR

Si les terrasses du littoral du Bas-Saint-Laurent sont toujours le berceau de plusieurs produits du terroir, comme mous le verrons, le plateau appalachien, tourné davantage vers l'industrie forestière, arbore désormais quelques fleurons acéricoles. C'est une belle histoire que raconte Vallier Robert. Dans les années 1970, des municipalités du Bas-Saint-Laurent sont menacées de disparaître à la suite de décisions politiques. C'est le cas des villages Saint-Juste-du-Lac (Lots-Renversés), Auclair et Lejeune. Pour survivre, les gens du milieu forment un mouvement coopératif, le JAL, qui tente notamment de rentabiliser les activités forestières et les exploitations agricoles. Au nombre des acteurs de cette relance figure Charles-Aimé Robert. En 1972, cet acériculteur d'Auclair exploite une érablière de 200 entailles. Lorsque Vallier, fils de Charles-Aimé, prend la relève de l'entreprise en 1996, on compte 7 800 entailles.

Dans son érablière du Témiscouata, Vallier Robert fabrique, depuis 1997, des liqueurs à base de sève d'érable fermentée : la collection Acer de Vallier Robert comprend un vin blanc, Prémices d'Avril, un mousseux, Mousse des Bois, produit selon la méthode champenoise traditionnelle, un apéritif, Val Ambré, qui n'est pas sans rappeler le Pineau des Charentes, et un porto, le Charles-Aimé Robert. C'est en 1990, alors qu'il hérite de l'érablière familiale, que Vallier Robert décide de se lancer dans la transformation de la sève d'érable.

Comptoir de vente de Vallier Robert à Auclair.

*Économusée de l'érable,
65, route du Vieux-Moulin, Auclair.*

Après de nombreux séjours et stages d'étude chez des producteurs de vin, de cidre et d'hydromel au Québec, en France et en Californie, Vallier Robert s'oriente vers de nouveaux produits en misant sur une fabrication artisanale. En 1996, Nathalie Decaigny, agronome, se joint à l'entreprise. La visite du Domaine Acer est impressionnante car on y trouve une salle de fermentation, une chambre froide, un laboratoire, une salle pour la préparation, l'étiquetage et le bouchonnage et deux caves à vin où trônent des dizaines de barils de chêne. Vallier Robert reprend une tradition vieille de plusieurs siècles au Québec puisque, quelque part vers 1680, on fabriquait une boisson alcoolisée appelée « rossilis », à base de sève d'érable ; et nous ne parlons pas de l'alcool de contrebande qu'on produisait en faisant fermenter la sève d'érable en cuve avec du blé et du raisin avant de distiller le tout dans un alambic de fortune à la cabane à sucre !

Rivière-du-Loup

185

Auclair

285

Vallier Robert

Dégelis

Vallier Robert

L'AGNEAU PRÉ-SALÉ

Le plateau appalachien du Bas-Saint-Laurent est devenu le berceau de la production ovine du Québec avec plus de 215 producteurs concentrés dans l'arrière-pays de Rimouski, notamment à Saint-Marcellin, à Saint-Gabriel et à La Trinité-des-Monts. L'abondance des fourrages, le prix relativement moins élevé des terres et la compétition moins soutenue du maïs et du soya ont ouvert les champs aux moutons. Ne répondant qu'à 25 % de la demande au Québec, la production ovine est bien loin de celle des années 1870, alors que le Québec comptait plus de un million de têtes.

Fin de journée à L'Isle-Verte.

Important une tradition normande et bretonne (la baie du Mont-Saint-Michel, en France), deux agronomes, Jacques Deblois et Mathieu Clotteau, ont introduit en 1998 dans les marais et le rivage sud de l'Isle-Verte des agneaux qui y broutent du début de juin à la fin de septembre. Des fermiers de l'Isle-Verte donnaient déjà accès aux marais à leur bêtes depuis des décennies. En profitant de ce terroir inusité caractérisé notamment par le passage des grandes marées et l'abondance de minéraux et de sodium, les agneaux broutent des pâturages salés. Contrairement à la croyance populaire, la chair des prés-salés n'est pas plus salée, mais la texture est plus fine et la viande moins grasse et plus goûteuse.

Ancien établissement de ferme à l'Isle-Verte.

Paysage à L'Isle-Verte.

Une grange ancienne a été aménagée en bergerie et, chaque matin vers 10 h et chaque soir vers 17 h 30, à la grande joie des touristes de passage, les agneaux, sous la conduite du berger ou de la bergère, traversent la route. Le troupeau s'élève à une centaine de bêtes ; on ne prévoit pas l'augmenter, malgré une forte demande, afin de respecter les normes environnementales et aussi de préserver le caractère d'authenticité de la production. On peut déguster l'agneau de pré-salé dans certains gîtes de L'Isle-Verte (La Maison d'Agathe et Mon Petit Lopin de Terre) ou dans certains restaurants huppés de Québec (Château Frontenac) et de Montréal (Toqué !). Fort conscients de l'impact de cet élevage sur l'activité économique et touristique de L'Isle-Verte, des propriétaires ont formé une coopérative, Mer Bergère, afin de faciliter le broutage des moutons sur les rivages. L'Isle-Verte, dont la population a déjà atteint 350 personnes, ne compte plus aujourd'hui qu'une quarantaine de résidents permanents qui voient dans l'agneau de pré-salé une belle possibilité de valorisation de leur milieu.

L'élevage ovin à L'Isle-Verte : une tradition séculaire.

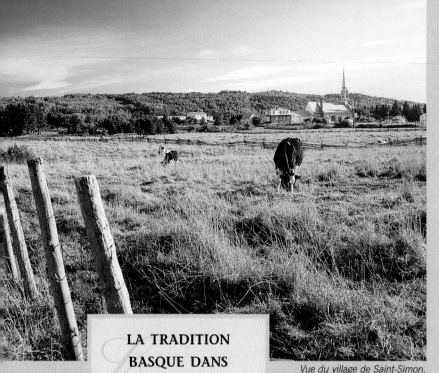

LA TRADITION BASQUE DANS LE FROMAGE

Vue du village de Saint-Simon.

La Fée gourmande, 167, avenue Morel, Kamouraska.

La timidité de l'industrie laitière dans la région se répercute sur la présence de fromageries ; à la fin des années 1980, plus une seule n'avait pignon sur rue. Depuis peu, cependant, une renaissance s'amorce et la Fromagerie des Basques et la Fromagerie Le Détour, localisées respectivement à Trois-Pistoles et à Notre-Dame-du-Lac, ont repris le flambeau.

La Fromagerie des Basques, fondée en 1994, c'est l'aventure de la famille Pettigrew, d'abord producteurs laitiers qui se consacrent par la suite uniquement à la fabrication d'un fromage de type basque, élaboré selon les méthodes européennes à base de lait de brebis. La Fromagerie des Basques concocte sa propre recette en utilisant du lait de vache.

Boulangerie Niemand, 82, ave Morel, Kamouraska.

Maison des Chapais, 2, route 132 Est, Saint-Denis-de-la-Bouteillerie.

LA CULTURE DES ARBRES FRUITIERS : TROIS NOMS AUX SOURCES DE LA TRADITION

La culture des arbres fruitiers trouve un territoire approprié entre Montmagny et Kamouraska, territoire intégré à une région un peu plus vaste que l'on désigne sous l'appellation Côte-du-Sud mais qui, dans les faits, emprunte à la fois à Chaudière-Appalaches et au Bas-Saint-Laurent. L'arboriculture fruitière de la région doit son essor à trois pionniers : Auguste Dupuis qui, vers 1860, aménage la première pépinière dans l'est du Québec et contribuera à la diffusion de variétés de prunes du pays comme la reine-claude de Montmorency et la damas violette ; Jean-Charles Chapais s'intéresse à la pomoculture, et Jean-Baptiste Dupuis, qui met sur pied, en 1880, une société des arboriculteurs du comté de L'Islet. Dans ce contexte, on peut mieux s'expliquer la présence de nombreux vergers et l'attachement que les gens manifestent à la culture fruitière. Souvent de petites tailles, quelques vergers de pommes ou de prunes ont intégré la transformation artisanale à leurs activités.

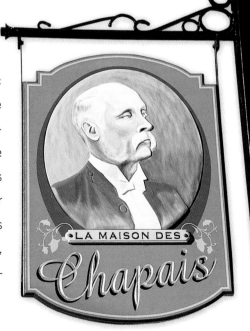

LA MAISON DE LA PRUNE

*L*a région de Kamouraska-L'Islet était, au début du XXᵉ siècle, une des régions fruitières les plus prolifiques du Canada. La prune avait alors l'importance que connaît aujourd'hui la pomme dans notre alimentation. Les pruniers transplantés au Québec proviennent d'abord des régions de France et, au XIXᵉ siècle, de l'Angleterre. Historiquement, la prune a prospéré sur une bande de territoire comprise entre Québec et Rivière-du-Loup. Ce corridor relativement étroit (environ huit kilomètres) traversant les régions de Bellechasse, Montmagny, Kamouraska et L'Islet (environ 145 kilomètres) bénéficie de l'influence de l'estuaire du Saint-Laurent, qui draine un climat océanique : l'estuaire maintient un taux d'humidité indispensable au prunier et prévient la trop grande dessiccation de l'atmosphère en hiver ; le fleuve agit aussi comme un régulateur des écarts de température en retardant une végétation trop hâtive qui doit attendre des chaleurs bien soutenues pour assurer sa croissance.

Dès le début des années 1930, on assiste au déclin de la prune : la concurrence des prunes de l'Ontario amenées par chemin de fer, un trop grand nombre de variétés cultivées, des emballages plus ou moins soignés et l'arrivée de fruits et légumes « exotiques » en provenance des États-Unis sont des facteurs qui expliquent cette situation.

Sise à trois kilomètres à l'est du village de Saint-André-de-Kamouraska, la Maison de la Prune offre, durant les mois d'août, de septembre et d'octobre, toute une gamme d'activités aux visiteurs. Paul-Louis Martin et Marie De Blois possèdent aujourd'hui plus de 1 400 pruniers. On y fabrique de façon artisanale des pots de confiture, du jus de prune ainsi que du coulis, de la sauce aux prunes et des prunes à l'eau-de-vie.

L'ISLE-VERTE ET KAMOURASKA DANS LE MÊME FILET

Vital Caron est le dernier boucanier de L'Isle-Verte, à quelques kilomètres de Trois-Pistoles. Ainsi baptisée à cause de la mousse de mer qui abondait autrefois sur ses rivages à marée basse, L'Isle-Verte est la seule île de l'estuaire habitée en permanence depuis la fin du XVIIIe siècle. Longue de treize kilomètres, l'île est balisée en son centre par une seule route bordée de champs qu'on ne cultive plus. Sur le versant sud de l'île, de longs estrans, recouverts en bonne partie de prairies naturelles visitées quotidiennement par les marées, servaient autrefois de pâturages aux animaux. La pêche, quant à elle, n'est plus qu'un souvenir; Vital Caron, le dernier pêcheur de l'île, a cessé cette activité après 45 ans de métier. On retrouvait pas moins d'une quinzaine de pêches à fascines sur la côte sud de l'île et les vieux fumoirs abandonnés sont là pour en témoigner; une seule boucanerie attire encore les estivants et c'est celle de Vital Caron, qui fume quelques poissons achetés à l'extérieur.

Fumoir à L'Isle-Verte aux couleurs des rochers.

Fumoir à proximité du quai de L'Isle-Verte.

Vital Caron.

Groupement de fumoirs, L'Isle-Verte.

« Ce poisson dans ce pays tient lieu de la viande de bœuf et l'on s'en nourrit durant toute l'année sans en être dégouté » écrit Simon Denys en 1651. De quel poisson s'agit-il? On le pêche du mois d'août au début de novembre et on le sale pour toute l'année. Il est ici question de l'anguille, de « l'anguille canadienne », qui se taille une réputation enviable en France.

Fascines au soleil levant, Saint-André-de-Kamouraska.

Dans le paisible village de Kamouraska, les frères Bernard et Bruno Ouellet s'adonnent à la pêche à l'anguille. De leur grand-père Flavius, ils ont appris le fumage du poisson sur bois d'érable. Car, de Flavius Ouellet, la légende, qui ne s'embarrasse jamais de nuances, rapporte qu'il était le meilleur fumeur de hareng du Québec. Il possédait vers 1900 une terre et trois îles en face de Kamouraska; la belle saison venue, toute la famille migrait sur l'une des îles pour s'adonner à la pêche. Le grand-père tendait sa fascine: des piquets entrelacés de branches d'aulnes bloquaient le passage aux poissons qui se retrouvaient captifs, avant qu'il ne les ramasse à marée basse avec son cheval et son tombereau. Harengs, esturgeons, sardines, anguilles étaient pris au piège et vendus par Flavius Ouellet qui, au début des années 1930, acquit un camion afin d'écouler ses produits de porte en porte. Puis Maurice, un de ses fils, prend la relève, et c'est au contact de cet oncle que Bernard et Bruno Ouellet s'intéressent aux activités de pêche. Conscients que le fleuve ne fournit plus la manne d'autrefois, ils se tournent vers la transformation; ils cons-truisent eux-mêmes leurs séchoirs artisanaux (l'un à froid et l'autre à chaud) et, depuis le printemps 2000, ils possèdent une petite entreprise de trans-formation. Ils se spécialisent dans les produits haut de gamme, dont principalement l'estur-geon, l'anguille et le saumon fumés.

Bernard et Bruno Ouellet.

Caveau à légumes, La Maison de la Prune, Saint-André-de-Kamouraska.

Pour confirmer ces traditions, ces expressions gastronomiques des villages de la région, et pour donner aux produits du terroir leurs lettres de noblesse, l'appellation « les Saveurs du Bas-Saint-Laurent » est désormais apposée sur les produits locaux vendus en épicerie ou dans les marchés publics.

Fumoir de L'Isle-Verte

LES ARRÊTS
AGROTOURISTIQUES

1. La Fée Gourmande *(chocolat, Kamouraska)*
2. Brasserie Breughel *(bière, Saint-Germain-de-Kamouraska)*
3. La Maison Ronde *(confiture, Saint-Germain-de-Kamouraska)*
4. Miel naturel Saint-Paul-de-la-Croix *(miel, Saint-Paul-de-la-Croix)*
5. Viv-Herbes herboristerie artisanale *(tisane, Lejeune)*

Consulter les Bonnes adresses ou le site www.upa.qc.ca
pour un inventaire complet des produits de la région.

4 L'Isle-Verte

4 Saint-Paul-de-la-Croix

3 Saint-André

2 **3** Saint-Germain

1 **2** Kamouraska

Auclair **5**   **5** Lejeune

1 Saint-Pacôme

Vue du littoral à Saint-Pacôme

La pêche à Saint-André-de-Kamouraska

NOS COUPS DE CŒUR

1. La Framboisière des Trois *(liqueur de framboise, Saint-Pacôme)*

2. Boulangerie Niemand *(pain, Kamouraska)*

3. La Maison de la Prune *(prune, Saint-André-de-Kamouraska)*

4. Mer Bergère *(agneau de pré-salé, L'Isle-Verte)*

5. Vallier Robert *artisan acériculteur (liqueur d'érable, Auclair)*

DES MOTS DANS MON ASSIETTE
LE TERROIR:
UN MOT DANS TOUTES LES BOUCHES

À écouter les émissions télévisées qui lui sont consacrées, à répertorier le nombre d'articles que la presse lui réserve, à observer les préoccupations qu'elle suscite chez chacun d'entre nous, on a l'impression que la gastronomie québécoise est devenue une nouvelle passion nationale. Et, dans toute cette effervescence, le terroir, employé à toutes les sauces, se noie presque dans une confusion étymologique. Pourquoi ne pas goûter au pannequet de sarrasin du Moulin A. Coutu de Saint-Félix-de-Valois et aux canneberges de Manseau? Comment résister à la fondue tiède Mamirolle parfumée au vin blanc composée d'un fromage de Éco-Délices de Plessisville et d'un vin du vignoble des Négondos de Saint-Benoît-de-Mirabel?

Aux yeux de plusieurs, déguster un produit du terroir, c'est déguster la tradition, c'est croquer dans l'artisanal en appuyant le travail du fermier qui affine son fromage au cidre de chez nous, c'est savourer un produit en harmonie avec son environnement, c'est alimenter la survie d'un village et d'une région et c'est aussi faire un geste de citoyen du monde; on pourrait presque dire que les produits du terroir sont assaisonnés d'une ferveur nationaliste. Mais d'abord, distinguons deux choses : le terroir et le produit du terroir. L'étymologie nous apprend que terroir signifie « pays, espace de terre ».

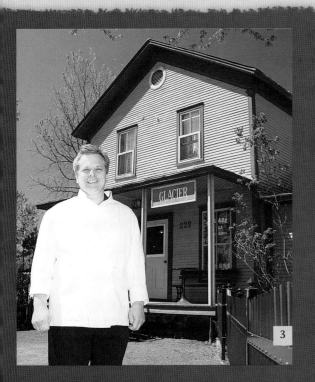

3

4

Dans terroir, il y a le mot terre. Le terroir fait donc référence à un espace de terre affecté à un usage précis et considéré au regard de ses aptitudes agricoles; on parlera par exemple d'un terroir cidricole ou viticole. En France, le terroir a aussi une forte connotation identitaire puisque des terroirs similaires, près les uns des autres, forment « un pays ». Au Québec, les différentes sources consultées fournissent une définition à peu près similaire du mot terroir qu'on peut résumer ainsi : le terroir désigne un ensemble de terres d'une même région fournissant un produit agricole caractéristique et de qualité et qui se distingue par son unicité; on le dit synonyme de petit territoire.

Le terroir repose donc d'abord sur les aptitudes de la terre, sur le climat qui l'enveloppe, l'hydrographie, la végétation, la faune et le relief. Ainsi, le terroir de Neuville, caractérisé par un sous-sol riche en minéraux, le passage du Saint-Laurent, une petite baie qui découpe la côte, des galets qui absorbent la chaleur de l'ensoleillement, réunit un ensemble de conditions donnant un goût spécifique, unique à ce légume baptisé « maïs de Neuville », un produit du terroir. Mais voilà, tous les produits du terroir ne réduisent pas l'intervention humaine à une sélection de semences et à sa mise en terre.

Dans le cas d'un fromage, d'un vin ou d'un pain, l'agriculteur retient cette fois-ci un animal, un cépage, un fruit ou un légume en fonction de caractéristiques propres ; le fermier s'implique dans la transformation. Donc, plus le processus de transformation est complexe, plus le terroir s'inscrit comme une donnée parmi d'autres dans la fabrication du produit final. La tradition joue un grand rôle et elle n'est vraie que dans la mesure où elle véhicule un savoir-faire réel ; la tradition peut aussi être récente : c'est le cas par exemple du cidre de glace ; on verra bien si d'ici cinquante ans il s'inscrira encore dans notre tradition agricole. La tradition peut aussi être améliorée par l'apport de la science, qu'il s'agisse d'instruments de mesure sophistiqués ou d'interventions directes sur le produit du terroir. À la ligne d'arrivée, le produit du terroir est unique ; il met en valeur un goût, une saveur obtenue par le mélange des spécificités physiques du milieu, des connaissances et du savoir-faire de son créateur ; on ne peut le reproduire ailleurs dans toute sa véracité. Bien sûr, les imitations sont toujours possibles.

Au Québec, comme ailleurs dans le monde, le produit du terroir est une réponse appropriée à des valeurs que nous voulons faire nôtres : une origine, une authenticité, une spécificité, un mode de production artisanal, un savoir-faire qui a quelque chose à voir avec l'histoire, un usage respectueux de l'environnement, un concept associé à l'agriculture durable, un enracinement culturel, des qualités gustatives originales hors des sentiers de la standardisation. Le produit du terroir est un ancrage dans le territoire, dans le pays, une expression fondamentale dans le paysage agricole, au sens propre comme au sens figuré. Il suppose donc une relation étroite entre l'homme et son milieu et un mariage entre deux

formes de patrimoine, soit le naturel et le culturel. En d'autres mots, le produit du terroir est le résultat d'une connaissance approfondie (le patrimoine culturel) du milieu physique (le patrimoine naturel) pour en tirer un produit (le patrimoine agricole) qui caractérise ce milieu et, par conséquent, le lieu géographique d'où il est issu.

1. Récolte de la canneberge, Sainte-Marie-de-Blandford.
2. 978, chemin 4e ligne, Saint-Valentin.
3. 229, chemin Mystic, Mystic.
4. 229, chemin Mystic, Mystic.
5. Marché Gospel, Bonaventure.
6. Lucille Giroux, La Moutonnière, Sainte-Hélène-de-Chester.
7. Sucrerie d'Antan, Plessisville.
8. La Trappe à fromage, Gatineau.
9. Rang Haut-Saint-François, Laval.

BOIS-FRANCS

DU LAIT DANS LA PLAINE
ET DE LA SÈVE SUR LES COLLINES

3545, chemin Bécancour, Lyster.

Chemin du Danube, Précieux-Sang.

AU PAYS DU BON LAIT

Bien adossée au piémont appalachien, la région des Bois-Francs laisse couler sa frontière nord dans le Saint-Laurent, alors qu'à l'est et à l'ouest c'est une immense plaine que les régions de Chaudière-Appalaches et de la Montérégie se partagent. Immense plaine, mais aussi immense bassin laitier, le plus important du Québec, composé de plus de 1 500 fermes. Pas étonnant donc de constater que les fromageries locales se multiplient sur la carte fromagère du Québec. Et chaque année, comme pour ritualiser cette ressource régionale, le Festival des fromages de Warwick souligne l'apport de ceux et celles qui, partout au Québec, ont réussi à donner corps à leur passion dans ce domaine.

La région des Bois-Francs a vu naître de nombreuses fromageries artisanales et aussi des fromageries industrielles qui illustrent bien le dilemme auquel, un jour ou l'autre, le fromager fait face: victime de son succès, doit-il augmenter le volume de production pour satisfaire la demande ou conserver la vocation artisanale de son entreprise? La région des Bois-Francs fournit bien des réponses à cette question. Pas étonnant, donc, de croiser sur son chemin la fromagerie Côté de Warwick avec son très populaire Sir Laurier et, à quelques kilomètres de là, de petites fromageries artisanales tournées vers le fromage de chèvre ou le fromage de brebis. Nous vous proposons une route des fromages des Bois-Francs: six fromageries localisées dans un paysage verdoyant qui vous conduiront successivement à Plessisville, Princeville, Sainte-Hélène-de-Chester, Chesterville, Warwick et Victoriaville. Prévoyez un parcours d'environ 70 kilomètres et une journée bien remplie.

LE CIRCUIT DES FROMAGERIES DES BOIS-FRANCS

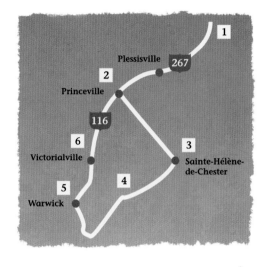

1. Éco-Délices
2. Le Pastoureau
3. La Moutonnière
4. Fromagerie Tournevent
5. Fromagerie Côté
6. Fromage Victoria

Située au sud-est de la région, la ferme-fromagerie Éco-Délices se trouve au 766 du 9ᵉ Rang à Plessisville. Cette petite fromagerie, poussée en pleine campagne, vous initiera aux premiers paysages valonneux qui caractérisent la région des Bois-Francs ; elle vous mettra en contact avec un pionnier de l'agriculture biologique, Gérard Dubois, qui décidait, en 1970, de faire de son entreprise une ferme biologique. Les débuts de la fromagerie artisanale Éco-Délices remontent à 1989 ; un premier fromage, La Raclette des Appalaches, voit le jour. Grâce à la collaboration d'André Fouillet, qui a rédigé en 1998 *À la découverte des fromageries du Québec*, Éco-Délices obtient en 1995 l'autorisation de fabriquer le Mamirolle, un fromage originaire de France apparu en 1935 et dont la fabrication se poursuit toujours dans le petit village de Mamirolle, non loin de Besançon. Éco-Délices produit sous licence ce fromage dont il possède les droits d'appellation, de production et de vente pour tout le Québec et le Canada. Le Mamirolle demande de trois semaines à un mois de vieillissement et se conserve au réfrigérateur. En 2002, Éco-Délices a donné naissance à deux autres fromages : Le Louis Dubois et le Pomme de glace. Le Louis Dubois se veut un clin d'œil à Louis Dubois, originaire de Bretagne, installé en 1842 dans le 9ᵉ Rang et dont les trois fils de Gérard Dubois incarnent la septième génération.

Stéphanie Caron, fromagerie Éco-Délices, Plessisville.

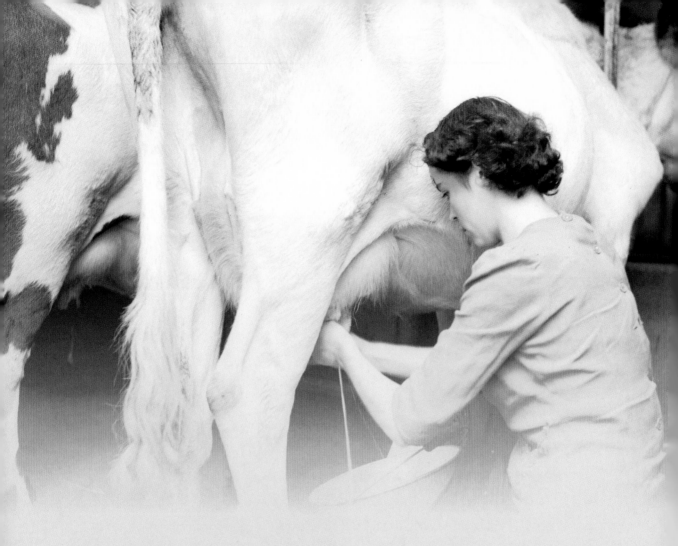

En quittant le 9e Rang, il faut mettre le cap sur Princeville et emprunter la rue Saint-Jean-Baptiste Nord (n° 475) qui cache à son extrémité une autre fromagerie artisanale : Le Pastoureau. Son propriétaire, Stéphane Richoz, d'origine suisse, fabrique des fromages de lait de brebis, de lait de chèvre mais aussi de lait cru de vache : L'Astrée, Le Pastoufrais, La Reine du Berger, Le Pastoureau (gardien de troupeau de brebis), Le Cœur de Jersey (un fromage de lait pasteurisé de vache Jersey), L'Érable du Petit Prince et La Chèvre Gourmande. La fromagerie, installée dans un joli bâtiment, offre également un comptoir de lunch avec des produits de boulangerie et des pâtisseries. Cette petite fromagerie traduit bien l'implication de plusieurs familles suisses dans la production laitière de la région.

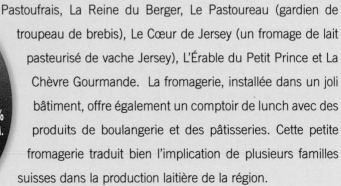

À la sortie de Princeville, il faut emprunter la route 263 en direction sud, vers Norbertville, Chester-Nord et Sainte-Hélène-de-Chester. Sur votre parcours, notez que vous êtes à deux ou trois kilomètres du Moulin Lapierre (99, chemin Laurier), implanté sur un site pittoresque et qui offre différentes farines. La route 263, ne vous y trompez pas car les indications ne sont pas toujours très précises, devient le 1er Rang à la sortie de Chester-Nord. Suivez cette route et, en arrivant dans le centre du village de Sainte-Hélène-de-Chester, qui semble figé dans le temps depuis quelques décennies, il faut poursuivre

sa route, direction sud, dans le 3e Rang, sur une distance d'environ trois kilomètres. Lucille Giroux y a établi, au 3690, sa fromagerie artisanale La Moutonnière, spécialisée dans la fabrication du fromage de brebis. Voilà une autre pionnière dans son domaine, puisqu'elle a été la première à fabriquer et à commercialiser des fromages québécois de brebis.

Après avoir élevé des agneaux de boucherie dans les années 1980, elle entreprend, au début des années 1990, la traite de brebis en vue de fabriquer du fromage. Elle importe, en 1995, 33 brebis laitières de race East Friesan de Suède, cette bête étant considérée à ses yeux comme « la Holstein des brebis ». Elle met alors sur pied sa microfromagerie, offrant au départ un feta de brebis, puis elle diversifie sa production. Depuis peu, la petite fromagerie possède sa propre cave d'affinage bien visible en bordure du rang.

Stéphane Richoz, fromagerie Le Pastoureau, Princeville.

LA MOUTONNIÈRE

*L*ucille Giroux résume en quelques mots sa philosophie : « Fabriquer des produits de grande qualité gustative selon une fabrication artisanale. » Et pour ce faire, Lucille Giroux a un mode d'emploi bien à elle : des pâturages ensemencés d'un mélange d'une douzaine de plantes sauvages poussant à l'état naturel dans le terroir des Bois-Francs ; des beaux jours jusqu'aux premières neiges, les moutons broutent en toute liberté dans ces pâturages leur fournissant un libre choix d'herbes, de fleurs, de graminées qui transmettent leurs saveurs au lait et au fromage ; les bêtes s'abreuvent en eau de source courante disponible dans chaque champ et disposent de suffisamment d'arbres dans les pâturages pour s'abriter au cours des canicules estivales ; aucun ensilage ne nourrit le troupeau afin que le goût du lait ne soit pas altéré ; les fromages sont fabriqués entièrement à la main et affinés dans une cave souterraine pour maintenir une bonne fraîcheur et une humidité naturelle ; bref, Lucille Giroux a mijoté, au fil des ans, tous les ingrédients d'un excellent fromage fermier.

De Sainte-Hélène-de-Chester à
Chesterville, il faut emprunter le chemin
Craig : de part et d'autre de la route, la forêt,
puis quelques kilomètres de décor intime
moulé par les vallons et la rivière Nicolet et
surtout des vues panoramiques impression-
nantes sur les campagnes lointaines.

LA FROMAGERIE TOURNEVENT

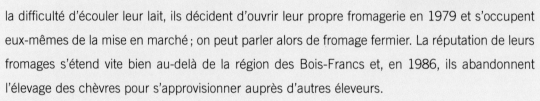

La Fromagerie Tournevent n'est pas située dans le centre du village de Chesterville; il faut croiser la route 161 puis emprunter le premier pont à gauche qui, à sa sortie, laisse deviner le rang Hince. Cette fois-ci, c'est une rencontre avec des pionniers de la fabrication du fromage de chèvre au Québec que nous vous proposons. En 1976, René Marceau et Lucie Chartier décident de s'établir à Chesterville et se lancent dans l'élevage de la chèvre laitière. Devant la difficulté d'écouler leur lait, ils décident d'ouvrir leur propre fromagerie en 1979 et s'occupent eux-mêmes de la mise en marché; on peut parler alors de fromage fermier. La réputation de leurs fromages s'étend vite bien au-delà de la région des Bois-Francs et, en 1986, ils abandonnent l'élevage des chèvres pour s'approvisionner auprès d'autres éleveurs.

La Fromagerie Tournevent décroche alors ses premiers éloges: le Tout Chèvre remporte un Lys d'Or du Québec et un premier prix à l'exposition agricole nationale de Toronto; puis, à la fin des années 1980, deux cheddars de lait de chèvre étendent la renommée de la fromagerie: Le Chevrino et le Chèvre-Noir. La fromagerie remporte la palme de l'American Cheese Society Conference cinq années consécutives. La Fromagerie Tournevent compte, au début du nouveau millénaire, une cinquantaine d'employés, avec un chiffre d'affaires de plus de deux millions de dollars. Ces employés sont pour la plupart membres d'une coopérative de travailleurs actionnaires et c'est là un signe distinctif de cette fromagerie qui a développé un véritable credo social basé sur le respect et la participation active des employés-actionnaires: «On adopte des procédés de fabrication en gardant le caractère artisanal et en misant davantage sur les personnes que sur le matériel utilisé pour la fabrication.»

René Marceau, Fromagerie Tournevent.

Fromagerie Tournevent, 7004, rang Hince, Chesterville

Notre prochain arrêt : Warwick. Pour s'y rendre, poursuivez votre route dans le rang Hince en direction nord, puis empruntez le chemin Craig Sud, perpendiculaire au rang Hince. Le chemin Craig Sud croise le chemin de Warwick qui vous conduit directement à la Fromagerie Côté, sise au coin de la route 116. La Fromagerie Côté n'a rien conservé de l'entreprise artisanale initiale ; en 1976, Georges et Yvon Côté se portent acquéreurs d'une petite fromagerie tournée vers la fabrication de cheddar à Kingsey Falls. Rapidement soumis à une demande sans cesse croissante, les propriétaires décident, trois ans plus tard, d'emménager dans une nouvelle bâtisse à Warwick. Aujourd'hui, la Fromagerie Côté produit quarante fois plus de fromage qu'à ses débuts, il y a vingt-cinq ans, et elle a réussi à mettre au point des fromages fabriqués à grand volume, mais dont la qualité ne se dément pas. Son Sir Laurier d'Arthabaska et son Du Village de lait cru cumulent en effet de nombreux prix d'excellence. Enfin, à Victoriaville se trouve la Fromagerie Victoria, une fabrique de cheddar associée à la famille Grenier depuis sa fondation en 1946.

Fromages de la Fromagerie Côté, Warwick.

LE SIROP D'ÉRABLE COULÉ DANS L'HISTOIRE DE PLESSISVILLE

S'il est un produit régional dont l'image est accolée à la région des Bois-Francs, c'est bien le sirop d'érable, et cette réputation repose sur des fondements historiques. Dès l'instant où la plaine du Saint-Laurent s'essouffle pour laisser place aux premiers vallons appalachiens, le royaume du lait cède la place aux érablières. Plessisville est désormais reconnue, tant sur le plan national que sur le plan international, comme la capitale mondiale de l'érable. Les acériculteurs de Plessisville ont écrit de nombreuses pages d'histoire : le souci des sucriers de fabriquer un produit de grande qualité, d'obtenir de meilleurs prix et d'éliminer la fraude les a amenés à la création de la coopérative Citadelle en 1925 ; c'est le début de l'acériculture commerciale au Québec. Aujourd'hui, la coopérative réunit 2 500 acériculteurs dont les produits sont exportés dans plus de trente-deux pays. La coopérative Citadelle a toujours pignon sur la rue Saint-Laurent à Plessiville. Plessisville a aussi été le site de la première sucrerie expérimentale au Québec, en 1939.

Rosaire Brassard, 487, 11ᵉ Rang, Plessisville.

Chemin Gosford, Inverness.

Depuis 1959, s'y déroule le Festival de l'érable qui, chaque année au début du mois de mai, attire des milliers de visiteurs. À cette occasion, on couronne un Grand Maître sucrier international. En 1993,

l'Institut québécois de l'érable a vu le jour, et la promotion des produits de l'érable sous toutes ses formes demeure l'une de ses principales préoccupations ; sur l'avenue Trudelle, où se trouvent ses locaux, on a aménagé le musée de l'Érable, une boutique de vente de ses produits ainsi qu'un centre de documentation sur l'érable.

Roméo Brassard, 487, 11e Rang, Plessisville.

Dans la paroisse de Plessiville, on trouve une belle panoplie de cabanes à sucre anciennes et modernes ; pour les visiter, empruntez le 11ᵉ Rang, qui croise la route 165 en direction de Thetford, puis la route Baril, le chemin des Pointes et la route Sainte-Sophie qui vous ramène sur la route 165.

Jules Malenfant, Sucrerie d'Antan, Plessisville.

Le 11ᵉ Rang vous permettra d'observer à quel point l'érable est présent dans les paysages de la région ; on a préservé les alignements de ces arbres qui escortent la route et derrière lesquels fermes modernes et bâtiments traditionnels se succèdent. Faites escale à l'érablière Brassard, une érablière familiale dont les propriétaires, Louise et Jacques Brassard, ont remporté le titre de Grand Maître sucrier en 2001 ; en plus de voir notamment la mise en boîte du sirop selon un procédé artisanal vous pourrez écouter Roméo et Rosaire Brassard vous raconter l'histoire de leur sucrerie.

Musée de l'Érable, 1280, rue Trudelle, Plessisville.

Sur la route Sainte-Sophie, c'est l'érablière de la famille Vigneault qui attire l'attention ; la cabane à sucre, dont la construction remonte à la fin des années 1920, est une belle illustration d'un savoir-faire traditionnel. À la sortie de Plessisville, sur la route 116, la Sucrerie d'Antan opère toujours selon des méthodes traditionnelles, cueillant la sève d'érable dans des chaudières de métal puis la transportant dans un traîneau tiré par des chevaux.

1
2 116
● **Plessisville**
Rang 11
165
Route Baril
Chemin des Pointes

1. Sucrerie d'Antan.
2. Musée de l'Érable.

Érablière Vigneault, route Sainte-Sophie, Plessisville.

Malgré le grand nombre d'acériculteurs rattachés à la région des Bois-Francs, il n'y a pas pour le moment de petites fabriques artisanales qui transforment la sève d'érable pour en tirer des produits inédits et novateurs. Soucieux de raffiner la tradition, c'est probablement dans cette perspective que l'Institut de tourisme et d'hôtellerie du Québec offre désormais un cours de confiserie et de pâtisserie entièrement consacré aux produits de l'érable. Le chef pâtissier Albert Simon, qui a décroché une première place au Mondial du Chocolat à Roanne, en France, en mélangeant cacao, sirop d'érable et liqueur Chicoutai, donne le cours.

Claire Bergeron, l'Institut québécois de l'Érable, Plessisville.

Musiciens à la Sucrerie d'Antan, Plessisville

LA CANNEBERGE DES BOIS-FRANCS

*U*n autre produit régional bien distinctif de la région est la canneberge. Cette baie d'Amérique du Nord fait partie de la même famille que le bleuet et la myrtille. Le mot canneberge tire son origine de l'anglais *cranberry*. On l'appelle aussi « pomme des prés », « atoca »

ou « ataca » selon les régions. Ce sont les Américains qui ont entrepris la domestication de la canneberge sauvage dans la région de la Nouvelle-Angleterre vers 1816 ; aujourd'hui, c'est l'État du Massachusetts qui compte le plus de cannebergières.

Le petit fruit aura vite fait de traverser la frontière, car dans les années 1860, des pépiniéristes québécois, tel Louis Morisset, de Portneuf, disposent de plants d'atocas cultivés, aux fruits plus gros et plus charnus que ceux des plants sauvages. C'est au printemps 1938, à Lemieux dans les Bois-Francs, que débute la culture des canneberges : l'entreprise Atocas du Québec est la plus vieille au Canada. On ne comptait que six producteurs de canneberges en 1994, alors qu'aujourd'hui ils sont plus de quarante (75 % d'entre eux se trouvent dans les Bois-Francs, les autres sont disséminés du côté de Joliette, de Drummondville, aux Escoumins sur la Côte-Nord et au Lac-Saint-Jean).

Toutefois, la plus grande partie de la production québécoise prend la route du marché américain et est acheminée à d'importants transformateurs. La canneberge passe l'hiver sous la glace. Vue des airs, la culture de la canneberge présente un territoire parsemé de vastes tourbières inondables devenues des bassins artificiels. Le fond des bassins est tapissé de sable. Il faut trois ans pour qu'un champ commence à produire, mais cette lenteur est compensée par la longévité des plants, qui peuvent vivre jusqu'à cent ans. Pour battre les plants et en détacher les fruits, les champs sont inondés d'un pied et demi. Le niveau de l'eau est ensuite élevé à trois pieds pour faciliter la récolte et d'éviter que le fruit ne soit retenu dans les herbes. La récolte a lieu généralement vers la fin de septembre ou le début d'octobre. Depuis plus de cinq ans maintenant, le Centre d'interprétation de la canneberge, à Saint-Louis-de Blandford, initie les visiteurs à cette culture ; le centre offre une visite guidée aux champs et dans le grand chapiteau en plus de promouvoir la dégustation et la vente des produits de la canneberge.

FROMAGERIE L'ANCÊTRE

Depuis quelques années, la région de Nicolet émerge quant à la qualité et à la diversité de ses produits fermiers artisanaux. Patrie de l'écrivain Louis Caron, chef-lieu de l'organisme Solidarité rurale du Québec présidé par Jacques Proulx, siège d'une école d'agriculture ouverte depuis trente-cinq ans, cette région se dégage graduellement de son profil traditionnel, où l'industrie laitière est fort répandue. Pour apprécier ce vent de renouveau, il faut s'arrêter, après avoir franchi le pont Laviolette à Trois-Rivières, à la Fromagerie L'Ancêtre, à Saint-Grégoire de Nicolet, bien visible à la jonction de l'autoroute 55 et de la route 132. Cette fromagerie est née d'une autre vision de l'agriculture.

Route 116, Laurierville.

Rivière Brooks, Chemin Craig, Chesterville.

Au début des années 1980, quelques producteurs laitiers décident d'écarter les produits chimiques et les herbicides de leurs pratiques agricoles pour fabriquer un fromage biologique. En 1996, ils construisent leur propre fromagerie, où seront transformés plus de 100 000 litres de lait par année : c'est la naissance de L'Ancêtre. On y produit du cheddar de lait cru, de la mozzarella, de la ricotta et un beurre d'un beau jaune doré. À l'intérieur de la fromagerie, on peut observer les employés au travail et se procurer des produits du terroir. Poursuivez votre route jusqu'à Nicolet et empruntez le rang du Bas-de-l'Île, qui vous mènera à une petite boulangerie fort sympathique localisée à Sainte-Monique. On y pétrit un pain au lin, au fromage et aux canneberges ; et c'est le boulanger lui-même, André Dufresne, qui fait la livraison de ses pains dans les villages environnants.

L'OIE DE BAIE-DU-FEBVRE

L'élevage de l'oie remonte aux débuts de la colonie de la Nouvelle-France. L'oie constitue alors le menu traditionnel de l'Action de grâces et du temps des fêtes avant d'être détrônée, à la fin du XIXe siècle, par le dindon domestique. On élève bien sûr l'oie pour sa chair, mais aussi pour ses plumes, sa graisse, son foie et ses œufs. Les plumes de grand format serviront à l'écriture après avoir été « hollandées », c'est-à-dire débarrassées tant intérieurement qu'extérieurement de la substance graisseuse dont elles sont imprégnées. Dans les années 1940, les oies de Saint-Guillaume-de-Yamaska jouissent d'une grande réputation. Récemment, des agriculteurs ont trouvé leur inspiration dans cette ressource venue tout droit du ciel.

C'est à Baie-du-Febvre que, chaque printemps, quelque 700 000 oies des neiges font escale. Puisqu'il est interdit de commercialiser les oies sauvages, des agriculteurs de Baie-du-Febvre ont démarré un élevage d'oies en 1998. Une dizaine de producteurs ont importé de Floride 2 500 oisons Embdem âgés de quelques jours. Ces oisons ont été répartis entre les différents éleveurs de Nicolet,

de Saint-Elphège, de La Visitation et de Baie-du-Febvre. Les oies sont élevées selon des méthodes traditionnelles qui respectent des règles strictes, que gère notamment la coopérative Oisilac regroupant l'ensemble des producteurs ; ainsi, les oies fermières de Baie-du-Febvre sont nourries de céréales et profitent d'une alimentation sans additifs ni matières grasses et sont élevées à l'air pur du lac Saint-Pierre.

Aux Jardins de l'Oie, Anne-Françoise Augeul et Guillaume Métaireau, en plus d'élever l'oie fermière de Baie-du-Febvre, importent chaque année de France, l'oie grise ou l'oie de Toulouse. Cette dernière, contrairement à l'oie de Baie-du-Febvre, se prête au gavage. Cette opération débute dès la mi-août ; les oies, une cinquantaine à la fois, sont gavées pendant environ vingt-et-un jours avant d'être abattues ; la ferme Aux Jardins de l'Oie vend ses produits, confits, rillettes, terrines, pâtés, sur place et dans certaines boutiques spécialisées. Chaque année se tient La Grande Tablée des oies de Baie-du-Febvre, où l'on sert cette volaille apprêtée au goût des chefs.

POISSONS ET PLANTES SAUVAGES

Ferme des Ormes, 175, chenal Tardif, Pierreville.

Après avoir fait escale à Sainte-Monique et à Baie-du-Febvre, vous n'êtes plus qu'à quelques kilomètres de la limite ouest de la région des Bois-Francs signalée par le passage de la rivière Saint-François. Il vaut la peine de se rendre dans ce petit coin de pays méconnu pour y découvrir l'esturgeon fumé d'Odanak et de Notre-Dame-de-Pierreville. Le fumage de l'esturgeon est pratiqué depuis fort longtemps dans la région par les Abénaquis. Aujourd'hui, on trouve à Notre-Dame-de-Pierreville une concentration de petits fumoirs artisanaux fonctionnels comme nous n'en avons vu nulle part ailleurs : sur une distance d'environ un kilomètre, cinq ou six fumoirs artisanaux (chenal Tardif, 1re Avenue, rue Poirier) offrent différentes variétés de poissons fumés. Non loin de là, une petite fabrique artisanale, fort originale, mérite aussi une visite. Hélène et Yolande Descheneaux ont mis sur pied en 1998 Fougères et Cie, qui se spécialise dans la transformation et la commercialisation de plantes sauvages du centre du Québec.

Michèle Bourque, ferme des Ormes.

Têtes de violon marinées, cœurs de quenouilles marinés, gelées de têtes de violon sont désormais associés à Fougères et Cie. « Ces produits du terroir sont issus d'un territoire spécifique le long de la rivière Saint-François à l'embouchure du lac Saint-Pierre, sur une île fertile, l'île du Fort, tout en respectant le milieu naturel ; nous avons repris une tradition amérin-

dienne de la réserve d'Odanak ; les Abénaquis ne faisaient pas de transformation, mais mangeaient crues les plantes sauvages », racontent les sœurs Descheneaux.

Hélène et Yolande Descheneaux, Fougères et Cie, Notre-Dame-de-Pierreville.

Récolte de la canneberge, Sainte-Marie-de-Blandford.

LES ARRÊTS
AGROTOURISTIQUES

1. Ferme des Ormes *(confitures, Pierreville)*
2. Fougères et Cie *(plantes sauvages, Pierreville)*
3. La Boulange *(pain, Sainte-Monique)*
4. Vergers Duhaime *(vinaigre de cidre, Saint-Germain-de-Grantham)*
5. Le Pastoureau *(fromage, Princeville)*
6. Moulin Lapierre *(farine, Norbertville)*
7. La Céleste Praline *(chocolat, Inverness)*

Consulter les Bonnes adresses ou le site www.upa.qc.ca
pour un inventaire complet des produits de la région.

2 Bécancour

1 Nicolet-Sud

1 **2** Pierreville

3 Sainte-Monique

3 Saint-Eugène-de-Grantham

4 Saint-Germain-
de-Grantham

4 Plessisville

5 Princeville

6 Norbertville

Inverness **7**

Sainte-Hélène-
de-Chester **5**

Aux Jardins de l'Oie, Nicolet-Sud.

NOS COUPS DE CŒUR

1. Aux Jardins de l'Oie *(oie, Nicolet-Sud)*

2. Le Moulin Michel *(farine, Bécancour)*

3. Vignoble de l'Aurore Boréale *(vin,
    Saint-Eugène-de-Grantham)*

4. Éco-Délices *(fromage, Plessisville)*

5. La Moutonnière
    (fromage, Sainte-Hélène-de-Chester)

DES MOTS DANS MON ASSIETTE

PRODUIT MAISON, PRODUIT FERMIER, PRODUIT RÉGIONAL :

NE PAS TOUT METTRE DANS LE MÊME PLAT

Au Québec, des appellations diverses collent aux produits alimentaires qui, bien souvent, suscitent confusion et méprise. Pas facile de s'y retrouver quand une boulangerie industrielle nous présente son pain maison ou qu'une usine de transformation de lait nous parle de son beurre fermier fabriqué selon des procédés artisanaux ! Voici donc à tout le moins quelques précisions qui vous permettront de mieux repérer les faussaires et de démêler plus aisément les appellations suivantes : produit maison, produit fermier, produit régional et produit exotique. Le produit maison est à l'origine, comme son nom l'indique si bien, celui qui est fabriqué à la maison, en petite quantité, de façon artisanale et qui n'est pas destiné à être commercialisé.

Un produit maison, c'est la tarte aux pommes d'une grand-mère, une tourtière élaborée selon une recette de famille, une confiture concoctée dans un coin de cuisine, etc. Le produit maison répond au besoin de nourrir les membres d'une famille ou d'une petite communauté. La matière première du produit maison peut être d'origine domestique (pommes de son verger, légumes de son jardin,) ou provenir de l'épicerie du coin. La mention produit maison est souvent utilisée par des entreprises alimentaires pour véhiculer une image réconfortante en associant leurs produits à une fabrication artisanale et donc en faible quantité. Notons cependant qu'il arrive parfois que le produit maison couvre un petit marché

local. Donnons en exemple la Pâtisserie Louise de l'Anse-Saint-Jean, dont la propriétaire fabrique elle-même, dans sa maison, sur son poêle à bois, pains, tartes, muffins, etc. ; elle vend aussi elle-même ses produits étalés sur un petit comptoir de vente aménagé dans sa cuisine.

Le produit fermier, tout comme le produit maison, se réfère d'abord au lieu de fabrication, mais se distingue du produit maison puisque quatre principes le régissent : il faut avoir d'abord le statut d'agriculteur ou de fermier ; la matière de base (élevage, culture) est issue de l'exploitation agricole ; la transformation est faite à la ferme et la commercialisation dépend de l'agriculteur.

Le produit fermier est, après le produit maison, est la référence la plus locale qui existe. Ainsi, le fromage de Lucille Giroux (La Moutonnière) est un fromage fermier : elle possède son troupeau de brebis, elle extrait le lait après que les bêtes ont brouté sur ses terres dont elle contrôle les herbes ; par la suite, le lait est transformé en fromage à la ferme et affiné à la ferme également. Les propriétaites voient eux-mêmes à la commercialisation. Bien que le terme existe déjà au XIXe siècle pour désigner un produit de la ferme familiale, on parle alors de beurre fermier ou de crème fermière, il semble que cette appellation ait repris du galon depuis la fin des années 1970.

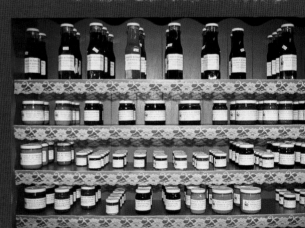

Le produit régional est porteur d'espace, d'un espace géographique qui fait tantôt référence à un village, tantôt à une région ou à un « pays ». On dira par exemple « le sucre du pays » en parlant du sirop d'érable des Bois-Francs. Il renforce la notion de territoire, d'appartenance. Le produit régional a une fonction identitaire indéniable, mais n'est pas exclusif à une région. Par exemple, la pomme est un produit régional de la Montérégie, mais n'est pas exclusive à cette région puisque la pomoculture se pratique aussi dans les Laurentides, les Cantons-de-l'Est, etc. Le bleuet est un produit régional auquel on associe spontanément la région du Lac-Saint-Jean au même titre que l'agneau se greffe à l'image du Bas-Saint-Laurent. Le produit régional peut avoir une facture soit industrielle, soit artisanale ; pensons par exemple à la canneberge des Bois-Francs dont la cueillette et la transformation sont mécanisées presque en totalité.

Le produit exotique fait référence à une culture, à un élevage provenant de l'extérieur des frontières du pays; on pourrait presque dire que c'est une agriculture d'emprunt; le plus bel exemple que nous puissions en fournir, ce sont ces élevages arrivés depuis peu dans le paysage agricole du Québec: l'émeu, le sanglier, le bison, le cerf, etc. La matière première et le savoir-faire proviennent de l'étranger et n'ont donc aucune connotation historique avec le pays d'accueil. Il en est de même de la culture de certains fruits ou légumes. Toutefois, au fil du temps, le produit exotique peut se fondre dans l'agriculture locale; pensons à la tomate venue des États-Unis, ou au poivron pratiquement ignoré au Québec jusqu'au début des années 1970, ou encore à la vache Holstein qui fait la fierté des producteurs laitiers du Québec

8

9

Vous voulez en savoir davantage? *Solidarité rurale* dans son répertoire des produits du terroir québécois, publié en août 2002, suggère plusieurs définitions pour les appellations les plus courantes. Produit artisanal, produit traditionnel, produit d'origine s'ajoutent aux définitions ci-haut élaborées.

1. Fromagerie Lehman, Hébertville.
2. Ferme Martin, Saint-Esprit.
3. Cidrerie Saint-Nicolas, Saint-Nicolas.
4. Bergerie Richelieu, Saint-Marc-sur-Richelieu.
5. Avenue de Gaspé-Ouest, Saint-Jean-Port-Joli.
6. Vignoble Le Cep d'Argent, Magog.
7. Rang Saint-Charles, Sainte-Angèle-de-Prémont.
8. Rue du Fleuve, Beaumont.
9. Cidrerie Saint-Nicolas, Saint-Nicolas.

CANTONS-DE-L'EST

DES TERRASSES
ET DES COTEAUX DE VIGNES

Église à Frelighsburg.

54, chemin Saint-Armand, Frelighsburg.

POMMES ET RAISINS

Les contreforts des Appalaches dessinent les paysages des Cantons-de-l'Est. Entre les alignements montagneux à peu près parallèles constitués par les monts Orford, Sutton et Mégantic, des vallées prennent place, dévoilant probablement les plus beaux paysages agricoles de tout le Québec. Région marquée par le sceau ancestral des Abénaquis, refuges des loyalistes, terre d'accueil des Irlandais, pays de colonisation anglo-saxonne et canadienne-française, l'Estrie a bénéficié, au cours des siècles, de différentes influences culturelles. Une cohabitation entre l'agriculture, la forêt, la villégiature et le tourisme définit aussi cette région. De cette promiscuité, les produits du terroir vont tirer leur originalité. Profitant donc de la vocation touristique bien établie de la région, plusieurs agriculteurs ont innové pour mettre sur le marché des produits dont la réputation n'est plus à faire auprès de l'ensemble des Québécois : les vins de Dunham, les vergers de Frelighsburg, la gelée de rose de Stoke, le fromage de Saint-Benoît-du-Lac ou l'ail transformé de Sainte-Edwidge-de-Clifton illustrent bien la diversité des produits fermiers de cette région.

70, Route 237, Frelighsburg.

C'est aussi dans les Cantons-de-l'Est que les pionniers de l'agriculture biologique au Québec vont se manifester, au début des années 1970. Ce désir de sortir des sentiers battus trouve encore des adeptes aujourd'hui ; des agriculteurs, désireux de produire une viande de bœuf tendre, maigre, sans hormones et provenant de la sélection de races particulières, ont créé les Viandes sélectionnées des Cantons. Et pour bien mettre en valeur l'ensemble de ses produits agricoles, les Cantons-de-l'Est, à l'instar d'autres régions, affichent un slogan : « Goûtez l'Estrie, comme c'est fin. »

Ferme des 3 Ruisseaux, 54, chemin Saint-Armand, Frelighsburg.

Catherine Albert, Les Blancs Coteaux.

La viticulture au Québec ne date pas des années 1970. Portée à l'origine par les jésuites et les sulpiciens, la tradition viticole s'établira sur une base artisanale. Les efforts du comte Justin de Courtenay, entre 1858 et 1867, favorisent son développement. Au milieu du XIXᵉ siècle, la viticulture tente une percée sur une base commerciale en sol québécois et c'est dans la région immédiate de Montréal que les vignobles sont implantés. La viticulture connaît une période prospère entre les années 1870 et 1890 : le vignoble de Beaconsfield, situé à Pointe-Claire, comptait 12 000 plants. Originalité de l'époque, l'ascendance de la tradition française était manifeste, à tout le moins dans la désignation des vins de certains producteurs : Médoc Montferrand, Bourgogne Richelieu ou Pommard Jacques-Cartier. La rigueur du climat et l'utilisation de cépages fragiles empêchent toutefois cette production de prendre son envol. De leur côté, les communautés religieuses maintiennent toujours un intérêt face à la production vinicole sur une base artisanale ; la présence de vignobles au séminaire Saint-Sulpice, au collège de Montréal et chez les pères oblats en fait foi. De la fin de la Seconde Guerre mondiale au début des années 1970, deux individus vont poursuivre la tradition de la viticulture au Québec en s'orientant vers la recherche et l'expérimentation : le frère J. Armand Savignac, des clercs de Saint-Viateur de Joliette (dont nous reparlerons), et J.O. Vandal, professeur de génétique à l'Université Laval.

Les Blancs Coteaux, 1046, rue Bruce, Dunham.

Claire Dubé, Les Blancs Coteaux,

De nos jours, le visage de la viticulture québécoise a bien changé. Nos promenades dans les différents vignobles de la région nous ont permis d'en saisir un peu mieux les caractéristiques : la production de vin blanc domine (le vigneron ne dispose que de six mois pour élever son vin, et le raisin blanc arrive plus rapidement à maturité que le rouge), suivi d'une petite production de vin rouge et, plus minime encore, de vin rosé. Il faut ajouter quelques vins élaborés selon la méthode champenoise, des apéritifs, quelques mistelles et des vins de glace, appelés aussi *Icewine*. Les vendanges, qui s'étendent généralement sur une vingtaine de jours, doivent être terminées avant la fin d'octobre afin de limiter les dégâts causés par le botyris, qui s'attaque aux raisins mûrs notamment lorsque l'air est chargé d'humidité et que la rosée s'intensifie. La durée de vie des vignes québécoises représente une contrainte pour les producteurs. Alors que les vignes cultivées en France atteignent parfois quarante-cinq ans, celles du Québec n'excèdent guère vingt ans.

Nadège Marion, Vignoble des Trois Clochers.

Le Cep d'Argent, 1257, chemin de la Rivière, Magog.

Avant d'entreprendre une production de vin au Québec, il faut attendre au moins trois ans après avoir planté les premières vignes. Les plants n'atteignent leur pleine maturité qu'entre huit et dix ans puis commencent déjà à faiblir vers dix-sept ans. La production maximale de la vigne s'étend donc sur moins d'une dizaine d'années. Les soins à la vigne demandent une attention constante : quelques arrosages, une taille des rameaux au printemps et plusieurs coupes de verdure durant l'été. La culture de la vigne dans l'Estrie et dans certaines autres régions a ceci de particulier que les plants doivent être renchaussés ou buttés durant la saison hivernale afin que les ceps ne soient pas exposés aux intempéries ; en Montérégie, où la température est plus élevée, plusieurs viticulteurs n'effectuent pas le buttage.

Catherine Hébert, Domaine Félibre.

Vignoble Les Blancs Coteaux.

Depuis quelques années on produit au Québec un vin de glace. Pour bon nombre de vignobles, la cueillette du raisin destiné à la fabrication du vin de glace se fait en plein champ. Jour après jour la circulation de l'air favorise le dessèchement des raisins qui peuvent perdre ainsi jusqu'à 80 % de leur eau. Le jus récolté par le pressurage effectué à froid est donc plus riche en sucre. Normalement, 100 kilogrammes de raisins donnent 70 litres de moût, alors que la même quantité de raisins gelés ne fournit que 20 litres de moût au moment du pressurage. Le vin obtenu est liquoreux et très recherché : c'est le vin de glace. Les dégustateurs associent le vin de glace à des arômes de pêche, d'abricot, de mangue et de miel. Rappelons que le vin de glace a été découvert accidentellement par des vignerons de Franconie, en Allemagne, à l'hiver 1794.

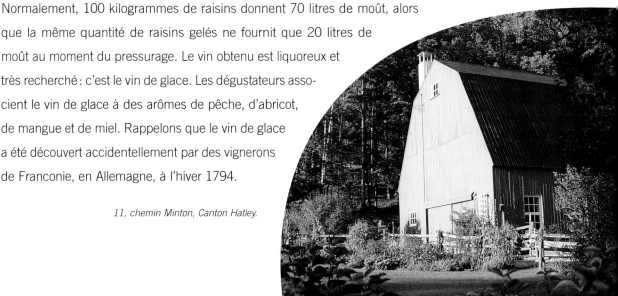

11, chemin Minton, Canton Hatley.

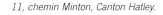

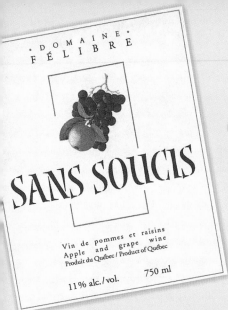

· DOMAINE ·
FÉLIBRE

SANS SOUCIS

Vin de pommes et raisins
Apple and grape wine
Produit du Québec / Product of Québec

11% alc./vol.   750 ml

La route des vins du Québec est désormais bien tracée et la détermination des vignerons a permis de faire progresser de façon significative cette culture. Dès 1987, ils fondent l'Association des vignerons du Québec, qui s'intéresse notamment à la question de la mise en marché de leurs produits. Pour mieux comprendre leur discours, il faut se rappeler qu'il n'a pas toujours été facile de s'approvisionner en vin du Québec, à moins de se rendre au vignoble même. Ce n'est d'ailleurs que depuis 1985 que les producteurs artisanaux ont l'autorisation de vendre leurs boissons sur les lieux de fabrication. En 1996, les vignerons obtiennent le droit de vendre leurs produits dans les restaurants, sans toutefois pouvoir les leur livrer, privilège qui leur sera accordé deux ans plus tard, au moment où on les autorise à écouler leurs produits sur les sites de foires et d'expositions agricoles.

Domaine Félibre,
740, chemin Bean, Stanstead.

Vignoble La Sablière, 1050, chemin Dutch,
Saint-Armand.

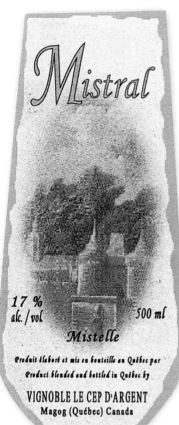

En 2003, le Québec compte plus d'une quarantaine de vignobles cultivant quelque 250 hectares de raisin et mettant en marché annuellement plus de 375 000 bouteilles ; précisons cependant que trois vignobles produisent à eux seuls les deux tiers de cette production, soit L'Orpailleur avec 100 000 bouteilles, Le Cep d'Argent avec 85 000 et Dietrich Joss avec 50 000 bouteilles. Depuis février 1995, l'Association des vignerons du Québec et le Syndicat viticole des graves et graves supérieurs – le vignoble le plus ancien du Bordelais – sont jumelés, ce qui a permis de mieux affirmer les vins du Québec hors frontières.

Vignoble Les Côtes d'Ardoise, 879, rue Bruce, Dunham.

Dans le même esprit, la Noble Confrérie des vignerons du Québec a été créée en 1997 et intronise des personnalités du monde gastronomique. Depuis 2000, se tient annuellement le concours provincial de Vins, Cidres et Hydromels du Québec, qui souligne la qualité des liqueurs produites par les artisans fermiers d'ici. Le meilleure façon d'apprécier les vins québécois, c'est toujours de les déguster soi-même ; c'est en septembre, avec ses raisins gonflés des chaleurs de l'été, alors que les vendanges sont sur le point de débuter, que la Route des vins prend tout son sens. Et pendant quelques fins de semaine, la Fête des vendanges multiplie les occasions d'en savoir un peu plus sur ce patrimoine estrien. On peut obtenir la carte de la Route des vins dans les kiosques d'information touristique ou consulter le site web de l'Association des vignerons du Québec (www.vignerons-du-quebec.com).

DUNHAM ET SES VINS : UN CIRCUIT EXCEPTIONNEL

Sur quelques kilomètres à peine de la route 202, à Dunham, la viticulture québécoise trouve ses plus belles expressions, notamment avec le Domaine de L'Orpailleur, Les Blancs Coteaux et Les Côtes d'Ardoise. Si vous ne deviez vous arrêter qu'à un seul vignoble de la région, c'est à L'Orpailleur qu'il faut faire escale. L'Orpailleur compte parmi les premiers vignobles commerciaux établis au Québec. C'est en 1982 que des viticulteurs français (Hervé Durand et Charles-Henri de Coussergues) s'associent à des Québécois (Frank Furtado et Pierre Rodrigue) pour créer un vignoble qui donne ses pre-

Vignoble L'Orpailleur.

mières bouteilles en 1985. Depuis plus de quinze ans maintenant, le site de L'Orpailleur a été en perpétuelle évolution et abrite aujourd'hui l'Économusée de la vigne, le restaurant Le Tire-Bouchon et une boutique des produits du terroir de la région.

Normand Lamontagne, vignoble L'Orpailleur.

Vignoble L'Orpailleur.

Situé dans un cadre enchanteur, le vignoble L'Orpailleur nous transporte presque dans un décor des vieux pays. L'Économusée de la vigne est particulièrment attrayant : on y présente l'histoire du vin au Québec, une collection d'outils anciens du vigneron et du tonnelier, les méthodes modernes de vinification, les cépages utilisés, etc. Des visites guidées permettent de faire le tour de la propriété. À deux pas de là, le vignoble Les Blancs Coteaux profite aussi du paysage enchanteur des coteaux voisins de L'Orpailleur ; ce qui frappe d'abord, ici, au premier plan, c'est la réalisation architecturale : la disposition des bâtiments en forme d'équerre, donne un cachet intimiste à cette cour intérieure ; une magnifique sculpture à l'entrée traduit bien l'esprit des lieux ; la boutique de vente est tout aussi attirante par son aménagement, et l'accueil de ses nouveaux propriétaires ne fait qu'ajouter au plaisir de la visite. À l'arrière des bâtiments, les plants de vigne sont répartis sur plusieurs clos et, là encore, c'est au temps des vendanges que les paysages semblent avoir revêtu leurs plus beaux habits.

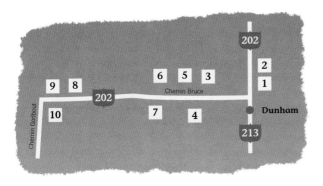

1. La Rumeur affamée
2. Confiserie Hansel et Gretel
3. Domaine de la Chevrottière
4. Les Trois Clochers
5. Chèvrerie des Acacias
6. Verger Eyck
7. Les Côtes d'Ardoise
8. Les Blancs Coteaux
9. L'Orpailleur
10. Fleurs de pommiers

Un peu plus vers le sud, le vignoble Les Côtes d'Ardoise, premier vignoble établi à Dunham, en 1980, profite de flancs de coteaux plus accentués. Sillonnant la propriété de sentiers pédestres, que l'on peut qualifier de sentiers de charme tellement les agencements floraux, la présence d'un lac artificiel, la dispersion de quelques arbres matures con-

Vignoble Les Côtes d'Ardoise.

tribuent à cette impression de calme et de paix que nous n'avons trouvée dans aucun autre vignoble visité. Le vignoble des Trois Clochers s'intègre aussi à ce segment de route en direction de Dunham. Puis, en revenant sur vos pas, la route 202 Ouest croise le chemin Ridge où se trouvent le Domaine du Ridge, le Domaine de l'Ardennais puis, à Bedford, sur le chemin Dutch, le vignoble La Sablière. La visite de ces vignobles est tout aussi agréable.

Vignoble La Sablière.

Sylvie Barrelet; vignoble Les Côtes d'Ardoise.

L'activité vinicole en bordure de la route 202 a toutefois été historiquement précédée par la pomoculture, qui a étendu ses tentacules au-delà de Frelighsburg. À titre d'exemple, le site original du vignoble Les Blancs Coteaux était occupé par des vergers. Il ne faut donc pas se surprendre de voir les flancs de coteaux environnants s'offrir tantôt à la pomme et tantôt aux raisins. Plus récemment, d'autres activités agrotouristiques sont apparues. C'est le cas de La Chevrottière, petite entreprise artisanale qui fabrique son miel connu sous le nom de La Grande Miellée (trois ruches), ses produits d'érable légèrement parfumés à l'amande et différents produits à base de lait de chèvre (quinze chèvres nubiennes), entre autres dix variétés de savon et de shampooing. Ses propriétaires y fabriquent même du fromage de chèvre pour leur consommation personnelle.

38, chemin Eccle's Hill, Frelighsburg.

Tara Eyck, 793, Route 202, Dunham.

À deux pas de là, une autre ferme, la Chèvrerie des Acacias, tournée vers l'élevage de la chèvre Boer, se spécialise dans le chevreau de boucherie, que les propriétaires apprêtent pour leur table champêtre aménagée dans une maison datant des années 1850. Un peu plus loin, c'est la famille Charbonneau qui, il y a une quarantaine d'années, a déserté la région du mont Saint-Grégoire pour porter l'étendard de la pomoculture sur les collines de l'Estrie. Cette entreprise familiale, désormais connue sous le nom de Paradis des Fruits de Dunham, fabrique aussi du miel et s'adonne depuis peu à la culture du bleuet géant. Puis les Eyck, famille hollandaise établie au Québec depuis plusieurs générations, possède son verger depuis 1974 et fabrique du cidre de glace depuis 1996. Tara et Sahard Eyck poursuivent la tradition pomicole de leur père.

793, Route 202, Dunham.

38, chemin Eccles'Hill, Frelighsburg.

UN AUTRE CIRCUIT REMARQUABLE : UNE ROUTE DES POMMES ET DES CIDRES

Pour découvrir les Cantons-de-l'Est et ses terroirs, nous avons retenu un autre parcours exceptionnel : voué à la pomoculture depuis 1929 et dont les vergers se sont emparés des flancs de collines dans un décor enchanteur, Frelighsburg est aussi la patrie de plusieurs autres créations du terroir ; Frelighsburg est un petit village situé au creux d'une vallée où serpente la rivière aux Brochets. Dans la rue Principale, on remarque un ancien magasin général, celui de Joseph Lansberg qui a été l'un des premiers occupants de Frelighsburg, dépositaire de produits de l'érable et d'une gamme de produits du terroir local. Dans le centre du village, quatre routes s'entrecroisent pour mener à une campagne verdoyante ; nous avons retenu trois d'entre elles qui forment une

Ferme des Hauts-Le-Vent, 4155, rue Principale, Dunham.

boucle : le chemin Richford, le chemin Saint-Armand et un segment de la route 237. Le chemin Richford (croisement de la route 237 Sud) conduit à un joyau de la pomoculture locale ; à l'entrée du chemin, la municipalité a aménagé une halte routière où il est possible de pique-niquer.

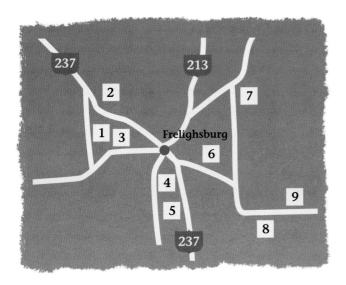

1. Ferme Godbout
2. Au Cœur de la Pomme
3. Miellerie Saint-Pierre
4. Magasin général
5. La Girondine
6. Halte touristique
7. Verger du mont Pinacle
8. Domaine Pinacle
9. Miellerie Pettigrew

11, chemin Minton, Canton Hatley.

L'intérêt d'emprunter le chemin Richford est aussi esthétique ; en effet, ses vergers ne sont que le premier plan d'un large panorama aux montagnes imposantes qui laissent deviner la proximité du pays voisin ; de belles perspectives se détachent également du mont Pinacle. Après avoir parcouru ces quatre ou cinq kilomètres, il faut emprunter à nouveau la route 237 sur une courte distance ; en direction sud, à deux pas de la frontière américaine, se terre La Girondine. La Girondine, c'est l'histoire de François et de Françoise Bardo, arrivés au Québec en 1967 et originaires de la Gironde, ce département du sud-ouest de l'Aquitaine réputé pour ses élevages d'oies et de canards. François et Françoise Bardo ont implanté à Frelighsburg, à la fin des années 1990, la tradition de l'élevage du canard gras. Ils élèvent actuellement près de 350 mulards, ces canards tout blancs et coiffés d'un petit chapeau noir. Tous leurs produits du canard sont transformés de façon artisanale. Avant de quitter le village, prenez soin d'admirer l'ancien moulin de Frelighsburg, qui date de 1839 et qui appartenu à Richard Freligh. Puis, n'hésitez pas à emprunter le chemin Saint-Armand jusqu'à Saint-Armand-Station en passant par Pigeon Hill ; ce parcours d'une trentaine de kilomètres (aller-retour, très agréable à bicyclette) présente des paysages ruraux envoûtants avec des fermes anciennes et de petits hameaux accrochés au passé comme l'est celui de Pigeon Hill.

La Girondine, 104, Route 237, Frelighsburg.

Françoise Bardo, La Girondine.

Au Cœur de la Pomme, 42, Route 237, Frelighsburg.

Parcourez aussi le chemin Saint-Armand jusqu'à la jonction du rang Moulin-à-Scie. Sur le coin, vous remarquerez la ferme d'Adélard Godbout, agronome et premier ministre du Québec de 1939 à 1944. À l'extrémité du rang Moulin-à-Scie, tournez à votre droite en direction du village, c'est de nouveau la route 237, et arrêtez-vous au verger Au Cœur de la Pomme. Une rangée d'érables, comme on en voit beaucoup dans la région, borde la propriété en compagnie d'un joli muret de pierre. Une série de bâtiments de ferme s'élèvent les uns à côté des autres alors que la magnifique maison de brique apparaît en avant-plan à l'extrémité est de la propriété. Une partie du verger est localisée sur le coteau ; une randonnée pédestre d'une trentaine de minutes vous y conduira ; là-haut, vous aurez une vue saisissante sur le village et le versant sud de la rivière, où se trouve d'ailleurs l'autre partie du verger. Pour accéder à la rivière, il suffit d'emprunter le chemin de terre en face de la maison ; un ponceau enjambe la rivière Duchesne et, chaque automne, les visiteurs empruntent un sentier qui calque les rives de la rivière et où plusieurs artistes peintres y trouvent leur inspiration. Reprenez ensuite la route en direction du village (vers l'est) puis arrêtez-vous à la Miellerie Saint-Pierre.

L'ABBAYE DE SAINT-BENOÎT-DU-LAC

Les moines bénédictins sont établis à l'abbaye de Saint-Benoît-du-Lac, sur les rives du lac Memphrémagog, depuis 1912. Aujourd'hui, une cinquantaine de moines résident au monastère et se conforment à la règle de saint Benoît, d'où leur nom de « bénédictins », c'est-à-dire « sous la dictée de Benoît ». Saint Benoît dit que « pour être vraiment moine, il faut vivre du travail de ses mains. Le travail est, pour le moine, un moyen de subvenir aux besoins du monastère, de conserver un bienfaisant équilibre d'esprit et de corps, d'exercer et de développer les diverses facultés que Dieu lui a données et de s'associer, à la suite de Jésus lui-même et des moines des siècles passés, à l'œuvre du Créateur. » C'est dans ce contexte qu'au début des années 1940, alors que l'abbaye possède un troupeau laitier réputé, quelques moines manifestent de l'intérêt pour la production fromagère.

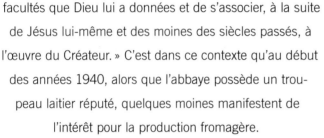

Empruntant à la tradition européenne, puisque les fromages bleus ne livrent pas facilement leurs secrets au fromager inexpérimenté, la fabrication débute en 1943. Graduellement, le fromage bleu de l'abbaye se taille une réputation, à tel point qu'il faut s'approvisionner en lait des troupeaux des fermes environnantes. Victime de son succès, la fromagerie se mécanise, mais l'affinage reste artisanal pour les fromages bleus.

On trouve maintenant sur le comptoir de l'abbaye plus de quatorze fromages différents : des fromages bleus, dont un fabriqué à base de lait de chèvre (L'Archange), des fromages de brebis (Le Chanoine, le Memphré) et des fromages de lait de vache. Les appellations Ermite de Saint-Benoît, Bleu Bénédictin, Moine Saint-Benoît, etc., évoquent le rôle joué par les monastères de chez nous, tout comme en France, dans le développement de la fromagerie et de la pomoculture. Rappelons qu'en 2000 le Bleu Bénédictin produit par les moines de l'abbaye de Saint-Benoît a décroché la première place du concours d'excellence des fromages canadiens. « Les fromages de Saint-Benoît, irrésistiblement divins », comme le souligne la publicité de l'abbaye. Les moines de Saint-Benoît-du-Lac assurent leur subsistance principalement grâce à la fromagerie, mais aussi grâce à leurs deux vergers. Les pommes des vergers sont utilisées pour la fabrication d'une compote et d'un cidre qui sont aussi vendus au magasin de l'abbaye.

Denise Dumaisne et Joëlle Cournoyer, La Germaine.

Christiane Massé, Le Petit Mas.

LE PETIT MAS

L'histoire du Petit Mas, c'est d'abord celle d'un rêve: celui de Jean-Philippe Petiot et de Christiane Massé qui, à la suite de l'achat d'une terre en 1981, élèvent chèvres, cochons, dindes, tout en s'adonnant aussi à la culture d'une vingtaine de légumes. Du même coup, ils s'initient à la culture biologique et décident de se spécialiser dans la culture de l'ail biologique, pratiquement inexistant au Québec. Nous sommes alors en 1990. Ils retiennent une seule variété d'ail sur la vingtaine expérimentés, soit l'ail continental, qui résiste mieux aux hivers québécois et à la maladie. « Il s'agit d'une fleur d'une variété d'ail d'automne, que l'on récolte au solstice d'été. La fleur est cueillie en bouton, hachée et mise à macérer dans l'huile. Après deux mois de macération, elle a développé tout son goût. Sa saveur est unique, beaucoup plus délicate que l'ail, elle n'a pas son côté fort et piquant. Elle assaisonne sans masquer le goût des aliments et se marie particulièrement bien avec le poisson, les fruits de mer et les pâtes, mais sa délicatesse de goût en fait un assaisonnement très polyvalent, qui permet des expériences culinaires illimitées », nous a confié Christiane Massé.

54, chemin Saint-Armand, Freligsburg.

LES ARRÊTS
AGROTOURISTIQUES

1. L'Œuf *(chocolat, Mystic)*

2. Vignoble Domaine du Ridge *(vin, Saint-Armand)*

3. Vignoble La Sablière *(vin, Saint-Armand)*

4. La Girondine *(foie gras, Frelighsburg)*

5. Vignoble Les Blancs Coteaux *(vin, Dunham)*

6. Domaine Félibre *(cidre, Stanstead)*

7. Verger Ferland *(pomme, Compton)*

8. Verger Le Gros Pierre *(jus, Compton)*

9. Fromagerie La Germaine *(fromage, Sainte-Edwidge-de-Clifton)*

Consulter les Bonnes adresses ou le site www.upa.qc.ca
pour un inventaire complet des produits de la région.

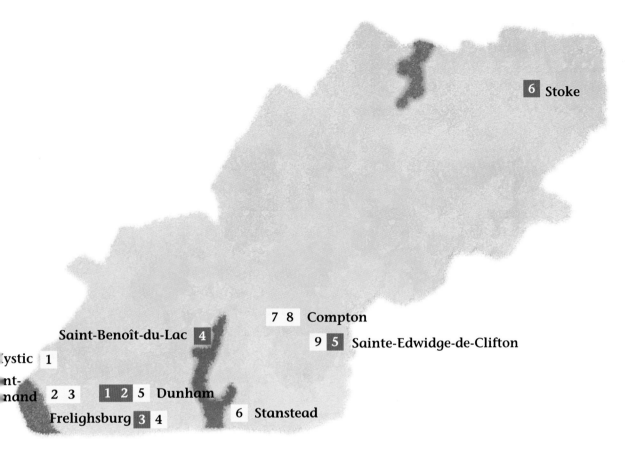

6 Stoke

7 8 Compton

Saint-Benoît-du-Lac 4

9 5 Sainte-Edwidge-de-Clifton

ystic 1

nt-
nand 2 3   1 2 5 Dunham

Frelighsburg 3 4

6 Stanstead

Musée du chocolat, 679, rue Shefford, Bromont.

NOS COUPS DE CŒUR

1. Vignoble Les Côtes d'Ardoise *(vin, Dunham)*

2. Vignoble L'Orpailleur *(vin, Dunham)*

3. Au Cœur de la Pomme *(cidre, Frelighsburg)*

4. Abbaye de Saint-Benoît-du-Lac *(fromage, Saint-Benoît-du-Lac)*

5. Le Petit Mas *(ail, Sainte-Edwidge-de-Clifton)*

6. Ferme Lune de Miel *(miel, Stoke)*

DES MOTS DANS MON ASSIETTE

LE TERROIR TEND LA MAIN :
L'AGROTOURISME

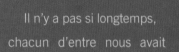

Il n'y a pas si longtemps, chacun d'entre nous avait des grands-parents, des cousins, des cousines qui demeuraient à la campagne ; pas étonnant, quand on sait que dans les années 1950 le Québec comptait environ 150 000 fermes. Chaque année, le temps des fêtes ou la période des vacances estivales devenait prétexte à quelques séjours à la campagne. Le plaisir de quitter la ville, de voir se succéder des maisons et des fermes ouatées de neige ou de verdure, de découvrir des bidons de lait noyés dans l'eau froide de la laiterie, de voir la poule et ses poussins picorer ici et là, bref, tous ces instants nourrissaient l'imagination pour des semaines. À l'aube d'un nouveau siècle, le contexte a bien changé. L'agrotourisme montre désormais le monde rural sous ses plus beaux habits ; une belle route de campagne qui se perd dans une belle petite vallée verte ; des érables que le temps a patinés et qui vous font une garde d'honneur, à l'ombre du soleil éclatant, un peu comme autrefois ils servaient de climatiseur naturel au cultivateur qui allait porter son lait à la beurrerie-fromagerie du bout du rang. Puis, dans le silence du matin, le chant du coq, happé par quelques jappements lointains, qui annonce le début d'une belle journée. La surprise est au rendez-vous et classera parmi vos beaux moments de vie ces escapades à travers collines, bois et champs. En chemin j'ai rencontré… Tout cela est possible, car désormais les municipalités, les MRC, les organisations touristiques locales vous proposent des circuits à pied, à vélo et en automobile. L'agrotourisme, dont la manifestation la plus ancienne est probablement la visite printanière à la cabane à sucre, a élargi ses horizons et met à notre portée un annuaire impressionnant de fermiers, d'artisans en rapport avec les produits du terroir. Depuis le début des années 1970, des agriculteurs ont commencé à offrir chez eux l'hébergement; leur multiplication entraînera d'ailleurs la création de la Fédération des Agricotours du Québec en 1975. Le temps passant, la formule se raffine et bientôt les visiteurs se voient offrir des repas (tables champêtres) en plus d'être initiés à des cultures et à des élevages de toutes sortes.

L'agrotourisme ouvre les portes du monde rural et nous propose pas de découvrir la campagne derrière une vitrine mais plutôt d'apprivoiser ses valeurs, sa culture avec un souci de conservation du patrimoine rural, qu'il s'agisse de bâtiments, de paysages, de cultures ou d'élevages.

1. Circuit agrotouristique dans Charlevoix.
2. Rang Saint-Elzéar, Laval.
3. Circuit agrotouristique en Montérégie.
4. Cidrerie Saint-Nicolas, Saint-Nicolas.
5. Rang de la Rivière du Chicot, Sainte-Geneviève-de-Berthier

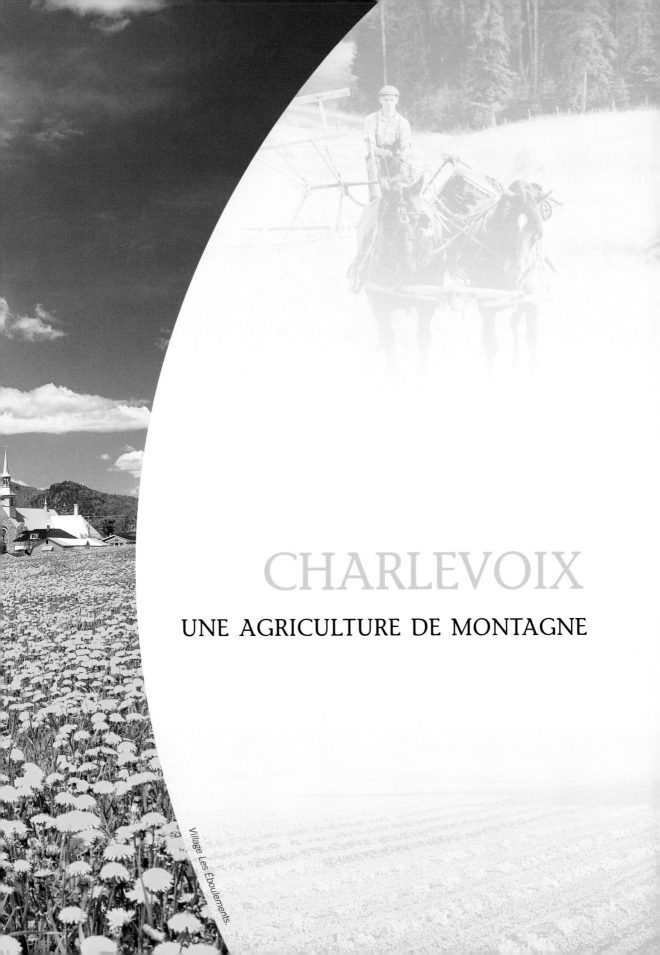

CHARLEVOIX

UNE AGRICULTURE DE MONTAGNE

Village Les Éboulements.

Chemin de la Pointe, Baie-Saint-Paul.

FAIRE AUTREMENT
DE L'AGRICULTURE

S'il charme depuis toujours poètes et peintres, le relief accidenté de la région de Charlevoix, y tient l'agriculture en laisse. Il faut dire que les terres arables de bonne fertilité se font plutôt rares dans Charlevoix. De Saint-Tite-des-Caps à Tadoussac, l'agriculture a peu d'emprise sur le paysage ; elle s'affirme avec plus d'audace dans les vallées des rivières du Gouffre et Malbaie, sur une partie de l'île aux Coudres et sur le littoral lorsque la topographie le permet.

Vue du rang Saint-Joseph, Les Éboulements.

Autrement, l'agriculture charlevoisienne présente des contraintes sérieuses tels que le drainage, l'épierrement ou l'épandage de chaux. Depuis vingt ans, la région de Charlevoix a perdu près de 60 % de ses agriculteurs, et des 1051 fermes dénombrées en 1961, voilà qu'il en reste seulement 218 en 2003. Des terres, qui furent alors si difficiles de conquête sont retournées, pour un bon nombre, à la forêt, ou sont devenues propriétés de villégiateurs.

Marcellin Simard, 129, terrasse La Ré Mi, Baie-Saint-Paul.

De l'agriculture traditionnelle, il ne reste que peu de traces. Si la pomme de terre de l'île aux Coudres, qui se cultivait dans la seconde moitié du xixᵉ siècle, était fort prisée sur les marchés de Québec et de Montréal, de nos jours seuls quelques petits agriculteurs la récoltent encore. Il en est de même des légumes de Cap-aux-Oies et des Éboulements ou encore des cultures fruitières de Saint-Joseph-de-la-Rive et de Petite-Rivière-Saint-François. Le temps a retenu la tourtière, qui laisse deviner que la forêt n'est jamais bien loin avec ses lièvres et ses perdrix et, bien sûr, la gourgane. Cultivée depuis la plus haute Antiquité, la gourgane, de sa véritable appellation fève des marais, a fait partie de l'héritage agricole des premiers colons venus s'établir en Amérique. Tout au long des xviiᵉ et xviiiᵉ siècles, on la trouve partout dans les environs de Québec et de Montréal, et ce n'est qu'au moment où la culture de la pomme de terre gagne en popularité (vers 1850) que la culture de la gourgane décline. Deux régions n'en continuent pas moins de privilégier la gourgane, soit la région de Charlevoix et celle du Saguenay—Lac-Saint-Jean, à tel point que, de nos jours encore, la culture de cette légumineuse est toujours associée à ces deux régions qui lui sont restées fidèles. L'adaptation de la gourgane aux exigences climatiques de ces deux régions lui a probablement valu cette notoriété.

209, Terrasse La Ré Mi, Baie-Saint-Paul.

LE DINDON DE CHARLEVOIX

Ce survol serait bien incomplet si nous ne disions mot du dindon de Charlevoix. C'est dans cette région que l'élevage du dindon débute dès 1850 ; et c'est Charlevoix qui confère la notoriété à cet élevage. Mais le plus étonnant est qu'au fil des ans les éleveurs vont développer une race locale appelée « le dindon de Charlevoix », dont il existe encore aujourd'hui quelques rares spécimens. Pour démontrer l'importance de cet élevage il faut savoir que, dès 1870, c'est plus de 35 000 livres de dindes que Charlevoix expédiait sur les marchés de Québec.

Pour expliquer cette notoriété, un éleveur de l'époque souligne que « c'est la topographie du sol qui y est pour quelque chose dans l'excellence de sa chair » (*Terre de Chez Nous*, 15 février 1939, p. 7). Dès 1923, une foire annuelle aux dindons gras se tient à Baie-Saint-Paul ; un petit poème, reproduit ci-contre, est lu à cette occasion. On raconte même que le « dindon de Charlevoix » était expédié sur les marchés new-yorkais sous la marque « Murray Bay Turkey », profitant en cela de la renommée touristique de Murray Bay, la Malbaie. Toutefois, l'élevage du dindon de Charlevoix est disparu quelque part dans les années 1960, alors que le dindon blanc est préféré parce que plus rentable.

Rapidement le Temps des Fêtes
Approche, ô Dindons gras et lourds!
Et déjà je vois la mort prête
À rompre le fil de vos jours…

Pour contenter les gens des villes
On va vous égorger bientôt;
Mais votre mort, ô volatiles
N'amènera pas un sanglot…

Votre départ de cette terre
Aura deux plaisants résultats:
De beaux écus pour la fermière,
Pour d'autres un royal repas…

Comment voudriez-vous qu'on pleure
Le sort sanglant qui vous échoit?
Il faut que tout ce qui vit meure:
Conformez-vous donc à la loi!

Mais lorsque de votre plumage
On se préparera, Dindons,
À vous dépouiller, restez sages,
Et faites-vous la réflexion

Que votre noble sacrifice,
Apprécié par-dessus-tout,
Au moins va faire les délices
De dindons bien plus gros que vous!

(*Le Bulletin de la Ferme,* vol. XI, n° 50, 13 décembre 1923,
page 818.)

166, rang Saint-Joseph, Les Éboulements.

UNE AGRICULTURE
À L'AIR DE LA MONTAGNE

Dans ce contexte, on pourrait croire que l'agriculture charlevoisienne agonise lentement dans la montagne; mais des gens du coin et d'ailleurs ont cru qu'il était possible d'assaisonner les terroirs et élevages de Charlevoix à l'air de la montagne et de doter la région d'une identité agricole distincte.

545, rang Saint-Laurent, Baie-Saint-Paul

Moulin La Ré Mi, Baie-Saint-Paul.

Comme le disait un agriculteur de Charlevoix à l'émission *D'un soleil à l'autre,* à Radio-Canada : « Ce n'est pas vrai parce qu'ici on ne peut aligner quatre moisson-neuses-batteuses que l'agriculture n'est pas viable. Ici on développe une façon de faire différente qui va donner des produits de haute qua-lité. On peut être heureux en agri-culture en dehors de Québec et de Montréal. » Le pari semble gagné car, moins de deux décennies plus tard, l'agriculture locale, qui ne se définit pas comme une agriculture à grand déploiement, s'est tournée vers la fabrication de produits fermiers et de produits du terroir.

Le Migneron, l'agneau des Éboulements, le cidre de L'Île-aux-Coudres, etc., font l'éloge de ce savoureux mariage entre agriculture et tourisme, duquel est issue la Route des saveurs de Charlevoix. Tous ces produits contribuent donc à la diversité de la Table agrotouristique de Charlevoix mise sur pied en 1995 sous l'initiative conjointe de chefs cuisiniers et de producteurs agricoles de la région. Les établissements de restauration privilégient les produits régionaux dans leur cuisine alors que, de leur côté, les éleveurs accueillent sur leurs fermes les visiteurs désireux d'en savoir plus sur les cultures et les élevages. Pas moins d'une quinzaine de restaurateurs et autant de producteurs ont adhéré à ce credo. L'agrotourisme est donc une voie prospère pour l'agriculture charle-voisienne, et les fermes écotouristiques de Charlevoix consacrent cette réalité. Désormais, des entreprises agricoles

477, rang Saint-Laurent, Baie-Saint-Paul.

ouvrent leurs portes aux visiteurs : fermes ovines, maraîchères, laitières, avicoles et équestres offrent chacune une visite d'environ deux heures pour mieux déguster et apprécier tout ce qu'offre Charlevoix.

LE VEAU CHARLEVOIX

La consommation de veau est relativement récente dans l'univers gastronomique des Québécois. Autrefois, la viande de veau était quasi inexistante sur le marché ; symbole de richesse, seuls les gens aisés pouvaient en consommer. C'est que, pour l'habitant, le veau était beaucoup trop précieux pour qu'il pense à l'abattre en bas âge. Le veau femelle était conservé pour le lait et la reproduction, alors que le veau mâle était engraissé jusqu'à l'âge adulte pour sa chair. Aujourd'hui, le veau a conquis la table des gourmets et les éleveurs ont mis au point une technique d'engraissement des veaux : nourris au lait en bas âge, ils sont à quatre semaines nourris de grain avant d'être abattus vers la vingtième semaine : c'est le veau de grain. C'est dans cet esprit que Jean-Robert Audet revient en 1981 dans sa région natale pour contribuer à donner à la région un souffle nouveau ; il décide donc de doter Charlevoix d'une marque de commerce qui lui est propre : « le veau Charlevoix ».

Jean-Robert Audet, le Veau Charlevoix.

LES VIANDES
BIOLOGIQUES DE CHARLEVOIX

L'idée trottait dans la tête de Damien Girard depuis quelques années. Un héritage familial dont il est fier : « Je me souviens encore de ces soirs où mon père transportait sa chaise berçante à la porcherie pour surveiller la mise bas de cinq ou six truies. » Damien Girard et sa

conjointe Natacha McNicoll, du rang Saint-Laurent à Baie-Saint-Paul, créent Les Viandes Biologiques de Charlevoix et se lancent dans l'élevage du porc biologique. En septembre 2001, leur ferme a été la première au Québec à recevoir sa certification biologique dans la production porcine. Mais, les obstacles à surmonter ont été nombreux et parfois imprévisibles. Le cahier de charges pour produire un porc biologique nécessite une régie fort complexe, mais Damien Girard est agronome de formation et il en a vu d'autres. Quelques particularités de cet élevage biologique ? Damien Girard en a long à dire sur le sujet : le porc bio est élevé dans un espace deux fois plus grand que dans une production conventionnelle ; il n'y a pas de cage de gestation pour les truies ; les porcelets vivent en compagnie de leur mère

jusqu'à l'âge de 28 jours, soit deux semaines de plus qu'en production conventionnelle ; les porcelets ne reçoivent pas de fer à la naissance, aucun vaccin et aucune vitamine ; les moulées servies proviennent de cultures biologiques certifiée ; à 23 kilos (50 livres), le porcelet poursuit sa croissance dans un enclos extérieur, où il hume l'air des montagnes de Charlevoix, de mai à octobre, ce qui respecte son besoin de fouir.

Les Viandes Biologiques
de Charlevoix

GARANTIE BIO

Charlevoix Organic Meats

280, chemin Saint-Laurent
Baie-Saint-Paul (Québec) G3Z 2L4
(418) 435-6785

Il en est de même pour les truies. Durant la saison froide, les animaux ont droit à une litière de copeaux de bois, ce qui permet une gestion solide des fumiers. Toute cette régie oblige la

famille Girard à vendre son porc environ 375 $, soit trois fois plus cher qu'un porc conventionnel. La famille Girard envisage éventuellement de produire des jambons vieillis, en affinage, un peu comme on le fait dans certains pays d'Europe. Les porcs sont écoulés principalement auprès de Viandes Du Breton, qui les exporte aux États-Unis, mais aussi à la Boucherie biologique Saint-Vincent de Montréal.

La famille Girard élève aussi du poulet biologique sur une ferme de Saint-Urbain. Autrefois consi-déré comme un mets de luxe, le poulet ne

figurait qu'aux menus des festivités et des repas du dimanche. L'élevage sur une grande échelle du poulet à griller, comme on l'appelait à l'époque, au début des années 1950, a permis de l'offrir à des prix abordables. L'engraissement d'un poulet biologique d'environ 1,8 kilo se prolonge sur une période de huit à dix semaines plutôt que sur six selon les

méthodes conventionnelles. Après quatre semaines, les poulets peu-vent sortir en toute liberté à l'ex-térieur. Les coûts de production sont donc plus élevés mais, au dire des cuisiniers, la viande n'est pas du tout la même. La texture est plus ferme, le goût nettement meilleur et, de plus, le poulet garde son poids à la cuisson.

LAITERIE CHARLEVOIX

La fabrication du fromage dans la région de Charlevoix a été traditionnellement incertaine, notamment à cause de la faible multiplication des troupeaux laitiers. Aussi est-il fréquent de voir des beurreries et des fromageries fermer leurs portes faute de matière première, le lait; c'est notamment le cas de la fromagerie de L'Île-aux-Coudres, qui cesse ses activités au tournant des années 1940. Cette situation n'a cependant pas empêché quelques expériences fromagères intéressantes dans la région, comme la fabrication d'un gruyère durant les années 1920. C'est dans ce contexte difficile que la Laiterie Charlevoix est fondée, en 1948, par Elmina et Stanislas Labbé. Ils démarrent leur commerce dans un petit bâtiment situé derrière l'actuelle maison Otis, à Baie-Saint-Paul et ramassent les bidons de lait des producteurs de la vallée du Gouffre pour faire la mise en bouteille.

Leur territoire de distribution s'étend de Tadoussac à Baie-Comeau. Mais avec l'apparition des grandes coopératives de lait en 1970 (Agropur, Lactel, Lactantia), la disparition des laiteries régionales s'amorce. Pour faire face à cette concurrence, les Labbé se tournent graduellement vers la fabrication d'un fromage cheddar et délaissent l'embouteillage du lait. Cette laiterie a conservé, quatre générations plus tard, son caractère artisanal. Le cheddar de la Laiterie Charlevoix,

fabriqué avec un lait provenant uniquement des troupeaux du canton, est vieilli à point sur une période variant de un à trois ans. À l'intérieur de la laiterie, à proximité du comptoir de vente des fromages et de produits régionaux, fort bien présenté, on peut observer le travail des fromagers ; à l'étage, on a aménagé l'Économusée du fromage consacré à une exposition fort intéressante sur la production laitière dans Charlevoix, les outils du fromager, les accessoires entourant la dégustation des fromages, etc. On peut se procurer, à la Laiterie Charlevoix, du cheddar en grain de lait cru ou pasteurisé, mais aussi de la crème d'habitant et leur dernier-né, Le Fleurmier.

Économusée du fromage, Baie-Saint-Paul.

MAISON D'AFFINAGE MAURICE DUFOUR

La Maison d'affinage Maurice Dufour, Baie-Saint-Paul.

Fondée en 1995, la Maison d'affinage Maurice Dufour est d'abord la concrétisation d'une idée, celle de Maurice Dufour, né à Baie-Saint-Paul, treizième d'une famille de quatorze enfants. Après avoir terminé ses études en agronomie, il se frotte au mouvement coopératif pendant quelques années et s'interroge notamment sur l'avenir des régions. Désireux de faire quelque chose pour sa région natale, il décide d'y retourner. « On a reçu des talents, c'est le temps de se prendre en main et de faire quelque chose pour les régions », énonce avec assurance Maurice Dufour. Après un stage de perfectionnement en France, il démarre, à 28 ans, une petite entreprise artisanale. « Au début, les gens n'y croyaient pas ; on a pourtant quelque chose de spécifique ici : la luzerne de la vallée du Gouffre, des vaches qui broutent un foin particulier et respirent un air salin. Petit à petit, les gens sont prêts à embarquer dans ta religion. Aujourd'hui, les gens de la place sont fiers ; et puis, ce sont des énergies renouvelables et, dans ce sens, le fromage est l'un des produits les plus nobles au monde. » Maurice Dufour affine un fromage devenu l'un des meilleurs fromages fins du Québec : Le Migneron de Charlevoix.

À la maison d'affinage, le fromage est saumuré et asséché avant d'être entreposé pour une période de 45 jours dans les caves aménagées à même la terre glaise. L'atelier d'affinage Maurice Dufour est aussi un site agrotouristique bien dissimulé sur la route 138, qui invite le visiteur à visualiser la fabrication du fromage : « Nous avons voulu que l'ambiance soit champêtre et chaleureuse, avec un foyer et de grandes fenêtres pour voir nos employés au travail ; c'est un produit artisanal que nous fabriquons ici et on ne voulait pas d'une usine en tôle. » On peut y observer aussi les salles de mûrissement du sous-sol où vieillit le Migneron. Maurice Dufour a fait appel à la vocation artistique de Charlevoix en retenant les services de deux peintres locaux, Guy Paquet et Louis Tremblay, pour illustrer les labels du Migneron et du Ciel de Charlevoix. Ce dernier fromage, plus récent, est un bleu de lait

Maurice Dufour.

cru, à pâte persillée et beaucoup plus complexe sur le plan de la fabrication : « Le Ciel est un fromage très jeune, qui a des qualités exceptionnelles d'onctuosité. Ce caractère nous a permis de créer un fromage qui n'existait pas au Québec. Il est difficile à fabriquer, mais je pense au roquefort parce qu'il leur arrive encore de rater une production tellement le bleu est un fromage difficile à fabriquer, même après 250 ans d'histoire. Alors, imaginez le plaisir qu'on a d'expérimenter notre Ciel de Charlevoix, un fromage qui a un peu plus de 250 jours d'histoire ! »

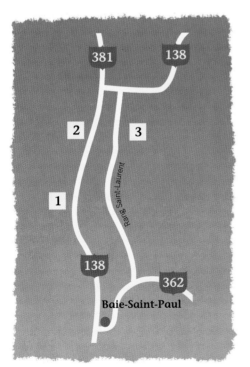

1. Laiterie Charlevoix
2. Maison d'affinage Maurice Dufour
3. Viandes Biologiques de Charlevoix

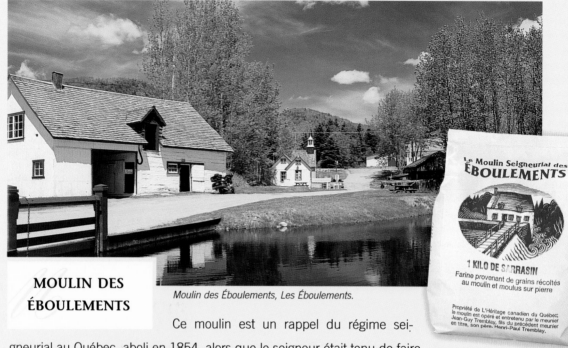

MOULIN DES ÉBOULEMENTS

Moulin des Éboulements, Les Éboulements.

Ce moulin est un rappel du régime seigneurial au Québec, aboli en 1854, alors que le seigneur était tenu de faire construire un moulin destiné à moudre les grains de ses fermiers. Ce bâtiment, appelé aussi moulin seigneurial Laterrière, est l'un des rares à avoir conservé ses mécanismes d'origine et maintenu sa fonction première, soit moudre le grain, presque sans interruption depuis sa construction qui remonte à 1790. On peut s'y procurer de la farine moulue sur meule de pierre puisque la famille Tremblay fait fonctionner le moulin depuis plus de cinquante ans. Ce site exceptionnel a conservé son intégrité au fil des siècles : technique traditionnelle et mécanismes d'origine, présence du manoir construit en 1750 en surplomb du côté est, autres dépendances à proximité, dont la chapelle Saint-Nicholas, chute de plus de 30 mètres, sentiers pédestres, en font un point d'arrêt à ne pas manquer.

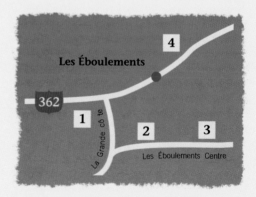

1. Moulin seigneurial des Éboulements
2. Métairie du Plateau
3. Jardins du Centre
4. Ferme Éboulmontaise

Ferme Éboulmontaise, 350, Route 362, Les Éboulements.

L'AGNEAU DE CHARLEVOIX

L'agneau de Charlevoix a sa réputation déjà bien établie ; il devrait être sous peu un « produit d'appellation réservée » puisqu'une dizaine d'éleveurs de la région ont défini le profil de ce nouveau produit du terroir : un agneau moins gras, à la croissance plus longue, nourri uniquement de fourrage et de grain de Charlevoix, sans maïs, élevé à l'air des montagnes et pesant environ 40 kilos (85 livres) ; cet agneau sera né, élevé et transformé dans Charlevoix. Lucie Cadieux et Vital Gagnon de la Ferme Éboulmontaise sont des pionniers, puisqu'ils offrent l'agneau de Charlevoix depuis déjà plusieurs années, même s'il n'a pas encore son appellation officielle. La ferme Éboulmontaise fournit des agneaux à bon nombre de restaurateurs de Charlevoix, ce qui traduit bien le nouvel esprit qui anime l'agriculture raisonnée de Charlevoix : « La vision que nous avions de notre entreprise n'a pas changé. Il nous faut produire et mettre en marché des agneaux et des légumes de qualité supérieure, en étant continuellement soucieux de préserver notre environnement et en assumant pleinement notre rôle de gardien des paysages charlevoisiens », concluent les propriétaires.

Vital Gagnon, ferme Éboulmontaise.

Jocelyne Ouellet, les Jardins du Centre, Les Éboulements.

LES JARDINS DU CENTRE

Aux Éboulements, deux fermes renouvellent la culture maraîchère au Québec : Les Jardins du Centre et La Métairie du Plateau situées toutes deux dans le rang Centre, presque voisines l'une de l'autre. Les Jardins du Centre, c'est le résultat des efforts et du savoir-faire des familles Pilote et Gravel qui, depuis plusieurs générations, se transmettent de grand-père en petits-fils les rudiments de la culture maraîchère. Connue depuis plus d'une centaine d'années dans la région, la ferme alimentait les villégiateurs qui séjournaient dans Charlevoix et, à une certaine époque, livrait même ses légumes sur la Côte-Nord. Depuis 1997, les frères Jean-François et Alain Pilote diversifient les cultures ; avec un potager de dix-neuf hectares, Les Jardins du Centre produisent et distribuent plus de 70 variétés de fruits et de légumes en plus des produits de transformation tels que, entre autres, les confitures d'oignons et marmelades de carottes, les herbes salées, la gourgane, le sirop de citrouille, la betterave jaune, huit variétés de petits fruits sauvages et la relish aux courgettes. Une boutique de produits régionaux loge sous le même toit.

LA MÉTAIRIE DU PLATEAU

Le Jardin des chefs c'est l'œuvre de Jean Leblond, de sa famille et de ses employés. Et contrairement aux Jardins du Centre, Jean Leblond ne tire pas son inspiration d'une tradition familiale ou ancestrale. Cet ex-fonctionnaire et réalisateur de télévision débarque en 1971 dans Charlevoix pour trouver « une arche de Noé », comme il le dit lui-même à sa famille qui vivait dans le Vieux-Québec.

La Métairie du Plateau, 55, rang Centre, Les Éboulements.

Yvon Dufour, la Métairie du Plateau.

En contact avec le milieu de la gastronomie, il anime une série télévisée avec des chefs cusiniers, qui lui font part de leurs difficultés à trouver certain légumes peu ou pas disponibles sur le marché québécois. C'est ainsi qu'est né le Jardin des Chefs que Jean Leblond rebaptise, en 1985, La Métairie du Plateau, laquelle se transforme aussitôt en un véritable laboratoire de recherche : artichauts, céleris-raves, patates bleues et betteraves jaunes, pour n'énumérer que ces légumes, sont développés à La Métairie du Plateau. « Chaque chef devrait avoir son jardinier, confie Jean Leblond ; j'ai l'impression de faire partie de l'équipe de la cuisine, de participer à l'innovation alimentaire, à l'éclatement des couleurs. Faire des jardins constitue pour moi un moyen d'expression. Chaque été, c'est comme si je créais une nouvelle œuvre d'art en hommage à la beauté du pays. » Aujourd'hui, La Métairie du Plateau offre une cinquantaine de produits tout à fait originaux ; spécialiste des mini-légumes, Jean Leblond a fait apprécier à tout le Québec le mesclun gastronomique, la patate bleue et la betterave jaune. Chaque année est prétexte à de nouvelles cultures qu'il expérimente en vue de les voir un jour se déposer dans nos assiettes.

Jean Leblond, la Métairie du Plateau.

Cidrerie Verger Pedneault, 45, rue Royale Est, L'Île-aux-Coudres.

CIDRERIE VERGER PEDNEAULT

À Saint-Bernard, la famille Pedneault est désormais la seule à pratiquer la pomoculture dans Charlevoix en se consacrant de plus en plus aux produits de transformation. C'est en 1918 que les frères Pedneault, Hilaire, Francis et Henri, plantent sur la terre ancestrale 300 pommiers provenant de Rougemont. On y trouve alors plusieurs variétés de pommes comme la Fameuse, la Duchesse, la Transparente, l'Alexandre et la McIntosh. Peu de temps après, Henri se rend à Sainte-Anne-de-la-Pocatière pour y apprendre la technique de la greffe et de la reproduction des pommiers ; de cette expérience découle l'ouverture d'une pépinière qui favorisera la plantation de pommiers, de pruniers et de cerisiers, principalement à Saint-Joseph-de-la-Rive et à Petite-Rivière-Saint-François, ainsi que dans quelques villages avoisinants. Cette multiplication des vergers conduira, entre 1920 et 1950, à la fondation d'une coopérative et à la construction d'un entrepôt pour l'emballage et le classement des pommes expédiées sur les marchés de Québec. Le verger Pedneault ne cesse de s'agrandir durant ces années et, à la fin des années 1940, après l'achat d'une terre adjacente à l'église, plus de 1 800 pommiers sont recensés. Au début des années 1980, la famille Pedneault introduit dans le verger des pruniers, des poiriers et des cerisiers, et la ferme passe aux mains de la huitième génération de Pedneault.

Michel Pedneault.

Dès 1996, on commence à mettre sur le marché des produits finis de la pomme : beurre, gelée et sirop. Moins d'un an plus tard, le Verger Pedneault se lance dans la fabrication de jus de pomme 100 % naturel. En 1998, la fabrication de cidre et de vinaigre de cidre devient une réalité et le Verger Pedneault reçoit en 1999 un permis de producteur artisanal pour la fabrication de cidres apéritifs à la poire et à la prune. Une cidrerie est construite et trois cidres différents sont mis au point : Matins d'Automne, Le Vieux Verger et Rêve de mon Père. Viennent s'ajouter au cidre trois mistelles de pommes. Cette même année, on plante 2 000 plants de vignes de variétés Maréchal Foch, Vandal Cliche et Sainte-Croix. L'aventure ne s'arrête pas là ; en 2001 la famille Pedneault procède à la première cueillette de pommes gelées pour la fabrication d'un cidre de glace et d'une mistelle de glace. Le Verger Pedneault est devenu une halte touristique fort prisée puisqu'on a aménagé, dans le verger, une piste cyclable de quelques kilomètres et des aires de pique-nique.

Les produits de la cidrerie

La ferme Gourmande, 25, Sainte-Mathilde, Cap-à-l'Aigle.

LE FUMOIR CHARLEVOIX ET LA FERME GOURMANDE SOUS UN MÊME TOIT

Yves Dallaire met sur pied le Fumoir Charlevoix, spécialisé dans les poissons fumés frais. « Je peux dire que j'ai fait de nombreux essais et que j'ai jeté bien des filets de saumon avant d'en arriver à la recette que j'élabore aujourd'hui. » Yves Dallaire concocte soigneusement sa saumure, une sorte de sel épicé mis sur le saumon avant de le fumer ; c'est cette saumure secrète qui donne vraiment la saveur, la texture et la couleur qui a permis au Fumoir Charlevoix de se démarquer. La technique utilisée est celle du fumage à froid, c'est-à-dire que la saumure déposée sur le filet de poisson n'est pas cuite à la chaleur, ce qui confère aux filets une texture moelleuse. Autre secret d'Yves Dallaire, ses sources d'approvisionnement, pour lesquelles il n'accepte aucun compromis de qualité ; l'esturgeon lui arrive de Montmagny, l'anguille de Saint-Irénée, car elle a la propriété d'être petite, argentée, à chair blanche et moins grasse. En 2002, Yves Dallaire a démarré, avec sa compagne Marie-Claude Demers, la Ferme Gourmande qui se spécialise dans l'élevage de canards mulards, gavés en vue d'obtenir du confit, du foie gras au torchon, des terrines et des pâtés. Yves Dallaire demeure toutefois bien lucide face à ses succès : « Nous voulons conserver l'aspect artisanal de notre travail et aussi notre qualité de vie ; c'est important pour moi, car je veux garder un équilibre sain entre ma famille, la bonne chère et le contact avec le public. » En quittant la ferme d'Yves Dallaire, il vaut la peine d'emprunter la route Sainte-Mathilde jusqu'à son extrémité est pour y découvrir un paysage d'autrefois de Charlevoix composé de quelques fermes traditionnelles, d'une ancienne école de rang et de sa croix de chemin et, surtout, d'un point de vue insoupçonné sur le fleuve et La Malbaie.

Yves Dallaire.

Hervé Gobeil de la boulangerie du même nom, La Malbaie.

LE PAIN DE CHARLEVOIX

Hervé Gobeil a ouvert sa boulangerie en 1991. Baptisé alors Le Temps d'un pain, l'établissement est devenu aujourd'hui la Boulangerie H. Gobeil et Fils. Pourtant, si ce n'est le nom, rien n'a changé ; la boulangerie occupe toujours une pièce de sa maison et, au fil des ans, il a perfectionné l'art de la boulangerie. Ses farines sont cuites dans des fours à pain placés dans la cour de la maison. Cet ex-éducateur spécialisé a appris son métier d'une fermière de Sainte-Agnès et, aujourd'hui, il initie son fils à la boulangerie. Mais Hervé Gobeil ne s'est pas assis sur ses lauriers ; il a lancé depuis peu le « pain de Charlevoix », un pain blanc non blanchi fabriqué à base de farine de blé du Moulin des Éboulements, farine moulue à l'eau sur meule de pierre. Puis, il a mis au point L'Infidèle, un pain au fromage fabriqué avec la farine des Éboulements et un fromage suisse de la Fromagerie Saint-Fidèle. Depuis quelques mois, le boulanger construit de petits fours à pain en argile, mobiles, qu'il vend à qui veut bien se familiariser avec la cuisson.

Économusée de la Farine, L'Île-aux-Coudres.

LES ARRÊTS
AGROTOURISTIQUES

1. **Chocolaterie Cynthia** *(chocolat, Baie-Saint-Paul)*

2. **Ferme Les Viandes Biologiques de Charlevoix** *(porc, poulet, Baie-Saint-Paul)*

3. **Micro-brasserie de Charlevoix** *(bière, Baie-Saint-Paul)*

4. **Élevage de la Butte aux Cailles** *(terrines et faisans, Saint-Hilarion)*

5. **Ferme Éboulmontaise** *(agneau, Les Éboulements)*

6. **Veau de Charlevoix** *(veau, Clermont)*

7. **Boulangerie H. Gobeil** *(pain, La Malbaie)*

8. **Fumoir Charlevoix** *(poisson, Cap-à-l'Aigle)*

9. **Fromagerie Saint-Fidèle** *(fromage, Saint-Fidèle)*

Consulter les Bonnes adresses ou le site www.upa.qc.ca
pour un inventaire complet des produits de la région.

9 Saint-Fidèle

Clermont 6

8 Cap-à-l'Aigle

La Malbaie 7

4 Saint-Hilarion

5 6 7 5 Les Éboulements

Baie-Saint-Paul 1 1 2 2 3

L'Île-aux-Coudres 3 4

NOS COUPS DE CŒUR

1. Laiterie Charlevoix *(fromage, Baie-Saint-Paul)*

2. Maison d'affinage Maurice Dufour *(fromage, Baie-Saint-Paul)*

3. Cidrerie-verger Pedneault *(cidre, L'Île-aux-Coudres)*

4. Moulins de L'Île-aux-Coudres *(farine, L'Île-aux-Coudres)*

5. Jardins du Centre *(légumes, Les Éboulements)*

6. Métairie du Plateau *(légumes, Les Éboulements)*

7. Moulin seigneurial des Éboulements *(farine, Les Éboulements)*

Rang Centre, Les Éboulements.

DES MOTS
DANS MON ASSIETTE
LE TERROIR ET SON DÉCOR :
LES PAYSAGES

Qui n'a pas le goût de marcher sur une belle petite route de campagne bordée d'érables centenaires ? Qui n'a pas le désir de jeter des regards indiscrets sur une maison et des bâtiments de ferme de bel habillage ? Comment expliquer notre joie, notre engouement, si ce n'est que le paysage nous parle ? Le paysage laisse deviner un mode de vie bien couplé aux saisons ; il est un créateur d'émotions, d'états d'âme qui nourrit peintres et écrivains. Le paysage rural parle de nous et nous reflète. Le paysage du terroir définit des paramètres qui le distinguent de plus en plus. Le paysage du terroir, dans cette succession ininterrompue de rangs, de fermes, se dessine tout en teintes et en nuances : celles du muret de roches, souvent habillé d'arbrisseaux ou même d'arbres, ce qui dénote une attention aux écosystèmes. Celles d'une architecture que l'on respecte autant pour le logis de la bête que pour celui de l'homme ; le souci de marier le bâtiment neuf au bâtiment ancien. Celles aussi de la végétation qui coiffe la ferme, la met au frais durant l'été et la protège des vents froids hivernaux. Teintes et nuances aussi dans la race des bêtes, dans la couleur des bêtes, dans le nombre de bêtes parce que la fabrique artisanale a aussi ses lois.

Teintes et nuances dans les cultures et les semences, dans leur diversité ; et dans les travaux des champs qui modifient le paysage. Une conscience du lendemain de ceux et celles qui travaillent une terre d'avenir. Ces couleurs des paysages des terroirs construisent une identité et une diversité régionales. Le produit du terroir entretient une intimité avec le paysage et ses procédés artisanaux le limitent à quelques coups de pinceaux dans la fresque agricole des régions. Par exemple, l'agneau de pré-salé de L'Isle-Verte entretient un paysage qui relève d'une tradition agricole ancienne des fermiers de ce coin de pays. Le terroir (dans ce cas-ci l'herbe salée, le bord de grève, le climat, la présence du fleuve) génère un paysage (des agneaux qui broutent sur le bord des rives du Saint-Laurent) qui établit une cohérence respectueuse entre le produit (les agneaux), les façons de produire (petit troupeau) et les empreintes qu'il

laisse dans ce paysage (broutage des herbes sur la grève qui se régénèrent l'année suivante). Un lien culturel s'établit donc entre le produit et le paysage. Dans cette perspective, le terroir fait naître, à petite échelle, des paysages spécifiques et bien circonscrits dans l'espace. Les paysages du terroir contribuent à la diversité régionale et mettent en valeur des potentiels agricoles sur de petits espaces.

1. Rue de la Pommeraie, Saint-Joseph-du-Lac
2. Route 138, Lanoraie d'Autray.
3. Vignoble Les Côtes d'Ardoise, Dunham.
4. 473, chemin Dutch, Bedford.

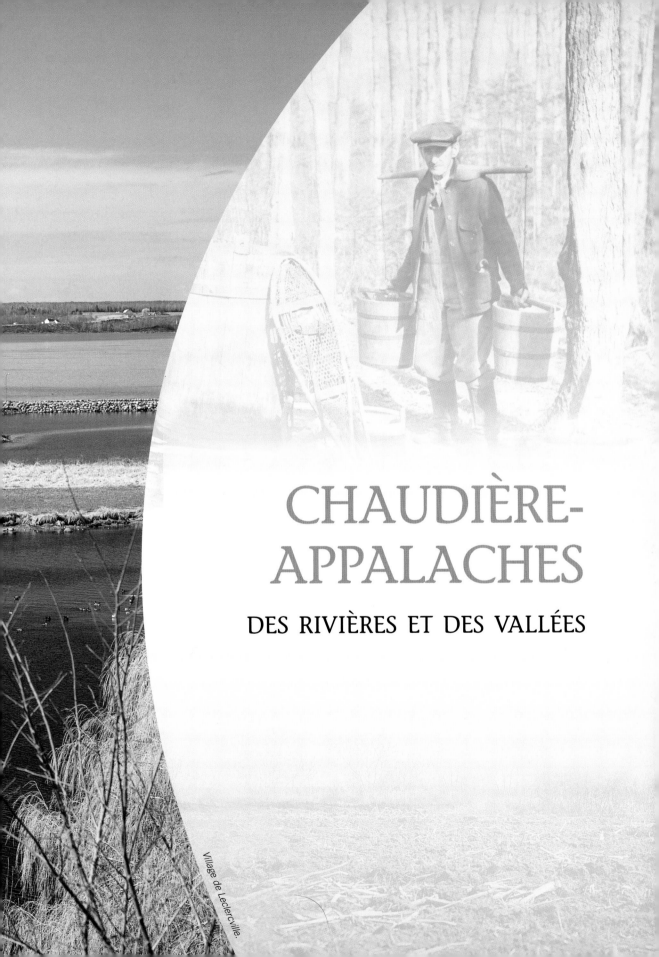

CHAUDIÈRE-APPALACHES

DES RIVIÈRES ET DES VALLÉES

Village de Leclercville.

Vallée de la Chaudière.

CIDRE, EAU ET SÈVE

La région de Chaudière-Appalaches couvre un immense territoire que borde le fleuve Saint-Laurent dans sa partie nord. Pas étonnant que la pêche dans cette région ait toujours été présente, mais, sans être jamais plus qu'une activité d'appoint pour la population du littoral soucieuse davantage des possibilités des sols agricoles. Il n'en demeure pas moins que, sous le régime français, l'anguille était une spécialité régionale ; pêchée dans Lotbinière, à la hauteur de Lévis et de Saint-Nicolas, elle était expédiée, dès le début des années 1920, dans de gros barils remplis de glace vers des villes américaines ; toutefois, à la fin des années 1960, la pêche à l'anguille disparaît, notamment à cause de la pollution du fleuve Saint-Laurent.

Si quelques pêcheurs rarissimes s'adonnent encore à cette pêche dans la région aujourd'hui, on ne trouve l'anguille qu'aux Pêcheries Gingras de Saint-Nicolas. C'est autour de trois axes principaux, qui ont en commun des voies d'eau, que se dessine aujourd'hui le portrait agrotouristique de la région Chaudière-Appalaches. Le premier axe, et le plus diversifié, orienté d'est en ouest, est formé des anciennes paroisses riveraines qui bordent le Saint-Laurent entre Leclercville et Saint-Roch-des-Aulnaies, respectivement limites ouest et est de la région.

Montée du Rocher, Saint-Vallier.

C'est dans ces agglomérations que les produits du terroir s'expriment avec le plus de diversité et d'originalité : cidres, fromages, légumes, vins et autres sont à l'honneur. On y trouve aussi des paysages grandioses qui habillent la rive opposée de l'île d'Orléans, de l'île aux Grues, de la plaine de Portneuf et des premiers plis laurentiens. Le second axe, redevable au passage de la rivière La Chaudière, regroupe des érablières agrippées depuis fort longtemps aux sommets des versants boisés. Enfin, le troisième axe, le chemin des Îles, moins connu, longe la rivière Etchemin sur quelques kilomètres.

Fraisière Demers, 796, chemin Saint-Joseph, Bernières.

Ferme P.A. Roy, route 132, Saint-Vallier.

Avant d'emprunter les petites routes rurales de la région,
il faut savoir que les paysages de Chaudière-Appalaches sont habités par une activité
agricole à grand déploiement. Troisième région productrice de lait au Québec, notamment avec
les belles fermes de Honfleur, deuxième productrice de porc au Québec avec les municipalités de
Saint-Bernard et de Saint-Narcisse qui en sont les bastions, capitale de l'œuf avec ses douze millions d'œufs de consommation et près de la moitié des œufs d'incubation nécessaires au Québec
(principalement le secteur de Sainte-Claire et de Scott), château fort de la production acéricole
avec des érablières localisées sur les sommets arrondis des Appalaches, qui fournissent près de

la moitié de la production de la province, la
région de Chaudière-Appalaches héberge, entre
le Saint-Laurent et la frontière américaine, plus
de 4 000 fermes. On peut donc comprendre
que la cuisine régionale a quelque chose à voir
avec le porc, le sirop d'érable et le lait. À titre
d'exemple, 53 producteurs laitiers de la plaine
de Bellechasse, désireux de mieux s'identifier à
leur région, démarrent, en 1995, la fromagerie
Bellechasse, une fabrique de cheddar.

Rang Sainte-Caroline, Saint-Victor.

EN LONGEANT LE FLEUVE

Nous vous proposons un parcours d'une cinquantaine de kilomètres, qui, par une belle journée d'automne, vous permettra de remplir votre panier de provisions pour l'hiver. Comme point de départ, nous vous suggérons le chemin Saint-Joseph dans la municipalité de Saint-Nicolas. Orienté est-ouest et coupé à mi-parcours par la

1578, route Marie-Victorin, Saint-Nicolas.

route Lagueux, le chemin Saint-Joseph est une voie ancienne de peuplement. Aussi y remarque-t-on de belles maisons ancestrales, aux styles variés, dont celle de Yves Leclerc (au 1400), construites au début du XIXᵉ siècle. La partie est du chemin Saint-Joseph a vu ses terres confirmées dans la culture des fraises et des framboises ; plusieurs producteurs ouvrent leurs portes, l'été venu, pour la cueillette de ces petits fruits. À son extrémité ouest, il faut emprunter la route Paquet, longue d'environ trois kilomètres, en direction nord. Puis, à l'intersection de la route Marie-Victorin et de la route Paquet, on se dirige vers l'ouest. On peut dès lors observer les premiers vergers qui se succèdent de façon régulière dans le paysage. Après environ cinq minutes de trajet sur cette route, une première escale s'impose à la Cidrerie-verger Saint-Nicolas.

1. Cidrerie-verger Saint-Nicolas
2. Ferme Genest
3. Ferme du Mouton noir
4. Verger Plaisir d'Automne
5. Cidrerie-verger de l'Étang
6. Verger-cidrerie à l'Orée du Bois
7. Ferme au Naturel
8. Rosée du Matin
9. Fromagerie Bergeron
10. Verger de Tilly
11. Canard Goulu
12. Miellerie Prince-Leclerc

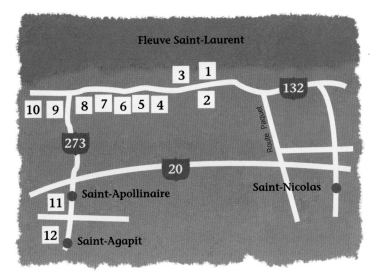

CIDRERIE-VERGER SAINT-NICOLAS

Lucas Abraham à la cidrerie-verger.

Lorsque Patricia Daigneault et Pierre Lafond ont acquis en 1977 une terre abandonnée où reposait un verger vieux de 90 ans, ils ne soupçonnaient pas ce que l'aventure de la pomme leur réservait. Produisant au départ de la confiture, de la gelée, de la marmelade, le couple décide de se tourner vers la production du cidre. En 1994, la cidrerie a pignon sur rue à Saint-Nicolas et leurs premières bouteilles tentent de reconquérir le palais de tant de Québécois déçus par le cidre des années 1970. Au concours international tenu par The Beverage Tasting Institute de Chigago, en septembre 1997, leur cidre Vire-Crêpe est couronné champion du monde, catégorie cidre de table. Quelle consécration pour une cidrerie d'à peine trois ans ! Puis l'idée de fabriquer un cidre de glace les poursuit : étudiant la technique du vin de glace en Allemagne et en Angleterre, ils font leurs premières expériences.

Cidrerie-verger Saint-Nicolas, 2068, route Marie-Victorin, Saint-Nicolas.

Ferme Genest,
2091, route Marie-Victorin,
Saint-Nicolas.

Entreposant des pommes dans une cuve de bois ajourée exposée aux vents secs et glacials du Saint-Laurent pendant trois ou quatre mois, ils en tirent un concentré de sucre qui leur permet de fabriquer leurs premières bouteilles de cidre de glace. « Une douzaine de pommes sont nécessaires à l'élaboration d'une bouteille de cidre ; mais il en faut plus d'une cinquantaine pour la fabrication d'une demi-bouteille de cidre de glace », constate le couple. Depuis plus de vingt-cinq ans, ces deux amants du cidre exploitent l'un des plus anciens sites de pomoculture de l'Amérique du Nord. À proximité du joli kiosque de bord de route de la cidrerie, vous apercevrez, du côté ouest, un alignement de peupliers au pied duquel un petit chemin semble s'évanouir ; il faut emprunter cette petite route intime, beau prétexte à une belle randonnée pédestre avec, comme récompense à son extrémité, le Saint-Laurent et la rive nord qui se dévoilent. À votre retour, poursuivez votre marche sur la ferme voisine afin d'y découvrir un beau champ de framboises ; puis, traversez la route 132 pour y voir étalés les légumes et les fruits de la Ferme Genest.

Cidrerie-verger Saint-Nicolas, 2068, route Marie-Victorin, Saint-Nicolas.

Verger-cidrerie à l'Orée du Bois, 3161, route Marie-Victorin, Saint-Antoine-de-Tilly.

Sur la route en direction de Saint-Antoine, les vergers animent indéniablement le paysage : le Verger Plaisir d'Automne, le Verger de l'Étang et la Cidrerie Saint-Antoine ainsi que le Verger-cidrerie à l'Orée du Bois (on y remarque une belle grange octo-gonale, bien conservée, vestige d'une autre époque) nous laissent croire que nous sommes sur une route des cidres dans la région de Québec. Non loin de là, la Fromagerie Bergeron, qui, soit dit en passant, offre l'une des meilleures crèmes glacées de la région, vous met en appétit avec sa gamme de fro-mages d'un peu partout au Québec et avec son gouda. Faites de petites provisions et n'hésitez pas à parcourir à pied le centre de Saint-Antoine-de-Tilly qui étale un alignement de beaux bâtiments anciens, dont l'église construite en 1788, avant d'improviser un pique-nique avec vue sur le fleuve.

Réal Aubin, À l'Orée du bois.

LE SECRET DU FOIE GRAS

Pendant longtemps, les Juifs d'Europe furent reconnus pour être les seuls à posséder le secret d'un beau foie gras. De nos jours, c'est aux départements du Gers, des Landes et de la Dordogne, dans le sud-ouest de la France, qu'on associe ce symbole gastronomique. Plusieurs fermiers artisans du Québec s'y rendront d'ailleurs faire des stages de formation dans le Périgord afin d'acquérir les connaissances nécessaires sur les techniques de gavage du canard et des oies. Le gavage, qui s'inspire de la tendance naturelle des palmipèdes à se suralimenter pour supporter l'hiver ou accomplir une migration, donne un animal bien gras et un foie qui l'est tout autant. Le caneton est donc élevé pendant trois mois environ avant de devenir adulte, et les deux dernières semaines de l'élevage sont consacrées au gavage. On introduit de force de la moulée dans le gésier au moyen d'un entonnoir, de façon que cette poche, qui sert normalement à accumuler la nourriture avant la migration, soit remplie en permanence. Au cours de ces deux semaines, le canard, gavé trois fois par jour, avalera une vingtaine de kilos de moulée à base de maïs ; il reçoit en fait en deux semaines l'équivalent de tout ce qu'il a mangé depuis sa naissance. Le canard est

Ferme Paquet, Route 132, Saint-Nicolas.

ensuite abattu, le plus rapidement possible, pour éviter qu'il ne brûle le gras accumulé. Après avoir été dénervé, cuit et assaisonné, le foie est prêt pour la dégustation. Lorsque le produit contient des foies et de la chair d'autres animaux, on parle plutôt de « pâté », de « terrine » ou de « galantine » de foie gras. L'élevage du canard au Québec a suscité peu d'intérêt au cours des siècles passés et la première tentative d'élevage spécialisée remonte à 1914, alors que la Brome Lake Duck Farm démarre un élevage de 5 000 canetons de Pékin. La canarderie du lac Brome, qui existe toujours, est la plus ancienne et la plus importante au Canada.

LE CANARD GOULU

*P*our se rendre au Canard Goulu, il faut prendre la direction de Saint-Apollinaire (route 273 Sud) et, une fois le village traversé, tourner dans le rang Bois-Joly en direction ouest. Marie-Josée Garneau et Sébastien Lesage ont démarré en 1997, à Saint-Apollinaire, un élevage de canards de Barbarie. Leur jeune entreprise, Le Canard Goulu, se spécialise dans le gavage des canards. En quelques mois, Le Canard Goulu a acquis une réputation qui fait accourir les fins gourmets dans le rang Bois-Joly Ouest : foie gras entier, confit de canard, rillettes au vin blanc, pâté de canard au porto et gésier confit mettent en appétit.

La boutique, nouvellement aménagée dans un ancien bâtiment de ferme recyclé, et de fort bon goût, dénote bien l'implication du couple dans la mise en valeur du patrimoine. L'ensemble de la propriété, où l'on peut voir poules, canards, oies errer ici et là, est un véritable ravissement pour l'œil. Ces deux ex-avocats sont bien heureux d'avoir abandonné la toge pour réaliser leur rêve en robe des champs.

« Même si nous vivions en ville, mon père a toujours été intéressé par les canards. Nous avions des amis français qui s'intéressaient aussi à cette production. C'est un peu comme ça qu'on a eu l'idée d'un élevage de canards de Barbarie », souligne Sébastien Lesage. Stages en France, expérimentation et détermination ont conduit le couple à de beaux raffinements de la gastronomie québécoise.

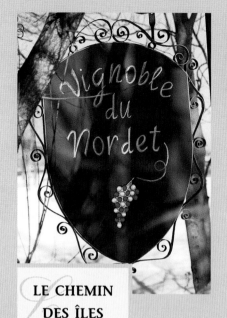

Carl Bourget et Hélène Gonthier, Vignoble & Cidrerie du Nordet.

LE CHEMIN DES ÎLES

Vous avez le goût d'un circuit plus intimiste, à l'écart des routes fréquentées ? Nous vous suggérons d'emprunter le chemin des Îles qui, en moins de cinq kilomètres, vous mettra en contact avec quatre entreprises agrotouristiques et une autre de divertissement, dans un paysage enchanteur avec vues sur la rivière Etchemin et sa chute (à la hauteur du n° 901). Le chemin des Îles est une petite route sinueuse et vallonnée qui se faufile entre la rivière Etchemin et une succession de butons qui appuient la plateau supérieur. Pour s'y rendre, roulez sur l'autoroute Jean-Lesage en direction de Lévis et suivez les indications à la sortie pour le chemin des Îles. Le premier arrêt est celui du Verger Label Pomme (sis au 791) tourné vers l'autocueillette, le second à la Bergerie des Îles (n° 943), le troisième chez un cultivateur de

fraises, la Ferme Bouroy (n° 959), un quatrième à une cidrerie-vignoble de la région de Québec (n° 991), le Vignoble & Cidrerie du Nordet, et enfin, pour vous divertir, une balade à cheval au ranch des Îles. De là, nous vous proposons un parcours en boucle qui vous ramènera au chemin des Îles : il vaut mieux prévoir une demi-journée avec les arrêts.

1. Verger Label Pomme
2. Bergerie des Îles
3. Ferme Bouroy
4. Vignoble & Cidrerie du Nordet

Vignoble & Cidrerie du Nordet, 991, chemin des Îles, Pintendre.

Si vous longez la rivière Etchemin, la route 277 vous conduira au village de Lac-Etchemin (calculez environ 45 minutes de route); après avoir traversé les villages de Saint-Anselme, Sainte-Claire, Saint-Léon-de-Standon, vous arriverez à la Cidrerie-vinaigrerie La Virginie. Son propriétaire, Simon Carrier, est l'un des rares cidriculteurs du Québec à utiliser un charma pour fabriquer son cidre; un charma est une cuve fermée utilisée pendant la fermentation et qui a la propriété de garder un meilleur contrôle sur le goût. Comme aromate, la cidrerie utilise la framboise, la baie d'amélanchier, le bleuet, l'atoca, la cerise à grappe et le melon. En poursuivant votre circuit, vous allez vous imprégner des beaux paysages de la Beauce; dirigez-vous vers Saint-Odilon-de-Cranbourne (route 276), puis Saint-Édouard-de-Frampton (route 275), puis Sainte-Marguerite (route 216) où se trouve la Fromagerie-chèvrerie Fruit d'une Passion, avant de vous arrêter à Scott-Jonction, à l'enseigne de La Cache à Maxime.

Chemin des Îles, Pintendre.

LA CACHE À MAXIME

La Cache à Maxime, 265, rue Drouin, Scott-Jonction.

Ouverte en mai 2002, La Cache à Maxime (rappel de Saint-Maxime de Scott-Jonction) est une entreprise agrotouristique comme on en trouve peu au Québec. Situé en bordure de l'autoroute de la Beauce, cet établissement offre une gamme intéressante des produits du terroir de Chaudière-Appalaches; un vignoble comprenant 4 000 plants de vigne y a été implanté en 2001. On a choisi des cépages très typiques de la région de Québec, soit le Vandal, le Sainte-Croix et le Maréchal-Foch, qui, espère-t-on, fourniront d'ici quelques années une production de 10 000 bouteilles. Et déjà, avant même qu'il ne soit mis en bouteilles, il est déjà baptisé: Le Jarret Noir. À La Cache à Maxime, on a aussi aménagé un lac où l'on peut pêcher la truite. À l'intérieur du vaste bâtiment, on découvre une « cigar room » où il est possible de déguster porto et cigare, une aire de restauration axée sur la dégustation de produits du terroir beauceron et un centre d'interprétation sur le miel, initiative des Ruches d'Émilie de Saint-Sylvestre. Les produits de l'érable sont à l'honneur; on relate en outre des épisodes intéressants de la vie beauceronne touchant par exemple les Jarrets Noirs ou la fabrique de briques de Scott-Jonction.

La Cache à Maxime, 265, rue Drouin, Scott-Jonction.

LE TEMPS DES SUCRES EN BEAUCE

Dans la Beauce ancienne, le terroir acéricole se partageait en trois lieux définis par les habitants eux-mêmes et qui correspondent à une réalité géographique : la Vallée, les Vieux-Bois et les Montées. Dans son ouvrage *Le sucre du Pays*, Jean-Claude Dupont avance l'hypothèse non seulement des différences climatologiques qui démarquent ces trois territoires, mais aussi des savoir-faire différents selon la période d'occupation des lieux. La Vallée, c'est le territoire le plus connu puisqu'il englobe les terres qui accostent la Chaudière avec plus ou moins de succès le printemps venu au moment des sautes d'humeur du cours d'eau. La Vallée, ce sont les terres basses de Sainte-Marie, de Vallée-Jonction, de Beauceville, de Notre-Dame-des-Pins et de Saint-Georges. C'est là que la sève se laisse d'abord couler, profitant d'un ensoleillement, d'une orientation et d'une température plus favorables. C'est là que la sève beauceronne s'offre en primeur, quelques jours en avance sur celle des hauteurs ou des terres de Montées. Les Montées regroupent les terres qui

C.H. Bilodeau, 759, chemin Saint-Jacques, Saint-Anselme.

dominent les deux versants de la Chaudière : Saint-Séverin, Saint-Elzéar, Saint-Frédéric, Tring-Jonction, Saint-Jules, Saint-Victor, Saint-Alfred, Saint-Benoît-Labre et Saint-Éphrem sur le versant ouest, Saint-Philibert, Saint-Côme et Saint-Simon-les-Mines sur le versant est. Enfin, les Vieux-Bois sont situés dans le sud de la Beauce et ont la forme d'un croissant bien campé entre la frontière américaine et les municipalités de Saint-Éphrem et Saint-Philibert.

Route Montgomery, Saint-Sylvestre.

4, chemin Terre Rouge, Saint-Apollinaire.

DE LÉVIS À SAINT-ROCH-DES-AULNAIES

Entre Lévis et Saint-Roch-des-Aulnaies, les escales sont nombreuses et diversifiées, de quoi bien garnir un panier de provisions : miel, vin, cidre, fromage, liqueur de framboise, pain artisanal, chocolat. Par exemple, à Lévis se trouvent les spécialistes de la transformation artisanale de la canneberge, la Maison Bergevin. C'est aussi à Lévis qu'a pignon sur rue un spécialiste de la tomate : Jean Blouin. Ce professeur de chimie à la retraite cultive plus de 130 variétés de tomates rares dans son jardin ; mettant de côté les impératifs commerciaux et de production, Jean Blouin privilégie des variétés rares, traditionnelles, non hybrides, misant sur leur saveur.

Cabane à Pierre, 566, 2ᵉ Rang, Frampton.

759, chemin Saint-Jacques, Saint-Anselme.

Montée du Rocher, Saint-Vallier.

Verger Corriveau, 318, rue Principale, Saint-Vallier.

Résultat, des tomates rouges, des jaunes, des mauves, en forme de prune, de poire, de cœur, plus ou moins acides, pulpeuses, hâtives ou tardives. En quittant Lévis, empruntez la route 132, puis la route 279 qui vous conduira à Saint-Charles-de-Bellechasse.

1. Moulin de Beaumont
2. Ferme Le Ricaneux
3. La Sainte Miche
4. Fromagerie Terroir de Bellechasse
5. La Levée du Jour
6. Cidrerie La Pomme du Saint-Laurent
7. Société coopérative agricole de L'Isle-aux-Grues
8. Domaine Pellemond
9. Potager de la Nouvelle-France
10. Seigneurie des Aulnaies
11. Produis Thérèse Leclerc

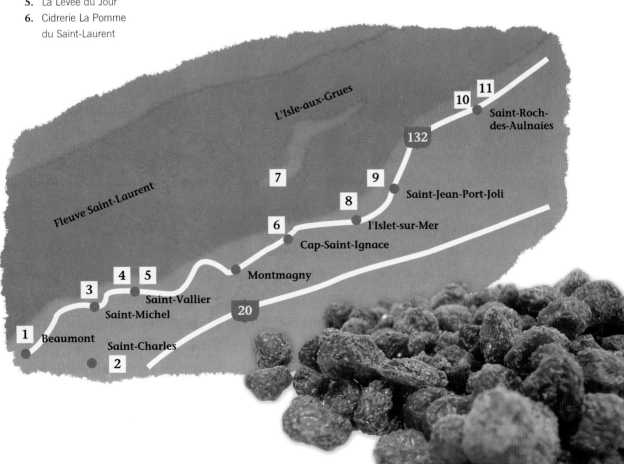

LE RICANEUX
Apéritif

Boisson alcoolisée
de fraise et de framboise
*Strawberry and raspberry
alcoholic beverage*

Produit du Québec
Product of Quebec

17,5 % alc./vol.

750 ml

MADO & JACQUES McISAAC INC
Saint-Charles-de-Bellechasse, Québec
CANADA G0R 2T0

Geneviève Morin, Le Ricaneux.

Cueillie à l'état sauvage depuis des temps immémoriaux, la framboise ne sera pas considérée comme un fruit de table avant le milieu du XIXe siècle. Auparavant, elle était utilisée dans l'extraction de parfums, dans la fabrication de boissons et de médicaments. Ce n'est qu'au XVIe siècle que la culture du framboisier se répand dans les jardins anglais et on trouve trace des premières framboises cultivées sur le continent américain en 1771. Au Québec, la culture des framboises débute vers 1856 et est destinée au marché des petits fruits. Dans cet esprit, Jacques et Mado McIsaac, de la ferme Le Ricaneux, expérimentent avec succès la fabrication du vin de framboise. Sur leur ferme acquise en 1973, à Saint-Charles-de-Bellechasse, ils entreprennent leurs premières expériences sur le vin de framboise en 1982 et, cinq ans plus tard, obtiennent leur permis de producteur artisan. Entre-temps, ils élaborent des apéritifs, un rosé mousseux et des liqueurs fines, réalisés avec des petits fruits tels que framboises, fraises, baies de sureau. À cela s'ajoutent les gelées, les tartinades, les sirops et le vinaigre de vin de framboise. Des sentiers aménagés et des aires de pique-nique contribuent à rendre heureux les moments passés à la ferme du Ricaneux.

Alain Benoît, boulangerie arisanale la Sainte-Miche.

Puis, en revenant sur la route 132, en direction de Saint-Roch-des-Aulnaies, on ne peut que saluer l'apparition de petites boulangeries artisanales qui renaissent dans de nombreux villages : La Levée du Jour à Saint-Vallier-de-Bellechasse, la Sainte-Miche à Saint-Michel-de-Bellechasse et la Boulangerie Sibuet de Saint-Jean-Port-Joli illustrent bien le mouvement.

La Levée du Jour, 344, rue Principale, Saint-Vallier.

LES FROMAGES DE L'ISLE-AUX-GRUES

L'île doit de tout temps son dynamisme à l'agriculture et plus précisément à la production laitière. Il faut savoir que, dès le début du XIXe siècle, les McPherson ont sur l'île un troupeau de plus de

Paysage de L'Isle-aux-Grues.

250 bêtes à cornes, ce qui est considérable pour l'époque. Les vaches qui paissent sur les battures sont engraissées par le foin de grève que les habitants appellent de la « rouche ». Les producteurs distribuent sur le marché de Québec un beurre qui se vend plus cher que celui de ses concurrents, notamment à cause de son goût particulier. Aujourd'hui, pour venir à la rescousse de cette île de 176 habitants, une fromagerie est née ; elle utilise le lait des 366 vaches réparties entre les dix producteurs laitiers de l'île. L'histoire débute en 1976.

Paysage de L'Isle-aux-Grues.

La fermeture de la beurrerie de Montmagny et le transport toujours difficile du lait sur la terre ferme incitent les cultivateurs de l'île à former une coopérative afin d'ouvrir une fromagerie. Le cheddar de L'Isle-aux-Grues voit le jour, puis le Saint-Antoine, un cheddar aux fines herbes. Depuis 1999, la fromagerie produit Le Mi-Carême, un fromage à pâte molle de lait non pasteurisé, qui se veut le symbole de la survie de la communauté de l'île, mais aussi le rappel de cette tradition vieille de plus de 200 ans, la fête de la mi-carême. À mi-temps du carême, les gens de l'île se costument et se maquillent pour oublier pendant quelques heures cette période de jeûne et d'abstinence qu'a déjà été le carême. Plus récemment, le fromage le Riopelle de l'Isle a fait son apparition, hommage au célèbre peintre qui s'est inspiré pour plusieurs de ses toiles, du décor enchanteur de L'Isle-aux-Grues. La fabrication du fromage dans l'île a aussi le mérite d'entretenir le paysage puisque les fourrages occupent 78 % des terres arables.

Christian Vinet, fromager.

Thérèse Leclerc, 270, rue de la Seigneurie, Saint-Roch-des-Aulnaies.

LES PRODUITS THÉRÈSE LECLERC

À un peu plus de un kilomètre du Moulin seigneurial de Saint-Roch-des-Aulnaies (route 132, direction est), Thérèse Leclerc a fait de sa petite entreprise artisanale une affaire de famille. Elle travaille dans le sous-sol de son bungalow avec sa sœur Jeannine, son conjoint et son beau-frère ; son père Louis Leclerc et sa mère Alice Lemieux, en plus de vendre leurs légumes au gens de Sainte-Anne-de-la-Pocatière, fournissaient des herbes salées à l'épicerie de Louis Lebel. Au décès de son père, l'épicier a alors incité Thérèse Leclerc à prendre la relève. Les potagers, implantés sur la ferme laitière de ses fils, sont sa source d'approvisionnement et, à un âge où plusieurs jugeraient que la retraite est la bienvenue, Thérèse Leclerc ne compte plus les semaines de six ou sept jours. Son secret, aussi savoureux que ses ketchups, le voici : « J'aime rencontrer les gens et je fais ça avec amour, comme mes parents me l'ont montré. » Aujourd'hui, les Produits Thérèse Leclerc se retrouvent au marché Jean-Talon de Montréal. Toute fière, Thérèse Leclerc montre une coupure du *Journal de Montréal* daté du 10 juin 2001, où il est dit que son « ketchup aux courgettes, c'est la perfection ».

LE POTAGER DE LA NOUVELLE-FRANCE

À Saint-Jean-Port-Joli, à l'entrée ouest du village, se dresse un moulin en bordure de la rivière Trois Saumons. Ce moulin, grâce à l'initiative de Louise Saint-Pierre et de Gaétan Nadeau, s'oriente désormais vers une nouvelle vocation. Érigé en 1850, le moulin banal des Trois Saumons appartenait à la famille de Louise Saint-Pierre depuis 1892. Le couple décide en 1990 de récupérer ce bien de famille et d'en faire un lieu voué à la culture maraîchère. Non pas la culture maraîchère conventionnelle, plutôt celle que pratiquaient les ancêtres en mettant en valeur des variétés de légumes. On trouve, désormais dans leur jardin des plantes potagères provenant des régions d'origine des ancêtres et « comme les immigrants français, les plantes potagères ont dû s'adapter aux conditions climatiques d'ici », conclut Gaétan Nadeau. Et, poursuit-il, « la donnée de base, c'est que tout était plus amer qu'aujourd'hui car la course au sucre arrive beaucoup plus tard ».

Il ne faut donc pas s'étonner de trouver, dans ce potager aménagé à la française, des plants provenant de Normandie ou de Bretagne et présents ici au XVIIIe et au XIXe siècle.

Le couple a recensé plus d'une centaine de variétés de choux; on y a inventorié aussi des légumes bien adaptés à des terroirs spécifiques : la carotte de Saint-Valérie, longue et étroite, poussait dans un sol sablonneux, alors que la carotte de Saint-Luc, courte et large, prenait racine dans un sol glaiseux. Et que dire de la laitue dite « grosse blonde paresseuse » : grosse, à cause de son volume, blonde, à cause de sa couleur, et paresseuse parce qu'elle ne rend pas les feuilles de sa pomme à maturité.

C'est dans cet esprit que le Conservatoire, pour sauver le patrimoine végétal de la Côte-du-Sud, a été mis sur pied. Né en 2002, le Conservatoire, veut sauvegarder, conserver et promouvoir les espèces végétales domestiques cultivées traditionnellement sur la Côte-du-Sud.

« On veut recueillir à la fois la tradition orale relative à l'agriculture et les espèces végétales encore cultivées dans certains villages et par certaines familles depuis des générations », précise Louise Saint-Pierre. Selon les premières évaluations, c'est près de 90 % des espèces végétales cultivées à la fin du XIXe siècle, qui, sur la Côte-du-Sud, ont disparu. Une visite enrichissante sur un site exceptionnel orchestrée par deux passionnés.

LE MOULIN DE SAINT-ROCH-DES-AULNAIES

Dans Chaudière-Appalaches se trouvent quelques moulins exceptionnellement bien conservés dont les activités de transformation artisanale du blé et d'autres céréales répondent aux besoins de la collectivité. Ainsi, le Moulin de Beaumont et peut-être encore davantage le Moulin banal intégré à la Seigneurie des Aulnaies mettent sous nos yeux une réalité bien ancienne. Le Moulin banal de la Seigneurie des Aulnaies permet au visiteur qui se balade sur son site magnifique, de se familiariser avec les rouages du moulin et de se procurer du pain. À l'entrée du site, une boulangerie artisanale est intégrée à un petit restaurant santé.

La Seigneurie des Aulnaies, 525, rue de la Seigneurie, Saint-Roch-des-Aulnaies.

La Seigneurie des Aulnaies, 525, rue de la Seigneurie, Saint-Roch-des-Aulnaies.

Le moulin, construit en 1842, témoigne d'une époque où le seigneur était tenu de construire un moulin à farine afin de permettre à ses censitaires de moudre le grain; cette obligation était désignée sous le nom de banalité. Restauré en 1975, le Moulin banal de la Seigneurie des Aulnaies fait partie d'un ensemble comprenant entre autres le manoir seigneurial, quelques dépendances, dont un ancien four à pain, et des espaces de verdure propices à un goûter en plein air ou à des randonnées pédestres.

La Seigneurie des Aulnaies, 525, rue de la Seigneurie, Saint-Roch-des-Aulnaies.

626, rang des Érables, Saint-Joseph-de-Beauce.

LES ARRÊTS
AGROTOURISTIQUES

1. Le Miel d'Émilie *(moutarde au miel, Saint-Sylvestre)*

2. Miellerie Prince-Leclerc *(Saint-Agapit)*

3. Fromagerie Bergeron *(gouda, Saint-Antoine-de-Tilly)*

4. La Cache à Maxime *(vin, Scott-Jonction)*

5. La Maison Bergevin *(canneberge, Lévis)*

6. La Sainte-Miche *(pain, Saint-Michel)*

7. La Levée du Jour *(pain, Saint-Vallier)*

8. Verger Corriveau *(produits de la pomme, Saint-Vallier)*

9. La Cidrerie-vinaigrerie La Virginie *(cidre, Lac-Etchemin)*

Consulter les Bonnes adresses ou le site www.upa.qc.ca
pour un inventaire complet des produits de la région.

Saint-Roch-des-Aulnaies **9**

8 Saint-Jean-Port-Joli

Saint-Michel

6   **7 8** Saint-Vallier

Lévis **5**

7 Saint-Charles

4 5 Saint-Nicolas

6 Pintendre

Saint-Antoine-de-Tilly **1 2 3**

Saint-Apollinaire **3**

Scott-Jonction **4**

9 Lac-Etchemin

2 Saint-Agapit

Saint-Sylvestre **1**

NOS COUPS DE CŒUR

1. Verger-cidrerie À l'Orée du Bois *(cidre, Saint-Antoine-de-Tilly)*

2. Cidrerie et verger Saint-Antoine *(cidre, Saint-Antoine-de-Tilly)*

3. Le Canard Goulu *(canard, Saint-Apollinaire)*

4. Cidrerie-verger Saint-Nicolas *(cidre, Saint-Nicolas)*

5. Ferme Genest *(crêpes, légumes, Saint-Nicolas)*

6. Vignoble & Cidrerie du Nordet *(cidre et vin, Pintendre)*

7. Ferme Le Ricaneux *(liqueur de framboise, Saint-Charles-de-Bellechasse)*

8. Potager de la Nouvelle-France *(légumes, Saint-Jean-Port-Joli)*

9. La Seigneurie des Aulnaies *(farine, Saint-Roch-des-Aulnaies)*

3741, Route 132, Saint-Antoine-de-Tilly.

DES MOTS DANS MON ASSIETTE
LE TERROIR AU QUÉBEC :
UNE HISTOIRE QUI NE S'EST JAMAIS TUE

L'agriculture des terroirs au Québec ne date pas d'hier. À mesure que la colonisation progresse en Nouvelle-France, l'habitant d'ici découvre des particularités locales à chacune des régions qu'il associe à des cultures, à des élevages ou à des activités de chasse ou de pêche. Le climat, la topographie, la composition du sol, la proximité ou non du fleuve contribuent à définir en bonne partie des terroirs régionaux sinon locaux. Pehr Kalm, dans son récit de voyage, signale en 1749 la présence de maïs de petite taille sur la rive nord du Saint-Laurent, entre Québec et Trois-Rivières. Sommes-nous devant un témoignage sur les origines de la culture du fameux maïs de Neuville ? Terroir et pomoculture sont aussi éloquents : sait-on qu'on a recensé environ 200 variétés de pommes au Québec avant les années 1950, nombre ramené à moins d'une vingtaine de nos jours.

Quant à la fabrication du cidre, elle est déjà signalée au milieu du xviiie siècle au même titre que la bière d'épinette. Au fil des décennies, sinon des siècles, les vertus de certains terroirs vont donc s'affirmer. Nombreuses sont les régions et les localités auxquelles on associait un produit spécifique à cause notammnent de sa qualité supérieure : la prune du Bas-Saint-Laurent, le melon de Montréal, le maïs de Neuville, l'anguille de Saint-Jean-Port-Joli, le sucre du pays de la Beauce, les petits pois de Gaspé, la pomme de Saint-Paul d'Abbotsford, le poisson fumé et salé de la Gaspésie, le bleuet du Lac-Saint-Jean, la gourgane et le dindon de Charlevoix, le beurre salé de Kamouraska ne constituent qu'une courte énumération de l'affirmation de nos terroirs. Sur la ferme familiale où l'on produisait ce que l'on consommait, les produits du terroir trouvent leur plus franche expression dans les produits maisons et les produits fermiers. Jusqu'au milieu du siècle

dernier, la plupart de ceux-ci ont une résonance locale sinon familiale ; chacun fabriquait son pain, transformait ses petits fruits en gelée, concoctait ses liqueurs de fraise, de framboise ou ses vins de gadelle, de pissenlit et apprêtait ses viandes. La présence, au début des années 1900, de plus de 2 000 beurreries-fromageries au Québec exprime bien la dimension artisanale de la transformation laitière de même qu'une certaine diversité dans la fabrication de beurre et de fromage. La fin du régime autarcique de la ferme familiale a orienté différemment les produits du terroir. La production domestique a incorporé graduellement des produits de fabrication artisanale.

Ainsi, le pain du boulanger est introduit graduellement dans les campagnes détrônant la cuisson hebdomadaire de pain domestique. Les premiers artisans boulangers spécialisés apparaissent et certains élargiront leur réseau de distribution. Ultérieurement ces boulangeries régionales seront absorbées par des entreprises nationales. Toutefois, la standardisation de la production boulangère n'aura pas effacé la dimension artisanale si liée au produit du terroir ; il suffit de se promener dans les villages du Québec pour constater la multiplication des boulangeries

6

artisanales. Dès le début des années 1950, l'agriculture d'ici, en profonde mutation, se tourne donc vers des défis nouveaux orientés notamment vers la concentration de la production, la réduction du nombre de fermes, l'introduction de nouvelles normes de qualité et d'hygiène. Bref, ce que l'on considère comme les débuts de l'industrialisation de l'agriculture. À la fin des années 1960, « le retour à la terre » amène à la campagne des fils et filles ou petits-fils et petites-filles de cultivateurs qui ont le goût de renouer avec leurs origines rurales plus ou moins lointaines. Leur cheminement et leur profil est identique d'une région à l'autre du Québec : dans la vingtaine, fraîchement diplômée, peu fortunée, cette génération, en mal d'agriculture, ne peut investir dans les productions bien établies (vache, porc, poulet). Malgré tout, nombreux sont les jeunes qui vont réaliser leur rêve du retour à la terre.

Ces néo-ruraux investissent dans l'achat de fermettes, rénovent des bâtiments délabrés et, bien souvent sans s'en rendre compte, renouent avec la tradition en démarrant des productions dites marginales. L'élevage de la chèvre et du mouton rallie bon nombre d'entre eux et la fabrication de fromage en découle ; la production vinicole et maraîchère suscite aussi de grands espoirs. Ces nouveaux fermiers vont développer un savoir-faire en empruntant aux traditions québécoises et d'ailleurs, incarnées par exemple par des individus comme Joseph O. Vandal, dans la viticulture, ou par certaines communautés religieuses comme celle de l'abbaye de Saint-Benoît-du-Lac ou les moniales bénédictines de Mont-Laurier.

En relation avec les réalités agricoles européennes et surtout françaises, par

8

9

le truchement de voyages et de lectures, ces nouveaux fermiers découvrent les vertus de la « petite agriculture », celle des paysans de France ou de Suisse qui fabriquent des fromages, du cidre, des terrines, du vin, du pain, etc., et qui sont de surcroît des fleurons de la gastronomie française. Alors pourquoi pas chez nous ?

1. Chemin Leadville, Mansonville.
2. Lucie Fortin, Denis Maltais, Verger de Tilly.
3. Rang des Continuations, Saint-Jacques.
4. Route 132, Barachois.
5. Chemin Godbout, Dunham
6. Rang Centre, Les Éboulements.
7. Montée du Rocher, Saint-Vallier
8. Rang Saint-François, Saint-Louis-de-Blandford.
9. Rang Centre, Les Éboulements.

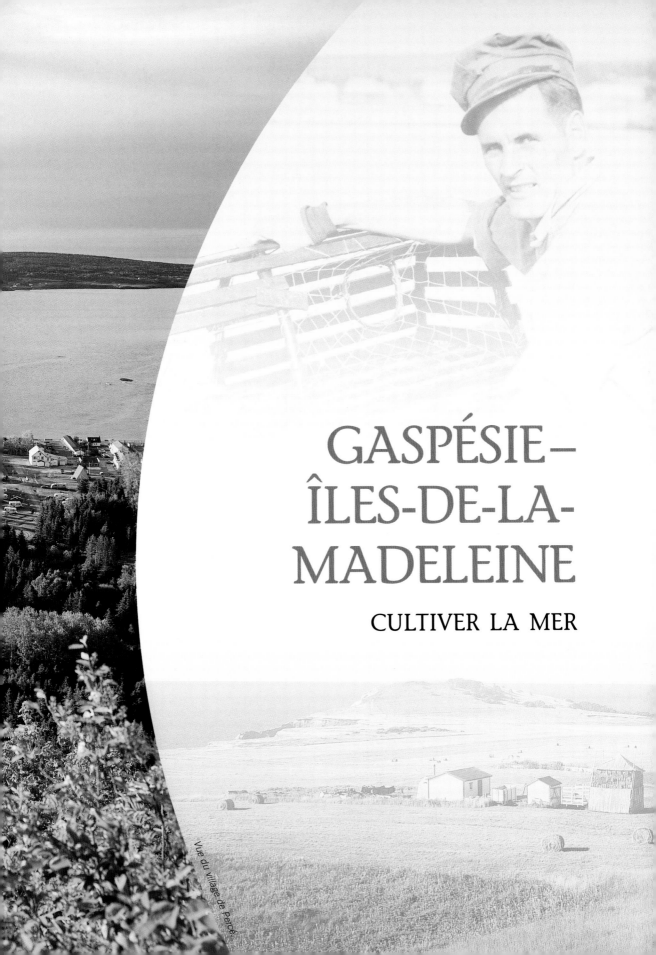

GASPÉSIE–ÎLES-DE-LA-MADELEINE

CULTIVER LA MER

Vue du village de Percé

La Jolie Gaspésie, 722, route 132, Percé.

MARIAGE DE LA MER ET DE LA TERRE

Avec ses 800 kilomètres de côte, la Gaspésie n'a jamais donné la partie facile à l'agriculture. Les statistiques sont éloquentes à ce sujet : depuis vingt-cinq ans, 71 % des fermes agricoles ont disparu et on en dénombre aujourd'hui moins de 300 en activité. L'agriculture gaspésienne, bien que modeste, gravite autour de la production laitière, de l'élevage bovin, qui regroupe plus de 70 % des producteurs de la Gaspésie, et de l'élevage ovin, qui se densifie dans le secteur de Cap-Chat, de Sainte-Anne-des-Monts et de la baie des Chaleurs. Sur le plan historique, cette région fut le berceau de plusieurs produits régionaux aujourd'hui oubliés : dès 1910, on met à profit le terroir de la baie des Chaleurs, et le climat tardif qui y est associé, pour propager la culture des petits pois ; rapidement, en raison du goût exquis que leur confère la proximité de la mer, les petits pois de Cap-d'Espoir se taillent une place enviable sur les marchés de Québec et de Montréal. La pomme, la poire et les cerises de la péninsule gaspésienne jouiront de la même notoriété attribuable à leur mûrissement tardif.

Jeannot Lévesque, Mont-Saint-Louis.

Depuis une vingtaine d'années, la Gaspésie, à l'instar des autres régions du Québec, est devenue attentive à la transformation de ses produits. L'agrotourisme a éveillé la curiosité de même que la créativité des pêcheurs-agriculteurs forestiers de la région. Car, traditionnellement, les gens de la Gaspésie ont créé des liens étroits entre la pêche et l'agriculture. Au début du XXᵉ siècle, le pêcheur-agriculteur avait, dans les terres, une maison de ferme et, sur le bord de l'eau, une maisonnette plantée sur des pilotis dans les sables de la grève.

Rue du Phare, Carleton.

Il faut rappeler aussi que la plupart des agriculteurs gaspésiens utilisaient couramment les déchets de poisson pour améliorer les rendements à la ferme ; au village Capucins, des éleveurs de porcs engraissaient de déchets de poisson et de varech leurs champs de patates et d'orge destinés à nourrir leurs bêtes. Et les paysages gaspésiens d'aujourd'hui témoignent encore de cette intimité entre la mer et la terre ; près de la grange, aux proportions réduites et souvent unique bâtiment de ferme, on trouve la corde de bois, quelques gréements de pêche, parfois une embarcation plus ou moins imposante mise à sec, et quelques poules qui picorent.

La Gaspésie est probablement la seule région du Québec à offrir, d'un côté, tant de démesure dans ses paysages d'eau infinis, dans ses montagnes qui prennent en étau l'agriculture au gré des kilomètres et, à l'opposé, à offrir de petits villages, peu populeux, qui tentent de s'installer en bordure de la côte. Plusieurs auraient baissé les bras en cette terre difficile. Mais les Gaspésiens d'origine, ou qui le sont devenus depuis dix, quinze ou vingt ans, ont réussi à faire renaître les traditions et les savoirs locaux. En tête de liste, les poissons qui baptisent la gastronomie locale. Ceux des petits pêcheurs, servis frais dans l'assiette ; puis ceux transformés, fumés, car là aussi l'artisanal côtoie l'industriel ; lisez plus loin l'aventure de la famille Arseneau. Cette agriculture s'alimente aujourd'hui à d'autres sources ; de nouveaux créneaux sont apparus : c'est le cas des chèvres de la Ferme Chimo de Douglastown ou des Jardins de la seigneurie de Grande Vallée ou encore des abeilles de Normand Tremblay de Sainte-Flavie.

76, route Coulombe, Mont-Saint-Pierre.

LE VIEUX MOULIN

Notre première rencontre a été celle d'un « berger d'abeilles », Normand Tremblay, dans l'ancien moulin de Sainte-Flavie. Le Vieux Moulin de Sainte-Flavie servait autrefois à scier le bois, à moudre les grains et à fouler l'étoffe du pays. Normand Tremblay, originaire du Lac-Saint-Jean, en fait l'acquisition dans les années 1970. Il débute alors son entreprise avec sept ruches. Aujourd'hui, Le Vieux Moulin compte 150 ruches et met en marché plus de 30 produits dérivés du miel. Adossé aux premiers contreforts

Normand Tremblay, Le Vieux-Moulin, Sainte-Flavie.

qui assiègent le Saint-Laurent, Le Vieux Moulin de Sainte-Flavie, près de Mont-Joli, produit un champagne à base de miel, selon une méthode artisanale : Normand Tremblay y a développé un procédé de fermentation en bouteille suivi d'une seconde fermentation. Dans ce vieux moulin à farine presque bicentenaire, des hydromels secs, doux, de bleuet et de framboise identifiés sous le nom de « Têtes en fleurs » garnissent les tablettes. À l'étage, Normand Tremblay a aménagé « le musée de Neufve France » qui, par son mobilier et les outils présentés, nous met dans l'ambiance des premières habitations de la Nouvelle-France. Depuis 2002, son hydromel de framboise

a gagné les tablettes de la SAQ. « Pour le produire, nous utilisons notre miel, un miel assez délicat, des framboises d'un producteur de Val-Brillant, de la levure et de l'eau de source puisée dans la région », précise Nicolas Tremblay, un des fils.

Intérieur du Vieux-Moulin.

Vue de Saint-Octave-de-Métis.

DE SAINTE-FLAVIE À GASPÉ

En quittant le site du Vieux Moulin, vous pouvez abandonner la route 132 pour vous diriger vers le sud ; au croisement du chemin Perrault, direction ouest, prenez le temps de vous arrêter aux Herbes salées du Bas-du-Fleuve spécialisées, depuis vingt-deux ans, dans la culture de cerfeuil, de persil, de sarriette, de céleri, d'oignon, de poireau, de ciboulette, d'épinards et de panais.

La recette finale des herbes s'inspire de la cuisine familiale et Jean-Yves Roy apprécie que son entreprise soit située dans ce coin de pays : « On a moins de chaleur en région, on a moins de chance de manquer notre coup. » Seize heures tout au plus après la récolte, le produit est conditionné et les herbes conservées dans du sel sans iode, non traité et sans colorant. « Le produit est d'usage universel, et vaut pour les viandes, les salades, les sauces béchamel, les pommes de terre ou les sandwichs aux tomates. C'est un substitut au sodium, néfaste pour la santé », conclut Jean-Yves Roy. Reprenez de nouveau le rang Perrault en direction est et faites de Saint-Octave-de-Métis une destination pour le simple ravissement des yeux. En effet, en empruntant le 3e Rang de Saint-Octave-de-Métis, qui vous ramène à la route 132, vous serez à même de goûter les paysages ruraux typiques de l'arrière-pays de la Gaspésie. Le 3e Rang s'accroche à un dénivelé d'ouest en est et voit se répéter des terrasses occupées par l'agriculture où essaiment, tous les dix ou quinze kilomètres, de petits villages bien accrochés sur les hauteurs et qui regardent vers le fleuve. À Matane, c'est le premier contact avec la mer par le biais des fumoirs artisanaux de la famille Roux, en activité depuis 1957. Raoul Roux n'était pas que pêcheur ; il était aussi aubergiste et cuisinier ; il allait même chercher son saumon sur la Côte-Nord en hydravion ; sa technique de fumage du poisson est tirée d'une recette amérindienne. Depuis 1987, son fils Robert a pris la relève. Aujourd'hui, Robert Roux transmet à son fils et à sa fille, Alexandre et Emmanuelle, la façon de fumer, au bois d'érable ou de merisier, le saumon, la morue, le flétan et même la crevette.

Robert Roux, fumoir Roux, Matane.

Sandy Beach, Gaspé.

Un peu à l'ouest de Matane, Baie-des-Sables conserve quelques caveaux traditionnels qui démontrent bien encore l'importance des potagers dans le secteur. Baie-des-Sables, c'est aussi là qu'a pignon sur rue Le Boucanier, passé maître dans l'art de fumer la truite et autres produits. Puis, à mesure que l'on progresse vers l'est, se glissent dans le décor les maisons et bâtiments de ferme en bardeaux, bien caractéristiques de toute la péninsule. Les quelques fermes laitières aperçues dans le secteur de Matane et de Sainte-Félicité sont les derniers bastions de l'agriculture laitière où les pâturages et les prairies prennent d'assaut les flancs adoucis des premiers monts; on peut dire qu'à partir de Grosses-Roches le paysage se présente autrement; graduellement, la montagne s'approche du fleuve et éclipse l'agriculture. Quelques bâtiments de ferme persistent, abandonnés ou servant d'abris à quelques poules ou à quelques oies.

Pêcheries Rivière-au-Renard.

La route subit les contrecoups de cette topographie montagneuse alors que les pentes se multiplient. La mer semble aussi vouloir se lancer à l'assaut de tout ce qui s'appelle terre. Ce resserrement s'amplifie tellement que la route est prise en otage entre le fleuve et la montagne avec, ici et là, quelques maisons qui ont trouvé un petit coin pour nidifier. L'activité forestière détrousse l'agriculture et la pêche prend de l'ampleur ; les poissonneries de bord de route s'installent. Aux Méchins, on trouve la Gaspé Salaison, une usine de transformation avec fumoir et poissonnerie ; celle-ci a en quelque sorte pris le relais des quelques boucaneries où l'on fumait le hareng et des petits abris où l'on préparait le poisson. De façon surprenante, on constate aussi la présence d'une fromagerie, la Fromagerie Les Méchins qui s'approvisionne auprès d'agriculteurs de Sainte-Anne-des-Monts et qui, depuis cinq ans, fabrique un fromage affiné à pâte molle baptisé Les Méchins, présent dans les épiceries et dépanneurs de la région. À deux pas de là, on trouve aussi une petite boulangerie artisanale, la Boulangerie de la Villa, dans la rue du même nom, qui boulange pain de ménage et pâtisseries.

Si les baies de Mont-Saint-Pierre et de Mont-Louis séduisent, il faut s'enfoncer dans ces vallées peu profondes pour y découvrir quelques établissements de ferme qui comptent parmi les plus beaux de toute la Gaspésie. Ces deux vallées illustrent fort bien d'ailleurs le mariage de la mer et de la terre ; la vie gaspésienne de ce coin s'articulait de part et d'autre de la plage : d'un côté la terre, qui laisse à l'agriculture des sols légers et sablonneux, et de l'autre la mer, que les lignes à pêche et les filets taquinent ; c'est pourquoi habitations et villages ne sont jamais bien loin du rivage.

76, route Coulombe, Mont-Saint-Pierre.

Si autrefois on séchait la morue sur la «grave» de Mont-Louis, on trouve aujourd'hui Atkins et frères, une entreprise artisanale spécialisée dans la fabrication de produits fins. Les terres alluvionnaires de la vallée ne sont toutefois pas négligées. On s'adonnait à l'élevage sur des versants peu prononcés pour réserver la plaine à la culture maraîchère. C'est dans ce contexte que l'on découvre, à Grande-Vallée, les Jardins de la Seigneurie, qui profitent de sols alluviaux et d'un microclimat propices à la pousse des légumes et des framboises, dignes du slogan «Le bon goût frais de la Gaspésie». Il faut rappeler que c'est à Grande-Vallée, village natal d'Esdras Minville, directeur de l'École des hautes études commerciales de Montréal en 1938, que ce dernier jette les bases d'une coopérative agroforestière qui a contribué à la définition du paysage actuel.

94, route Coulombe, Mont-Saint-Pierre.

LA FERME CHIMO

$\mathscr{L}$a Ferme Chimo, spécialisée dans la fabrication des fromages de chèvre, a été mise sur pied en 1985 par Bernard Major et Hélène Morin. En 2002, les propriétaires se retrouvent avec une fromagerie dont la production a triplé, qui compte sur une centaine de têtes, dont environ 75 laitières. C'est une chèvrerie toute neuve, terminée en avril 2001, qui

prend place dans le paysage gaspésien. Elle comprend une salle de traite, des aires de stabulation libre ainsi qu'une pouponnière pour les chevreaux. La chèvrerie est reliée directement à la fromagerie par un tuyau qui y amène automatiquement le lait : « C'est notre Voie lactée », dira Bernard Major.

En se promenant dans les champs de la Ferme Chimo, il vaut la peine de marcher en direction du coteau pour apprécier une vue d'ensemble de la ferme et les flancs opposés de cette vallée boisée dont seuls les béguètements de quelques chèvres arrivent à briser le silence. Devant la maison, on a aménagé une aire de pique-nique pour les visiteurs. Un fromage nouveau, Le Val-d'Espoir, est apparu sur le marché à l'été 2002. « Le Val-d'Espoir, c'est en hommage à ce petit village qui a tant fait pour l'agriculture gaspésienne », souligne Hélène Morin.

32, rue à Bonfils, L'Anse-à-Beaufils.

LE CENTRE AGROÉCOLOGIQUE

Et puisque nous parlons de Val-d'Espoir, nous nous y sommes rendus pour y découvrir le Centre d'interprétation et de formation agroécologique. Ce centre poursuit l'œuvre entreprise par les cisterciens mais surtout par les clercs de Saint-Viateur qui, pendant plus d'une trentaine d'années (1930-1964), ont exploité une ferme expérimentale et éducationnelle à Val-d'Espoir, sur les terres aujourd'hui occupées par le Centre agroécologique. Pendant toute cette période, des agriculteurs de la Gaspésie vont profiter des connaissances des clercs et obtenir des sujets d'élevage et des plants de culture. On dit même que les clercs fabriquaient leur propre fromage. Et ce n'est pas un hasard si les clercs de Saint-Viateur avaient privilégié le village de Val-d'Espoir : c'est qu'on y trouve des sols exceptionnels, classés A1, les meilleurs qui soient pour l'activité agricole. Malheureusement, à la fermeture obligée de la ferme expérimentale, tous les bâtiments ont été détruits, seules des fondations subsistent.

Kevin Richard, Centre agroécologique de Val-d'Espoir.

Manoir LeBoutillier, 578, boul. Griffon, L'Anse-à-Griffon.

Fiers de ce passé agricole et désireux de prolonger l'œuvre des clercs de Saint-Viateur, dans un contexte de désertion des villages ruraux, des citoyens de Val-d'Espoir ont formé une coopérative qui a repris en main une partie des terres des clercs de Saint-Viateur avec plus de dix hectares en culture biologique. La Coopérative a son propre magasin, organise la Fête des récoltes de Val-d'Espoir en septembre (concours d'épouvantails, vente des récoltes, marché public) et gère les Jardins Rocher-Percé (culture biologique de légumes variés). Elle a également organisé un Centre d'interprétation sur l'agriculture biologique ; on y découvre aussi un potager d'interprétation et des sentiers pédestres offrant une vue remarquable sur la vallée et le village de Val-d'Espoir, le tout à moins de quinze kilomètres de la route 132. Et, vous diront les gens du Centre, « petit secret local, un belvédère faisant face au nord a été aménagé et c'est le meilleur endroit qui soit pour admirer les aurores boréales, pas de lumière pour ternir leur éclat ». Ajoutons enfin que la Coopérative a un pied-à-terre à L'Anse-à-Beaufils, dans un ancien magasin général de la compagnie Robin, Jones et Whitman, construit en 1928.

19, rue à Bonfils, L'Anse-à-Beaufils.

Réal Cloutier.

75, rue du Village, Sainte-Thérèse-de-Gaspé.

LE LITTORAL SUD

Le littoral sud de la Gaspésie peut se diviser en deux secteurs agrotouristiques. Le premier s'étend de Percé à Port-Daniel et le second de Port-Daniel à la limite ouest de la baie des Chaleurs, soit le village de Saint-Omer. L'axe Percé-Port-Daniel mise sur la pêche et surtout sur la transformation des produits de la mer pour multiplier les points d'intérêt, alors que, dans le secteur plus à l'ouest, sans nier les activités de pêche, ce sont davantage les initiatives agricoles qui priment. En Gaspésie, peut-être plus qu'ailleurs, l'agrotourisme laisse grande ouverte la porte pour engager ou provoquer des rencontres ; par exemple les frères Cyr de Sainte-Thérèse-de-Gaspé qui, avec un accent et des mots bien à eux, vous raconteront les difficultés de la pêche gaspésienne depuis vingt-cinq ans ; ou bien Réal Cloutier, du 2e Rang de Cap-d'Espoir, fils de trancheur de morue, qui, au printemps, fume du hareng sur sa propriété ; il y a d'ailleurs construit deux petits séchoirs pour remplacer ceux érigés autour des années 1940, devenus trop vétustes. Il fume jusqu'à 180 douzaines de harengs frais, pêchés le matin, et qui, le jour même, baignent dans la saumure ; par la suite, ils sont placés dans le fumoir allumé avec de l'écorce de bouleau. Le hareng y séjournera une trentaine d'heures avant que des voisins, des amis puissent profiter de ces délices.

Lucien Cyr, Sainte-Thérèse-de-Gaspé.

Route 132, Percé

Les séchoirs artisanaux traditionnels sont malheureusement presque tous disparus de la Gaspésie; avec le bon secours de Réal Cloutier, nous avons toutefois réussi à en localiser un à Sainte-Thérèse-de-Gaspé, à deux pas de l'église. Sur les quais encore actifs de la baie des Chaleurs, on peut voir deux catégories d'embarcations: celles des petits pêcheurs artisanaux, qui vendent leurs produits aux compagnies souvent établies à proximité des quais, et celles des pêcheurs plus outillés, qui se rendent plus loin en mer et font des captures plus nombreuses grâce à la technologie.

Depuis une dizaine d'années, de petites entreprises artisanales, à tout le moins à leurs débuts, ont ouvert la voie à la transformation du poisson pour offrir des produits raffinés. C'est le cas par exemple de Orcean, localisée à Grande-Rivière-Ouest et mise sur pied par Henriette Michaud. À Percé, l'activité traditionnelle de la pêche a laissé son empreinte dans le paysage; la vocation touristique du village aura probablement contribué à la mise en valeur de quelques bâtiments et savoir-faire. De ces familles de pêcheurs qui existaient depuis des générations, il ne reste plus personne pour poursuivre le mariage avec la mer, diront certains. Pourtant, l'activité de la pêche y a laissé, ici et là, quelques vocations où l'artisanal puise encore.

FUMOIR ROCHER PERCÉ

C'est le cas du Fumoir Rocher Percé, propriété de descendants de familles de pêcheurs, comme en témoignent quelques photographies dans le kiosque de vente. Alain Méthot et Rémi Bourget, natifs de Percé, ont démarré leur entreprise bien modestement. Ces pêcheurs de saumon à la mouche décident au début des années 1990, de développer «des recettes» pour fumer le poisson. Après avoir fait mariner leur saumon, un saumon d'élevage de la baie de Fundy, ils le font d'abord sécher à l'air libre avant de le placer dans le séchoir pendant environ quarante huit heures.

Fumoir Rocher Percé, 50, Route 132, Percé.

Dans ce petit séchoir artisanal, on assaisonne les saumons selon les goûts du client: il peut être fumé au brandy et à l'érable, au rhum, au vin blanc, etc. On trouve aussi à Percé deux boulangeries artisanales, celle de la famille Méthot, baptisée Boulangerie-pâtisserie Do-Ré-Mie, qui opère depuis une vingtaine d'années, et Le Fournand, intégrée à un petit café santé. À Percé, rares sont les personnes qui se rappellent que les habitants du village chassaient sur le rocher, à la fin du XIXe siècle, les goélands et les cormorans: on abattait les petits à coups de rame ou à coups de bâton pour en faire un mets exquis et très recherché.

Rémi Bourget, Fumoir Rocher Percé.

222, Route 132, Port-Daniel.

Si entre Port-Daniel et Saint-Omer, le second axe dont nous parlions plus haut, les activités de pêche sont bien présentes, il n'en demeure pas moins que le voyageur a une tout autre impression : l'activité agricole profite de cette distance qui se crée entre la mer et la montagne pour retrouver vie. Ici, peut-être, plus que partout ailleurs en Gaspésie, les produits régionaux ont bonne tribune : on y découvre de l'hydromel, des produits de l'érable, une vinaigrerie, une charcuterie et un marché des produits du terroir. C'est probablement ce contexte qui a contribué à l'apparition du Marché Gospel à Bonaventure, à deux pas de l'église, en bordure de la route 132. Ce joli petit ensemble est composé de quatre bâtiments de facture traditionnelle qui mettent en valeur les talents locaux ; la petite chapelle renferme une belle panoplie des produits régionaux de la Gaspésie, alors que les autres bâtiments sont voués à de l'artisanat et à des expositions. À cette liste, il faut ajouter la culture maraîchère, souvent pratiquée par des familles souches de ces contrées ; c'est le cas des familles Paquet et Bourdages.

Pierre Bourdages, Ferme Bourdages.

À la Ferme Bourdages, on regarde le passé avec fierté. Et pour cause. On en est à la septième génération de Bourdages à Saint-Siméon, des Bourdages qui ont tenté à chaque époque de se distinguer en agriculture. Pierre Bourdages raconte que son grand-père, qui vit à deux pas de chez lui, gardait à l'époque, nous parlons ici du tournant des années 1950, 20 vaches et plus de 150 moutons dont il distribuait le lait et la viande aux gens de la région. Puis, au milieu des années 1970, la ferme a pris le virage de la culture maraîchère avant de se tourner vers la transformation en 1995. «À partir des recettes de notre grand-mère, Julia Paquet, on a brodé là-dessus», dira Pierre Bourdages. Cette nouvelle génération de Bourdages a lancé les produits Traditions Bourdages : confitures, coulis, tartes, pâtés, pains, etc. Le joli kiosque de bord de route où sont étalés les produits Bourdages ne laisse pas soupçonner l'importance de cette ferme, qui a un fonds de terre de 800 acres sur lesquels on cultive aussi des céréales et où on élève une quarantaine de vaches à viande. Plus encore, on y cultive le brocoli qui, profitant du climat gaspésien, moins sujet aux canicules que le sud du Québec, a une fermeté et une densité qu'on ne trouve pas ailleurs en province. Parole de Bourdages!

Odile Saint-Onge, Ferme Bourdages, Saint-Siméon.

LE POTAGER

Carole Chartier est arrivée dans le 3ᵉ Rang de Caplan au milieu des années 1990. Elle constate alors l'absence de marché public dans la région et la difficulté d'obtenir des légumes frais. Elle démarre donc un jardin, où les gens peuvent venir cueillir eux-mêmes leurs légumes ; aujourd'hui Le Potager compte près d'une cinquantaine de variétés,

Carole Chartier, Le Potager.

qu'elle achemine aux chefs cuisiniers de la région et aussi à la population locale. Elle transforme ses produits à l'aide de recettes maison : «Tout est fait à la main, même les étiquettes qui marquent les pots », précise-t-elle avec un brin d'humour. Et autant pour la culture de ses légumes que pour ses élevages, elle s'inspire des principes de l'agriculture biologique. Un peu plus à l'ouest encore, à Maria, on découvre les miels de la Baie, mieux connus sous le nom de Hydromel

Forest, qui compte près de 900 ruches ; en plus d'offrir de nombreuses variétés de miel, du pollen, de l'hydromel et des produits de la cire, Hydromel Forest, qui a démarré il y a une vingtaine d'années, propose un miel d'épilobe et un miel de centaurée, exclusifs à la région.

Le Potager, 179, 3ᵉ Rang Ouest, Caplan.

FUMOIR CASCAPÉDIA

En bordure de la rivière Grande Cascapédia, rivière à saumon réputée, le Fumoir Cascapédia-Saint-Jules, même s'il est récent (1999), a repris une technique traditionnelle venue d'Écosse. Anne Trépanier, propriétaire du fumoir, diplômée en gestion d'hôtellerie et de restauration, a profité de l'expertise de son mari, Jerry Legouffe. Ce dernier a été initié aux techniques de fumage par un doyen de la rivière Grande Cascapédia, qui utilisait une recette de fumage réservée exclusivement à la famille Englehart, des Américains bien nantis qui possédaient un club de pêche en bordure de la rivière Grande Cascapédia. Jerry Legouffe se familiarise donc avec les techniques de fumage et apprend une méthode amérindienne de fumage telle qu'elle est pratiquée par les Micmacs du secteur.

De cet amalgame de cultures est née une recette unique qu'Anne Trépanier a reproduite à l'aide de techniques modernes de fumage. Son fumoir présente en fait deux particularités que nous n'avons pas trouvées ailleurs en Gaspésie : la saumure utilisée est solide et non liquide, et le poisson y séjourne pendant vingt-quatre heures ; puis, le poisson est fumé à froid, c'est-à-dire qu'il est boucané pendant quelques jours (quatre jours pour le saumon et trois jours pour la truite) sans qu'il y ait contact direct entre la source de chaleur, le poêle, et le poisson.

Anne Trépanier, Fumoir Cascapédia

Pour ce faire, le poêle et le fumoir occupent deux bâtiments distincts, ce qui en fait un procédé tout à fait inédit ; le poêle est placé sous le niveau du sol afin de permettre à la fumée de monter dans le fumoir, construit au niveau du sol ; un tuyau souterrain, dans lequel circule la fumée, relie le poêle au fumoir à froid (environ deux mètres plus loin). Le poisson est fumé au brandy, au sirop d'érable ou encore à d'autres saveurs. Une fois le poisson fumé, il est emballé sous vide et vendu congelé. Pour ceux qui veulent en savoir plus, Anne Trépanier offre une visite guidée dynamique et enrichissante des installations du fumoir.

Anne Trépanier, Fumoir Cascapédia

Rue du Phare, Carleton.

LA SÉVE D'ÉRABLE

Avec 80 % de son territoire constitué de forêts qui recèlent un potentiel acéricole de plus de deux millions d'entailles sur les plateaux de la Matapédia, de la baie des Chaleurs, de mont Saint-Pierre et de Val-d'Espoir, ce qui représente le plus fort potentiel acéricole non exploité au Québec, on pourrait croire que le sirop d'érable en Gaspésie fait l'objet d'attentions particulières quant à la création de produits fins. Ce n'est cependant pas le cas. En faisant le tour de la Gaspésie, vous apercevrez ici et là des affiches maison annonçant des produits de l'érable à vendre; il s'agit toujours en fait de sirop, de tire, de bonbons qui entrent dans la gamme traditionnelle des produits de l'érable. La cabane à sucre est évidemment le lieu, comme partout ailleurs au Québec, de visites printanières plutôt familiales puisque, dans la plupart des cas, le nombre d'entailles est peu élevé. Deux initiatives ont été portées à notre attention. Le Centre acéricole matapédien de Saint-Cléophas est un petit village de moins de 400 habitants, à une trentaine de kilomètres au nord-ouest de Amqui.

Au départ, soit en 1984, il s'agit d'une petite érablière de 200 entailles où Gérard Côté et Richard Poirier font en quelque sorte leurs armes en acériculture; en 1998, l'érablière s'est agrandie et compte plus de 6 000 entailles. On y fabrique une kyrielle de produits de l'érable présentés sous forme de paniers-cadeaux et on envisage la mise en marché de produits plus innovateurs. Quant à l'Érablière du Grand Pic, située dans les hautes terres de Saint-Louis-de-Gonzague, hameau qui offre une vue bucolique sur la baie des Chaleurs et le Nouveau-Brunswick, on y fabrique des produits d'érable biologiques. Parmi ceux-ci, les propriétaires, France Leblanc et Bernard Landry, ont innové en mettant sur le marché un poivre d'érable. On ne peut passer sous silence l'apport de certains chefs cuisiniers qui contribuent à développer et à promouvoir les produits régionaux;

c'est le cas par exemple de Yannick Ouellet qui publiait en 2001, *Les carnets gourmands d'un Gaspésien,* lequel renferme une cinquantaine de recettes. La multiplication d'initiatives agroalimentaires a donné naissance aux slogans « Le bon goût frais de la Gaspésie » et « Le bon goût frais des Îles » créés en 1993. Pour ce dernier, on a retenu la baraque à foin, typique de l'agriculture des îles, pour illustrer le logo. Plusieurs produits sont associés aux Îles-de-la-Madeleine : des fines herbes, des légumes variés de serre, des pommes de terre, des œufs frais, du miel, des palourdes et des couteaux de mer; sans parler du homard qui, dit-on, est l'un des meilleurs du monde. La chair et la graisse du

Paysage des Îles-de-la-Madeleine.

loup-marin, chassé chaque printemps, entrent dans la préparation de plusieurs de leurs plats. On y cultive aussi le pétoncle et la moule bleue. C'est également dans l'archipel que l'on cueille la canneberge sauvage appelée pomme des prés ou gros atoca. Dans leur cuisine, les Madelinots ont également appris à marier l'agriculture et la mer : le pot-en-pot contient poisson et pommes de terre entre deux abaisses de pâte.

LA FROMAGERIE DU PIED-DE-VENT

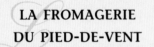

Après quinze ans d'efforts, les Madelinots ouvraient à Havre-aux-Maisons, en 1998, la Fromagerie du Pied-de-Vent. Pour ce faire, on importe de L'Isle-Verte 57 vaches de race canadienne. Jérémie Arseneau, un des trois instaurateurs du projet, transforme sa ferme bovine en ferme laitière. Le lait du troupeau allait donner naissance au succulent fromage Pied-de-Vent. « Nous voulions une race qui se démarque et qui soit assez rustique pour les Îles. Nous voulions un lait qui se distingue, et surtout qui possède des qualités fromagères particulières, notamment en gras et en protéines. La diversité de nourriture de la vache importe également. La Canadienne consomme du fourrage sec et du foin qui offrent une bonne diversité. On lui donne aussi du lactosérum. Je puise les goûts de mon fromage dans cette alimentation. On a de belles terres : il faut s'en servir. La fromagerie a créé du renouveau dans l'agriculture madelinienne. Les gens y croient », précise Vincent Lalonde, maître fromager. Les gens des Îles appellent « pied-de-vent » une ouverture par temps d'orage à travers laquelle les rayons du soleil percent les nuages.

Paysage des Îles-de-la-Madeleine.

La pêche au hareng est une activité séculaire aux Îles-de-la-Madeleine. On peut même avancer que l'industrie de transformation du poisson a débuté avec le «boucanage» du hareng qui, dans les années 1950, procurait 1 200 emplois saisonniers, dont une centaine dans l'entreprise de Fabien Arseneau, père de Benoît. Les activités du Fumoir Arseneau démarrent dans les années 1940 et se poursuivent pendant une trentaine d'années; toutefois, la surexploitation du hareng dans le golfe dans les années 1970 amène la fermeture graduelle des 40 fumoirs des Îles-de-la-Madeleine. Bon nombre de fumoirs sont alors démolis ou disparaissent au fil du temps. Alors que la population de hareng se restaure au début des années 1990, les fils Arseneau, accompagnés de leur père Benoît, décident de relancer l'entreprise familiale. En 1995, les vieux fumoirs à hareng de leur grand-père sont rénovés sur les lieux mêmes où fut érigé, en 1860, le premier fumoir des Îles. Les Arseneau font maintenant plus que fumer le hareng; ils le transforment en le décortiquant et en le marinant dans une huile assaisonnée d'épices, recette familiale dont le secret est bien gardé. L'intérêt manifesté par la population locale et les touristes amène la création de l'Économusée du hareng fumé.

Paysage des Îles-de-la-Madeleine.

Paysage des Îles-de-la-Madeleine.

Paysage des Îles-de-la-Madeleine.

LES ARRÊTS
AGROTOURISTIQUES

1. **Fromagerie du Pied-de-Vent** *(fromage, Îles-de-la-Madeleine)*

2. **Fumoir Raoul Roux** *(poisson fumé, Matane)*

3. **La Mie Véritable** *(pain, Carleton)*

4. **Hydromel Forest** *(hydromel, Maria)*

5. **Le Potager** *(légumes transformés, Caplan)*

6. **Ferme Paquet et Fils** *(confitures, Saint-Siméon)*

7. **Atkins et frères** *(poisson fumé, Mont-Louis)*

8. **Fumoir Rocher Percé** *(poisson fumé, Percé)*

Consulter les Bonnes adresses ou le site www.upa.qc.ca
pour un inventaire complet des produits de la région.

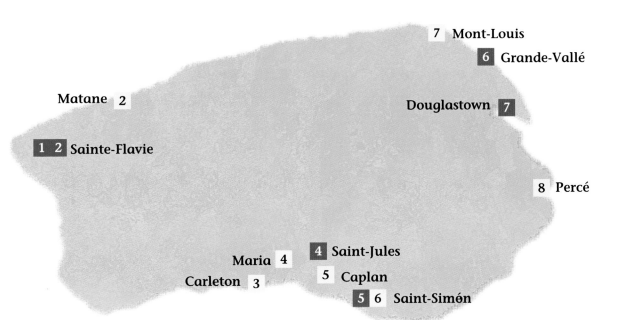

7 Mont-Louis

6 Grande-Vallé

Matane 2

Douglastown 7

1 2 Sainte-Flavie

8 Percé

4 Saint-Jules

Maria 4

5 Caplan

Carleton 3

5 6 Saint-Simén

1 3 Îles-de-la-Madeleine

Baraque à foin, Îles-de-la-Madeleine.

NOS COUPS DE CŒUR

1. Les herbes salées du Bas-du-Fleuve *(fines herbes, Sainte-Flavie)*

2. Le Vieux Moulin *(hydromel, Sainte-Flavie)*

3. Fumoir d'Antan *(hareng fumé, Îles-de-la-Madeleine)*

4. Fumoir Cascapédia *(saumon fumé, Saint-Jules-de-Cascapédia)*

5. Ferme Bourdages *(confitures, Saint-Siméon)*

6. Jardins de la Seigneurie *(fines herbes, Grande-Vallée)*

7. Ferme Chimo *(fromage, Douglastown)*

DES MOTS
DANS MON ASSIETTE
LA LOI DU TERROIR :
LES LABELS ET LA CERTIFICATION

La valorisation des produits du terroir appelle indéniablement la mise en place d'une grammaire qui fournira des règles strictes à tous ceux et celles qui prétendent fabriquer un produit du terroir. Car « la magie du terroir », symbole de qualité, d'authenticité, de bon goût, a conduit à son usurpation. C'est pourquoi la Loi sur les appellations réservées a été adoptée en 1996 par le gouvernement du Québec. Cette loi vise à encadrer trois types d'appellation : le mode de production (par exemple la production biologique), l'indication géographique protégée à laquelle est associée un lieu et, enfin, une spécificité à laquelle est rattaché un savoir-faire, une tradition. La loi adoptée au Québec calque le modèle français qui a son système d'appellation d'origine contrôlée (AOC) depuis 1935. Cette mention désigne un produit tirant son authenticité et sa typicité de son origine géographique. En France, 80 % des AOC sont des vins, le pourcentage restant étant attribué principalement aux fromages.

Le système français est en train de s'étendre à toute l'Union européenne pour donner naissance aux AOP (appellations d'origine protégées) et aux IGP (indications géographiques protégées). Au Québec, les choses se passent autrement ; malgré la loi de 1996 sur les appellations réservées, les produits régionaux et du terroir font face à un problème de crédibilité puisque l'utilisation de termes-clés, comme terroir, lait cru, produit fermier, etc., n'est pas réglementée. Pourtant, plusieurs produits du Québec réunissent des caractéristiques qui satisferaient aux conditions de l'AOC ; rappelons par exemple l'environnement spécifique du fromage Pied-de-Vent des Îles-de-la-Madeleine, fabriqué à base de lait de vaches de race canadienne, qui broutent des prairies vierges au bord de la mer.

Pour utiliser la mention « appellation réservée », les agriculteurs et les artisans doivent se soumettre à des règles contenues dans un cahier de charges. Le cahier de charges est un cartable de notes qui indique à l'agriculteur comment bien faire ses devoirs ; en d'autres mots, le cahier de charges décrit les conditions dans lesquelles un produit doit évoluer. Le cahier des charges de référence est conçu par le Conseil d'accréditation du Québec qui, à son tour, doit respecter des directives sur l'agriculture adoptées par le *Codex Alimentarus* dépendant de l'Organisation des Nations Unies et de l'Organisation mondiale de la santé. Pour s'assurer que les agriculteurs se conforment aux règles, il existe des organismes de certification. Ainsi, en agriculture biologique, certains organismes de certification sont bien identifiés sur les labels des producteurs, comme OCIA Québec, Garantie Bio, Québec Vrai et QAI international.

LANAUDIÈRE

COMMUNES, CRUES
ET GRAND COTEAU

Chemin Kildare, Rawdon.

Chemin de l'île Dupas, l'île Dupas.

TABAC HIER, PRODUITS DE NICHE AUJOURD'HUI

Les terres qui bordent le Saint-Laurent entre Saint-Cuthbert et Lachenaie sont la première partie d'un vaste décor qui se renouvelle à quatre reprises à mesure que l'on se dirige vers le nord de Lanaudière. Cette première partie est formée d'une zone de basses terres dont l'altitude n'excède guère les trente mètres; les crues printanières rappellent d'ailleurs les origines maritimes de cette zone; il suffit d'emprunter l'autoroute 40, tôt au printemps, pour voir des champs inondés et fréquentés par des troupeaux d'oies et de bernaches. Malgré la route 138 qui traverse cette zone de basses terres et empruntée par de nombreux touristes, on remarque peu d'entreprises agrotouristiques dans ce secteur, si ce n'est une fromagerie à Lanoraie-d'Autray et un vignoble en face de Saint-Sulpice, sur l'île Ronde. Par ailleurs, c'est à cette hauteur que l'on peut visiter les communes des îles de Berthier et dont l'île Dupas, qui datent du régime français et sont des rappels du système seigneurial; la commune était mise à la diposition des censitaires par le seigneur afin qu'ils puissent faire paître en commun leurs animaux. Pour permettre de s'imprégner de l'ambiance des lieux, des sentiers pédestres aménagés sur ces îles ouvrent de belles perspectives sur l'agriculture locale et sur Berthier. Autrement, n'hésitez pas à emprunter, à bicyclette, le rang de l'Île-aux-Castors ou encore le rang Saint-Isidore, que vous croisez en vous dirigeant vers le traversier qui fait la navette entre Saint-Ignace-de-Loyola et Sorel.

Plus au nord, apparaît le Grand Coteau, dont le rang York à Saint-Barthélémy est un point de repère indéniable dans le paysage ; ici aussi, ce rang attrayant se prête à une balade à bicyclette qui vous fait traverser entre autres les villages de Saint-Viateur et de Saint-Barthélémy ; c'est en fait sur cette scène du Grand Coteau, marqué par un dénivelé plus

Rang York, Saint-Barthélémy.

prononcé, que l'agrotourisme de Lanaudière va concentrer ses fleurons de l'agriculture du terroir dans les municipalités de Saint-Roch-de-l'Achigan, Notre-Dame-de-Lourdes, Saint-Esprit, etc. La troisième scène, encore plus au nord, est celle du piémont qui réconcilie la plaine et la montagne ; avec ses vallons, ses nombreuses rivières et ses multiples ruisseaux, le piémont étale les paysages les plus pittoresques de la région de Lanaudière ; le noyau agrotouristique de ce secteur gravite autour de Rawdon, qui a vu éclore plusieurs entreprises artisanales. Enfin, la quatrième scène, la plus au nord, est celle de la montagne, qui évince l'agriculture si ce n'est pour la cueillette de petits fruits sauvages. De la région de Lanaudière, il nous faut dire aussi qu'elle est considérée comme le caveau à légumes de Montréal ; il ne faut donc pas se surprendre, en sillonnant les rangs, de longer des champs de betteraves, de panais, de rhubarbes et de rutabagas ; la plaine de Lanaudière est en outre fort reconnue pour ses carottes et ses choux-fleurs (Saint-Roch, Saint-

Lin, Laurentides), ses pommes de terre (Sainte-Marie-Salomé) et ses asperges. Fruits, légumes et bêtes y sont nourris par une terre généreuse, et certains agriculteurs de la région ont décidé de lorgner du côté de la transformation artisanale. L'activité acéricole en est un bel exemple.

Bergerie des Neiges, 1401, 5ᵉ Rang, Saint-Ambroise-de-Kildare.

L'ACTIVITÉ ACÉRICOLE

Ce sont des îlots boisés, parsemés dans la plaine lanaudoise, qui défendent jalousement l'activité acéricole; c'est plus d'un demi-million d'érables que les 400 producteurs de sirop y entaillent annuellement, répartis dans les érablières de Saint-Esprit, Sainte-Julienne, Saint-Alexis et Saint-Jacques. Pour bien visualiser le portrait acéricole de Lanaudière, il faut emprunter le rang des Continuations à Saint-Esprit. Borné par la route 125 à chacune de ses extrémités, le rang des Continuations présente une belle panoplie de cabanes à sucre; on y trouve une succession d'érablières familiales et commerciales installées en bordure d'un parcours valonneux et calme qui s'étend sur une distance de trois kilomètres environ. L'Érablière des Femmes Collin, la Cabane à sucre Constantin Grégoire, la Petite Coulée de Saint-Esprit, l'Érablière La Tradition, la Cabane à sucre Normand Frenette et plusieurs autres agrémentent ce parcours. La tradition acéricole est donc une réalité pour plusieurs générations dans Lanaudière.

*Colette Rémillard,
l'érablière Val-Ré-Mi.*

1. Érablière des Femmes Collin
2. Cabane à sucre Constantin Grégoire
3. Petite Coulée de Saint-Esprit
4. Érablière La Tradition
5. Cabane à sucre Normand Frenette

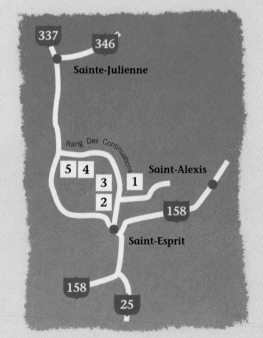

*André Gadoury,
Friand-Érable Lanaudière.*

Lyne Brunelle, La Bergère et le Chevrier.

DES FROMAGES ET DU VIN

La production de lait, répandue surtout dans la région de Berthier, même si elle arrive derrière celle de la viande de porc (Saint-Roch-de-l'Achigan, Saint-Esprit) et de la volaille (Saint-Félix-de-Valois), sera le tremplin de la production fromagère dans la région. On dénombre aujourd'hui cinq fromageries dans Lanaudière alors que, vingt ans plus tôt, elles étaient inexistantes. Lanaudière a désormais sa route des fromages balisée de délicieux fromages de lait de chèvre, de lait cru et de lait de vache dont plusieurs sont de lait cru. Si plusieurs de ces fromagers ont acquis leur savoir de l'Institut de technologie agricole de Saint-Hyacinthe (ITA), d'autres ont carrément importé une tradition d'ailleurs; c'est le cas notamment de la Fromagerie La Suisse Normande. Ouverte en 1995 par Fabienne et Frédéric Guitel, l'un est originaire de Suisse et l'autre de Normandie, elle produit des fromages de lait de chèvre et de lait de vache, lait qui provient des troupeaux de leur ferme.

1. Fromagerie La Ferme Féodale
2. Fromagerie du Champ à la Meule
3. La Bergère et le Chevrier
4. Fromagerie La Suisse Normande
5. Domaine de l'île Ronde

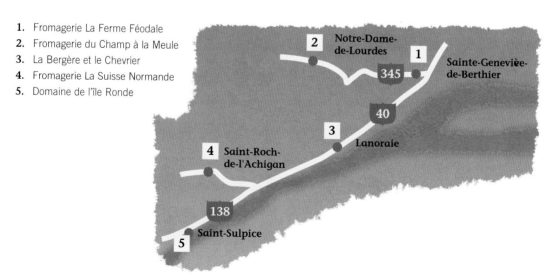

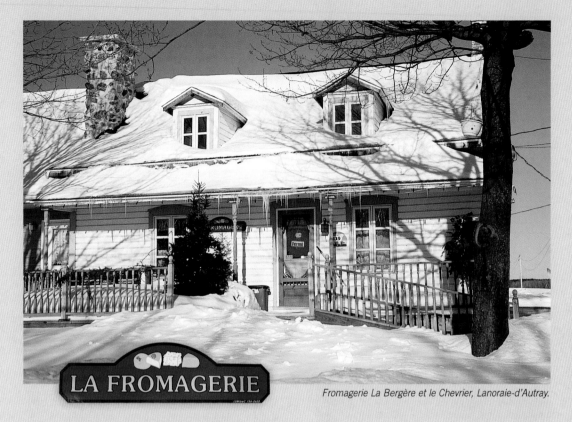

Fromagerie La Bergère et le Chevrier, Lanoraie-d'Autray.

À la hauteur de Lanoraie-d'Autray, il faut quitter l'autoroute 40 et emprunter la route 138. Deux points d'arrêts remarquables dans le paysage agrotouristique de Lanaudière : la Bergère et le Chevrier à Lanoraie-d'Autray et le vignoble Lafortune à l'île Ronde. Prévoyez une journée complète pour la visite de ces deux établissements. Lyne Brunelle a reçu le titre de jeune agricultrice provinciale de l'année 2002 au Québec. Cette diplômée en secrétariat acquiert une ferme avec son conjoint Alain Richard en 2000 ; par la suite, le couple achète un troupeau de 20 chèvres et 20 brebis avant de se lancer dans la production de fromage. Aujourd'hui, la Bergère et le Chevrier font la fierté de tout Lanaudière.

On y fabrique notamment un fromage fermier de lait de brebis, La Tomme de la Bergère, un fromage fermier de lait de chèvre, La Tomme du Chevrier, et un fromage à la fois de lait de chèvre et de lait de brebis, le Louis-Riel. Dans la maison patrimoniale qu'ils habitent, Lyne Brunelle et Alain Richard ont aménagé un comptoir de vente campé dans un décor remarquable : en plus des produits de la fromagerie, on peut s'y procurer de la crème glacée à base de miel, de sirop d'érable ainsi que des produits régionaux.

Donat Martel de la Ferme du Bon Pain.

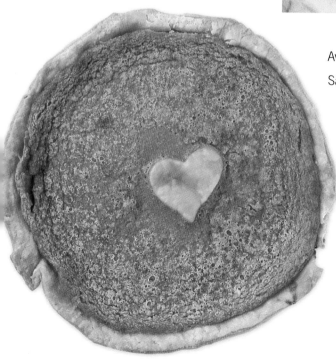

Avant de se diriger vers l'île Ronde, direction Saint-Sulpice, procurez-vous une baguette ou une miche à la Ferme du Bon Pain à Sainte-Geneviève-de-Berthier. Tous les ingrédients seront alors réunis pour une dégustation de vin et de fromage dans le décor enchanteur du vignoble Lafortune.

CLIN D'ŒIL

DOMAINE DE L'ÎLE RONDE

L'île Ronde est située en face de la municipalité de Saint-Sulpice et fait partie des dix îles qui composent l'archipel de Verchères. Pour accéder à ce tout petit coin de pays où nichent seulement quelques maisons, il faut profiter du pont de glace durant la saison hivernale ou traverser en chaloupe durant la belle saison. À l'île Ronde, Jocelyn Lafortune a planté ses premiers cépages en 1995 sur un domaine qui compte une vingtaine d'hectares. Aujourd'hui, son vignoble se pare de plus de 50 000 plants de vignes. Certaines particularités du Domaine de l'île Ronde, le différencient des autres vignobles du Québec, entre autres bien sûr sa localisation géographique dans Lanaudière qui le place hors de la route des vins, mais peut-être encore davantage le fait qu'on y mette en bouteille principalement du vin rouge (90 % de la production).

Au centre du vignoble se dresse le domaine, une immense construction en pierre appliquée où l'on procède aux opérations vinicoles. D'où que l'on soit dans le vignoble, le domaine, visible aussi de Saint-Sulpice, se pointe et évoque à lui seul des atmosphères de vieille France.

Jocelyn Lafortune n'est pas peu fier de ses réalisations ; il raconte que tout jeune, alors que ses amis buvaient de la bière ou du gros gin, il était le seul à déguster du vin. Il croit dans les possibilités du terroir local : le terroir d'ici tire son essence d'un sol riche en alluvions, sable et argile ; quant au microclimat de l'île

Ronde, il protège des gelées printanières et favorise une bonne maturation du raisin ; l'effet calorifique du Saint-Laurent combiné au vent qui fait bouger les feuilles et laisse pénétrer les rayons du soleil sur toute la plante se constate lors des vendanges. Il faut visiter les lieux avec Érick Paquette qui semble tout connaître du vignoble et du milieu naturel qui le ceinture. Chaque année le vignoble est accessible aux visiteurs qui, en une quinzaine de minutes, sont tranportés en chaloupe

d'une rive à l'autre. En plus de déguster les produits de la maison (notamment le vin rouge ou blanc de type porto), une visite du vignoble s'impose. Au rythme d'une randonnée pédestre, l'île Ronde laisse dévoiler des paysages exceptionnels et un site viticole qui se classe parmi les plus pittoresques du Québec.

Produit du Québec
Product of Québec
Vin rouge
Red wine
2001
SAINT-SULPICE
MISE EN BOUTEILLE AU DOMAINE
Domaine de l'île ronde
12% alc./vol.
Vignoble Lafortune
Île Ronde, Saint-Sulpice, Québec
(514) 238-6285
750 ml

Produit du Québec
Vin rouge fortifié
Product of Québec
Fortified red wine
LA FORTUNE
Domaine de l'île ronde
Vignoble Lafortune
Île Ronde, Saint-Sulpice, Québec
(514) 238-6285
18% alc./vol.
500 ml

FROMAGERIE DU CHAMP À LA MEULE

Martin Guilbault aime l'agriculture, mais au début des années 1980 il était d'une autre école; il voulait s'orienter vers une agriculture saine et moderne dans le respect des sols, sans apport d'engrais chimiques ou de pesticides, et posséder des bêtes non traitées aux hormones pour fabriquer un fromage qui serait le reflet du terroir. De la photographie qui accompagne l'étiquette du Victor et Berthold, Martin Guilbault a tiré toute sa philosophie : produire un fromage de lait cru, cela s'imposait! Un fromage unique fabriqué avec le lait d'un seul troupeau de vaches qui paissent sur un sol débarrassé de tout élément chimique. Le Victor et Berthold symbolise toutes les valeurs qu'on devine sur la photographie : la noblesse du terroir, l'autosuffisance, la force tranquille des liens familiaux, la simplicité des gestes. Sans oublier le calme de la campagne où toute la vie semble plus naturelle.

À quelques kilomètres de Notre-Dame-de-Lourdes, le village de Saint-Cuthbert mérite quelque attention pour le plaisir des yeux; certes, une escale à l'Érablière Val-Ré-Mi et, de plus, un beau circuit : il suffit d'emprunter le rang Sud de la rivière du Chicot puis de faire une boucle dans le Grand Rang Sainte-Catherine et le Petit Rang Sainte-Catherine où se trouve cette érablière. Sur ce parcours, portez attention aux anciens bâtiments de ferme, qui font revivre une autre époque.

Audray Adam, Fromagerie du Champ à la Meule.

DU CÔTÉ DE RAWDON

Pour quelques autres trouvailles locales, il faut se rendre à Rawdon, dans le rang Kildare qui se confond avec la route 348. Le rang Kildare peut être considéré comme l'un des plus beaux rangs de Lanaudière. Orienté est-ouest, il est bordé au nord par les premiers plis des Laurentides, qui sont les hôtes de plusieurs petites érablières familiales ; du côté sud, la plaine semble courir très loin, interrompue à quelques reprises par le passage de la rivière Rouge et de ses affluents ; les bâtiments de ferme, tantôt anciens, tantôt modernes, sont d'importants jalons de l'histoire de l'agriculture au Québec. Dans le rang Kildare, il faut faire escale à quatre endroits : à Les Sucreries des Aïeux, à la Vinerie du Kildare, à la Ferme Guy Rivest et au Miel Nect'Art de Fleurs. Si vous arrivez de Rawdon, le premier point d'arrêt est la Fraisière Guy Rivest, au 1305, chemin Laliberté. Le chemin Laliberté est perpendiculaire au rang Kildare et la Ferme Guy Rivest est à moins de 1 kilomètre du rang Kildare.

Vinerie du Kildare, Rawdon.

1. Vinerie du Kildare
2. Les Sucreries des Aïeux
3. Ferme Guy Rivest
4. Miel Nect'Art de Fleurs

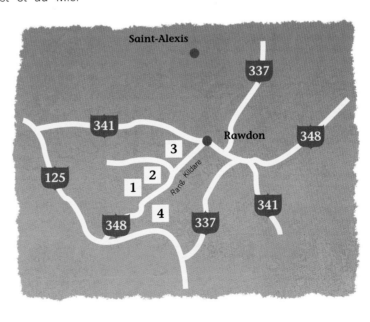

FERME GUY RIVEST

Troisième génération à vivre de la production de fraises, les propriétaires de la Ferme Guy Rivest de Rawdon cultivent les fraises sur 17 acres. « Ma belle-mère est née dans un champ de fraises », rapporte Louise Rondeau, et elle se souvient d'avoir fait elle-même du porte-à-porte au début des années 1980 pour vendre des casseaux de fraises ; « Les petites familles d'aujourd'hui et les femmes sur le marché du travail - il n'y a plus personne pour répondre à la porte - ont mis fin à cette pratique du colportage », ajoute-t-elle. Autrement, la production était écoulée au marché de Joliette et au marché Métropolitain de Montréal. Mais Guy Rivest et Louise Rondeau désiraient ne plus se limiter à ce créneau. En 1995, ils testent quatre recettes avant d'approcher la Société des alcools du Québec dans le but d'obtenir un permis de fabrication artisanale de vin de fraise. La Libertine a ainsi vu le jour et, dès les premières années, c'est plus de 10 000 bouteilles qui sont produites ; viendront par la suite Le Libertin, La Courtisane et la Mistelle de fraise, un digestif. Avant d'être transformée en vin, la fraise est équeutée, puis congelée. Lorsqu'elle est décongelée, on récupère le premier jus, qui servira à la fabrication de La Libertine ; le second jus, obtenu par pressurage, donnera naissance au Libertin. Avec l'apparition de nouvelles variétés de fraises, ce fruit se cultive désormais dans à peu près tous les types de sol, ce qui facilite le travail à la ferme Rivest.

Guy Rivest

À un kilomètre à peine de la Ferme Guy Rivest, Les Sucreries des Aïeux, sise au 3997 du rang Kildare, fait revivre la tradition de la famille Brault ; interrompue pendant quelques années, la production de l'érablière a repris et Guylaine Léveillée s'est lancée dans les produits de transformation en 1994 ; à la ferme Brault, tout est fait manuellement, à « l'huile de bras » : sucre, beurre, bonbon, caramel, tarte maison et chocolat belge fourré au beurre d'érable ; ce dernier produit constitue d'ailleurs la spécialité de Les Sucreries des Aïeux. L'automne venu, Guy Brault et Guylaine

Guylaine Léveillée, Sucrerie des Aïeux, Rawdon

Léveillée offrent à leur boutique des cours sur la transformation des produits de l'érable. Sous le même toit, Jeannick Choquette fabrique des boissons à l'érable à la Vinerie du Kildare.

NECT'ART DE FLEURS

Non loin de là, au 1020 du rang Kildare, il faut s'arrêter au Miel Nect'Art de Fleurs. Cette jeune entreprise est l'initiative d'Isabelle Lajeunesse. Présente depuis 1997, Nect'Art de Fleurs est en voie de conquérir toutes les régions du Québec ; pour expliquer ses succès,

Isabelle Lajeunesse est volubile : « Un miel de qualité, un miel d'autrefois, clair et blanc, que je vais quérir dans la région de Rimouski, un produit séducteur, chaque pot est décoré d'une peinture faite à la main, et une transformation artisanale effectuée à l'aide de quelques personnes. » Son inspiration, elle la trouve dans les recettes de sa grand-mère et les conseils de sa mère.

Miel Nect'Art de Fleurs, Sainte-Ambroise-de-Kildare.

Et pour chapeauter le tout, une magnifique maison aux couleurs de l'été, érigée en bordure du rang Kildare, et qui, à ses yeux, a l'allure d'une ruche. Juste derrière la maison, une boutique aménagée pour étaler tous ses produits du miel, et aussi ses trouvailles les plus récentes comme une moutarde au miel, un thé au miel ou encore « la vinaigrette de Marie-Jeanne », en mémoire de sa grand-mère.

Isabelle Lajeunesse, Miel Nect'Art de Fleurs.

LA MEUNERIE AU MOULIN BLEU

Le procédé consistant à moudre des grains a pris plusieurs formes au Québec : l'utilisation de meules actionnées par le vent, l'eau ou la force animale facilite la mouture jusqu'au milieu du XXe siècle, et certains moulins opèrent encore aujourd'hui avec des procédés traditionnels. La valeur nutritive de la farine varie considérablement sur le marché puisqu'elle dépend en bonne partie de son taux d'extraction, c'est-à-dire de la portion du germe et du son qui se retrouve dans la farine après la mouture du grain ; plus ce pourcentage est faible, plus le grain a perdu de ses éléments nutritifs. La meunerie Au Moulin Bleu conserve sur ses tablettes une belle variété de farines diverses moulues sur meule de pierre selon des procédés traditionnels.

Lucie Lebeau, Au Moulin Bleu.

Sainte-Élisabeth.

947, chemin du Roy, Lanoraie-d'Autray.

PRODUITS
LA TRADITION

Antoine Leuthard est maître vinaigrier. Sa maison de Sainte-Marcelline s'élève dans un décor sauvage et naturel. La fabrication artisanale de son vinaigre repose sur la cueillette de fruits, de fleurs sauvages et de miel qu'il assaisonne selon une tradition médiévale. Antoine Leuthard cueille lui-même, dans les bois et dans les champs, les fruits et les fleurs sauvages; deux fois par année, au printemps et à l'automne, il récolte des cerises, des raisins, des baies de sureau, etc. Antoine Leuthard justifie son choix : « Les fruits et les fleurs sauvages ont des propriétés médicinales et des principes actifs fort supérieurs à ceux des fruits et des fleurs cultivés. » Dans sa vinaigrerie, les petits fruits sont soumis à une double fermentation : une première pour obtenir un vin, au cours de laquelle un miel brut est ajouté ; pas question d'utiliser du sucre raffiné ; une masse gélatineuse, appelée mère du vinaigre, se forme alors à la surface du vin. Et une seconde fermentation, avec la mère du vinaigre, se poursuit naturellement pendant plusieurs mois et change le vin en vinaigre... Contrairement à la macération, la fermentation est lente et longue, à un point tel qu'elle peut s'étendre sur plusieurs années. Mais l'attente en vaut la peine, puisque le vinaigre a un goût raffiné inégalé.

Antoine Leuthard, Produits la Tradition.

MIEL DE CHEZ NOUS

De Sainte-Marcelline à Sainte-Mélanie, il n'y a que deux pas à franchir. Dans le rang Pied-de-la-Montagne se cache une petite entreprise apicole qui a élu domicile dans un décor enchanteur. Suzanne Scultéty et Jean-François Letarte ont aménagé, dans une maison plus que centenaire, un centre d'interprétation fort bien documenté. Un autre joli bâtiment renferme une boutique de produits du terroir et une cuisine où il est possible de se familiariser avec les produits du miel. Fondé en 1969 par Paul Scultéty, Miel de Chez Nous, qui compte aujourd'hui 150 ruches, est réputé pour son caramel au miel.

Miel de Chez Nous, 1391, Pied-de-la-Montagne, Sainte-Mélanie.

2960, rang du Ruisseau, Sainte-Élisabeth.

UN COUP DE CHAPEAU AU FRÈRE ARMAND SAVIGNAC

Frère Armand Savignac.

Comme bon nombre de régions du Québec, la région de Lanaudière est redevable aux communautés religieuses. Armand Savignac, natif de Berthier, se joint aux clercs de Saint-Viateur en 1918. Des problèmes de santé l'incitent à exclure toute viande de son alimentation. Il se tourne alors vers les fruits et légumes qu'il cultive de « façon naturelle » en mettant de côté les engrais chimiques et tout ce qui va à l'encontre de la croissance naturelle de ses jardins potagers et fruitiers. Il développe en quelque sorte les grandes lignes de l'agriculture biologique et devient l'un des membres fondateurs du Mouvement pour l'agriculture biologique. Il établit ses jardins à Joliette, où il plante plusieurs varitétés rustiques de cerisiers, pruniers, poiriers, pommiers, tomates, en plus d'expérimenter quelque 300 variétés de vigne qu'il rend accessible au grand public. Il laissera son nom à la poire Savignac, une ancienne variété montréalaise que le Verger Ferland de Compton est toujours fier de conserver dans son verger. Né en 1898, Armand Savignac décède en 1994, à l'âge de 95 ans, après avoir combattu pendant plus de cinquante ans une maladie musculaire.

Chemin de l'île Dupas.

LES ARRÊTS
AGROTOURISTIQUES

1. Les Sucreries des Aïeux *(chocolat, Rawdon)*

2. Ferme Dutil *(boisson de fraise, Mascouche)*

3. Fromagerie La Suisse Normande *(fromage, Saint-Roch-de-l'Achigan)*

4. Bergerie des Neiges *(agneau, Saint-Ambroise-de-Kildare)*

5. Ferme Levasseur-Desmarais *(légumes transformés, Sainte-Marie-Salomé)*

6. Fromagerie La Ferme Féodale *(fromage, Sainte-Geneviève-de-Berthier)*

7. La Courgerie *(produits transformés, Sainte-Élisabeth)*

Consulter les Bonnes adresses ou le site www.upa.qc.ca
pour un inventaire complet des produits de la région.

5 Saint-Jean-de-Matha

4 Sainte-Mé lanie

2 Sainte-Marceline-de-Kildare

6 Notre-Dame-de-Lourdes

7 Sainte-Élisabeth

Rawdon 1 1

4 3 Saint-Ambroise-de-Kildare

6 Sainte-Geneviève-de-Berthier

5 Sainte-Marie-Salomé

8 Lanoraie d'Autray

3 Saint-Roch-de-l'Achigan

2 Mascouche

7 Saint-Sulpice

NOS COUPS DE CŒUR

1. Ferme Guy Rivest *(liqueur de fraise, Rawdon)*

2. Produits la Tradition *(vinaigre, Sainte-Marcelline-de-Kildare)*

3. Miel Nect'Art de Fleurs *(miel, Saint-Ambroise-de-Kildare)*

4. Miel de Chez Nous *(miel, Sainte-Mélanie)*

5. Friand-Érable Lanaudière *(liqueur d'érable, Saint-Jean-de-Matha)*

6. Fromagerie du Champ à la Meule *(fromage, Notre-Dame-de-Lourdes)*

7. Vignoble Lafortune *(vin, Saint-Sulpice)*

8. La Bergère et le Chevrier *(fromage, Lanoraie-d'Autray)*

Ferme tabacole, Saint-Thomas.

DES MOTS
DANS MON ASSIETTE
LA MARMITE DES TERROIRS:
LES MARCHÉS PUBLICS

Le marché public est une institution ancienne au Québec. Il est au cœur d'un réseau d'échanges entre le citadin et l'agriculteur et prétexte à une atmosphère conviviale. La distribution des fruits, des légumes, des viandes, etc., a évolué au fil du temps, mais le marché public conserve ses attraits. Jusqu'au début du XIXe siècle, le marché public se tient sur la place publique, non loin de l'église, et les jours de marché sont généralement le mardi et le vendredi. Le marché public a lieu alors à ciel ouvert, ou à tout le moins sans qu'aucun bâtiment lui soit attitré, puisque la place publique n'est pas réservée au marché : on y affichait autrefois des ordonnances, on y entendait des annonces publiques au son du tambour ou encore la justice y était exécutée avec sa potence ou son carcan. Ainsi, la place Royale à Québec était appelée autrefois place du Marché.

Ce n'est qu'au XIXᵉ siècle qu'apparaît la construction de halles. L'application de normes d'hygiène, la nécessité de fournir aux agriculteurs les meilleures conditions de conservation des aliments incitèrent notamment les autorités municipales à ériger des halles de marché. Une belle illustration de ce phénomène est le marché Bonsecours de Montréal, construit en 1847. Les halles sont donc souvent de vastes édifices abritant des étals intérieurs qui se prolongent à l'extérieur et qui sont propriété des Villes. De plus, ces halles comprennent une salle publique où vont siéger les conseils municipaux ; ce fut le cas entre autres à Trois-Rivières, Longueuil, Saint-Hyacinthe, Saint-Césaire, Acton-Vale. Toutefois, au début du XXᵉ siècle, l'apparition de commerces privés,

par exemple des boucheries et des épiceries, affecte l'achalandage des halles. Cet abandon progressif est accentué par la construction d'hôtels de ville qui doivent répondre aux exigences du développement urbain ; conséquemment, les halles de plusieurs villes sont démolies. Une autre période difficile survient durant les années 1960-1970 alors que se multiplient les marchés d'alimentation à grande surface, dont Sam Steinberg est l'instaurateur. Certaines villes vont toutefois conserver leurs halles pour leur redonner leur fonction d'origine ; c'est le cas des halles du marché de Saint-Hyacinthe. À l'heure où les produits du Québec se diversifient, les citadins redécouvrent désormais le marché public : les étals, l'achalandage, la diversité et la fraîcheur des produits, la présence des agriculteurs, les fêtes du calendrier. Tout est prétexte à une convivialité qui charme les usagers.

Le marché public, c'est le vrai marché, c'est le fermier artisan à sa source. Aussi n'y va-t-on pas pour faire des affaires mais plutôt pour le plaisir, non pas pour gagner du temps mais pour en perdre. Le marché, c'est une vitrine inédite sur les produits régionaux et les produits du terroir. Pour le fermier artisan, c'est l'occasion de montrer le bout de son nez dans un secteur où les joueurs sont de plus en plus gros. Depuis deux décennies, le marché public a conquis à nouveau les agglomérations urbaines. Plusieurs municipalités réservent désormais un espace sur une artère achalandée pour y implanter un marché public, indispensable à la vie urbaine. On trouve par exemple à Montréal trois grands marchés publics, les marchés Atwater, Jean-Talon

6

7

et Maisonneuve, mais aussi une quinzaine de marchés de quartier. La fromagerie Atwater, dans le marché du même nom, vend les fromages régionaux du Québec; au marché Jean-Talon, le Marché des Saveurs vend des produits d'origine québécoise de plus de 250 producteurs. À Québec, les fêtes de la Nouvelle-France consacrent une place importante au marché public sous sa forme traditionnelle alors que plus de 75 producteurs y convergent : la magie des arômes, des couleurs, des criées, des saveurs attirent des dizaines de milliers de visiteurs en moins de trois jours. On trouve aussi en région des concepts qui évoquent le marché public en mettant l'accent sur les produits du terroir : c'est notamment le cas du Marché des Caburons de La Pocatière et de la ferme Régis à Notre-Dame-des-Prairies.

Voici un témoignage d'un officier britannique, Frederic Tolfrey, qui, vers 1816, séjourna au Bas-Canada. Dans son journal, il décrit l'atmosphère qui régne dans un marché public. Comme il le raconte si bien, le marché public, au fil des siècles, est toujours prétexte « à une série de scènes extraordinaires ». Voici donc les propos tenus par Frederic Tolfrey : « Les aliments de base se trouvent en abondance et ils sont d'excellente qualité ; bœuf et volailles, par exemple, sont bons et se vendent à prix raisonnables. À l'approche de l'hiver, les fermiers les plus riches abattent le bétail dont ils ont besoin et apportent au marché une certaine quantité de viande gelée. Pour l'étranger, le marché est une série de scènes extraordinaires. Désirez-vous un steak de coupe ? On vous le tranche à la scie. Manquez-vous de lait ? On vous en taille une livre ou moins à la hache, à même la masse gelée. Du beurre ? La même chose. Et les œufs qu'on trouve ressemblent à ces merveilleuses imitations en porcelaine du Derbyshire. »

8

9

1. Marché Jean-Talon, Montréal.
2. Marché Jean-Talon, Montréal.
3. Marché Jean-Talon, Montréal.
4. Marché public, Sainte-Foy.
5. Marché Atwater, Montréal.
6. Marché public, Sainte-Foy.
7. Marché public, Amos
8. Marché Jean-Talon, Montréal.
9. Marché de produits du terroir, Saint-André-de-Kamouraska.

LAURENTIDES
(LAVAL-MONTRÉAL)

AU PIED DES MONTAGNES, DES LÉGUMES ET DES VERGERS

Vue du village de Saint-Joseph-du-Lac.

2995, avenue Des Perron, Laval.

HORTICULTURE ET CULTURE FRUITIÈRE

En survolant Montréal et Laval ou en examinant une carte géographique, on a l'impression que ces deux îles se sont détachées d'un vaste territoire géomorphologique qui les reliait, au nord, à la région des Laurentides et, au sud, à celle de la Montérégie. Et, pour bien marquer cette césure, des eaux tracent un trait bleu irrégulier entre les rives; des eaux qui convergent toutes vers la rivière des Outaouais dans la partie ouest et vers le fleuve Saint-Laurent dans la partie est; des eaux qui changent de nom en cours de route: le fleuve Saint-Laurent, les rivières des Mille-Îles et des Prairies, les lacs Saint-Louis et des Deux-Montagnes. La présence de ces eaux n'est pas étrangère aux cultures que l'on trouvait autrefois à Laval, appelé alors l'île Jésus, et à Montréal. Les terres fertiles de Montréal ont profité à des cultures que l'on commence à peine aujourd'hui à redécouvrir.

Des facteurs climatiques viennent nous éclairer sur leur entrée en scène : l'île de Montréal et l'île de Laval bénéficient d'un climat favorable plus chaud que la plupart des autres régions avec, de surcroît, une vingtaine de jours de gel en moins qu'à Québec, par exemple. La présence de masses d'eau répand une humidité bénéfique aux cultures en plus de régulariser les écarts de température. Aussi, la culture du maïs, des melons, des poires, des raisins et même des pêches et des abricots va trouver sur ces deux îles des conditions favorables à leur épanouissement comme nulle part ailleurs dans la vallée du Saint-Laurent. Ajoutons des facteurs humains : là aussi la présence de communautés religieuses, sulpiciens, dames de la Congrégation, jésuites, pour n'énumérer que celles-là, favorisera l'apparition et la propagation de la culture fruitière.

3375, boul. des Mille-Îles, Laval.

LE MELON DE MONTRÉAL

Le melon de Montréal est déjà mentionné à la fin du XVIIᵉ siècle dans des documents; on le cultive dans les quartiers Notre-Dame-de-Grâce, Côte-des-Neiges et Outremont. Le melon, comme d'autres fruits et légumes à l'époque, bénéficie d'un terroir particulier: le mont Royal le met à l'abri des vents froids du nord et l'expose à une chaleur accrue du côté sud. Le melon de Montréal pouvait peser six ou sept kilos et, au XIXᵉ siècle, sa bonne réputation dépasse les frontières du Québec puisqu'on l'expédie à New-York et à Boston. Sa culture répandue chez plusieurs agriculteurs de Montréal connaît son apogée avec la famille Décarie qui produit un melon pouvant atteindre la grosseur d'une citrouille et met en marché la Marmelade Décarie. Cette famille terrienne de Montréal laissera son nom à l'autoroute du même nom. Une fois cueillis, les melons étaient délicatement placés dans des caisses de bois coussinées de paille, spécialement conçues pour son transport. La culture du melon de Montréal connaît ses premières difficultés au début des années 1920; progressivement abandonnée au profit de la culture du cantaloup, du melon de miel et du melon d'eau, elle est rayée de la carte après la Seconde Guerre mondiale. Ces dernières années, la culture du melon de Montréal a été reprise dans le quartier Notre-Dame-de-Grâce, qui l'avait vue autrefois prospérer; par ailleurs, la ferme Margiric de Laval a entrepris, depuis peu, la culture du melon. Quant à la culture de la pêche, elle connaîtra une histoire moins glorieuse sur l'île de Montréal et l'île Jésus; présente à la fin du XVIIᵉ siècle sur l'île de Montréal, la culture du pêcher disparaît deux siècles plus tard, sans que l'on connaisse véritablement les causes exactes de sont déclin, des hivers particulièrement rigoureux sont notamment mis en cause.

Rue Principale, Sainte-Dorothée, Laval.

LAVAL

Du côté de Laval, la situation est différente : connue sous le nom de Capitale horticole du Québec, Laval abrite plus de 200 producteurs horticoles et maraîchers. Et, fait unique au Québec, l'agriculture de Laval est une agriculture urbaine : elle se déploie aujourd'hui sur des îlots verts entourés de quartiers résidentiels, d'industries et de commerces. La serriculture a favorisé le développement de cette agriculture urbaine qui n'exige plus de grandes terres pour produire. Soulignons que les agriculteurs de Laval, souvent maraîchers ou horticulteurs, se regroupent autour de deux noyaux principaux : celui de Sainte-Dorothée (55 producteurs) et celui d'Auteuil (49 producteurs). Historiquement, Sainte-Dorothée est à l'origine de la production de fleurs en serre à des fins commerciales au Québec ; dès 1930, on y trouvait les pionniers de la

727, boul. des Mille-Îles, Laval.

culture ornementale ; W.H. Perron avait établi son entreprise à l'île Jésus, quelques années après sa fondation. Plus à l'est de l'île, l'avenue des Perron conserve des établissements agricoles à grand volume. Quant aux anciennes municipalités de Sainte-Rose, Fabreville, Saint-François-de-Sales, Chomedey et Duvernay, elles laissent poindre, ici et là, quelques îlots agricoles. La pomme et le cantaloup sont les deux vedettes de la production fruitière, qui est cependant marginale.

Suzanne Latour, Fromagerie du Vieux Saint-François.

Cette tournée serait incomplète si l'on ne soulignait la présence de la Fromagerie du Vieux Saint-François spécialisée dans la fabrication de fromages de chèvre. Trois fromages sont offerts sur les lieux, soit les Bouchées d'amour, un fromage frais mariné dans l'huile aromatisée aux herbes, Le Lavallois, de type camembert, et le Sieur Colomban, de type cheddar vieilli. Après l'arrêt à la Fromagerie du Vieux Saint-François, vous pouvez vous rendre sur l'une des nombreuses fermes d'équitation que compte Laval, une façon originale d'observer cette agriculture qui vit en pleine ville.

AU PIED DES MONTAGNES COULENT LES RIVIÈRES ET PAISSENT LES BÊTES : LES LAURENTIDES

Le territoire des Laurentides est composé de deux unités morphologiques distinctes, soit les basses terres du Saint-Laurent, où l'activité agricole se déploie avec aisance (Mirabel-Lachute), et le Bouclier canadien, associé aux Hautes Laurentides. Bornée au sud par la rivière des Mille-Îles, la région des Laurentides s'étend jusqu'à Mont-Laurier au nord et, à l'est et à l'ouest, des limites de Lanaudière à celles de l'Outaouais.

Cabane à sucre de la Montagne, Mont-Tremblant.

Pont Prud'Homme, Brébeuf.

À l'exception de la région de Mont-Laurier, la vocation tradtionnelle de villégiature donne une physionomie particulière à la plupart des exploitations agricoles entre Saint-Sauveur et Mont-Tremblant ; reconnues comme l'une des destinations touristiques les plus fréquentées du Québec, les Laurentides possèdent tous les atouts pour favoriser la multiplication et le développement de fermes agrotouristiques. Conséquemment, ce sont plutôt des fermes de faible étendue, carac-

térisées par la diversité des cultures et des élevages et dont les produits (fromage, légumes, pain, yogourt, fruits, confitures, agneaux, lapins, etc.) sont en bonne partie vendus directement aux visiteurs et aux résidents des Hautes Laurentides ; ces agriculteurs, pour bon nombre, exercent leur métier à temps partiel.

Vue de la rivière Rouge, Brébeuf.

Rang Annonciation, Oka.

Les Basses Laurentides, au contraire, offrent une agriculture spécialisée. La proximité du bassin de population des agglomérations de Laval et de Montréal, la fertilité des sols et une topographie favorable ont contribué à cette spécialisation. L'horticulture y occupe le premier rang : la production de tomates, de laitues, de concombres de serre est une activité importante dans le secteur de Mirabel-Deux-Montagnes ; c'est ainsi qu'on trouve à Mirabel le plus grand complexe agroalimentaire en Amérique du Nord, spécialisé dans la culture hydroponique de la laitue. La production de légumes en plein air demeure une activité répandue. L'agrotourisme n'est cependant pas négligé pour autant ; s'inspirant d'une coutume culinaire autochtone qui faisait

Rang Annonciation, Oka.

consommer la quenouille du cœur à l'épi, Gourmet Sauvage de Sainte-Adèle orchestre désormais les récoltes de cœur de quenouille au Québec. Du début de juin à la mi-juillet, on cueille les cœurs de quenouille qui sont dans la partie inférieure de son tronc fibreux ; le cœur, de couleur blanche, mesure de dix à quinze centimètres de long. Une fois cueillis, les cœurs sont coupés en morceaux d'environ cinq centimètres et mis en pot dans du jus de citron et du sel, ce qui permet de les conserver pendant plusieurs mois. On dit que le cœur de la quenouille est plus tendre et plus délicat que celui de l'artichaut ou du palmier. Il se mange en entrée ou en accompagnement.

Parler des Basses Laurentides, c'est aussi parler de la région de Deux-Montagnes, Oka, Saint-Eustache et Saint-Joseph-du-Lac, où la pomoculture a son royaume : bon nombre des 196 pomiculteurs recensés profitent des quelques collines locales pour y exploiter leurs vergers. Ils poursuivent en

11 800, rang La Fresnière, Saint-Benoît.

bonne partie l'œuvre des pères trappistes d'Oka ; ces derniers cultivaient des pommiers d'été, d'hiver et d'automne en plus de s'adonner à la fabrication de plusieurs variétés de cidre. Oka sera en fait le site de la première école de pomologie du Québec, ouverte en 1893. Il faut se remémorer l'apport du professeur Gabriel Reynaud, de la Trappe, à qui l'on doit l'essor de la pomoculture sur la ferme des trappistes et, partant, dans toute la région ; quant au père Léopold, professeur d'arboriculture fruitière, il va répandre son savoir dans plusieurs régions du Québec. La pépinière de la ferme d'Oka couvrait plus de 30 acres de terrain renfermant plus de 2 500 arbres fruitiers dans les vergers en plus de 150 000 arbrisseaux ; la production de cette pépinière permettra aux moines de distribuer des greffes dans la plupart des régions du Québec. Ainsi, les archives de la Trappe d'Oka rapportent que bon nombre des 100 000 pommiers cultivés avaient envahi les collines aux abords immédiats du monastère et celles des villages voisins. Pour découvrir ce paysage agricole, façonné en bonne partie par le travail et les recherches des moines de l'abbaye cistercienne d'Oka, nous vous proposons un circuit « au pays de la pomme », à Saint-Joseph-du-Lac. Mais avant de vous rendre à Saint-Joseph-du-Lac, nous vous suggérons une petite escapade au Moulin Légaré de Saint-Eustache, situé dans la rue du même nom.

La Trappe d'Oka, Oka.

Intérieur du Moulin Légaré.

LE MOULIN LÉGARÉ

Le Moulin Légaré, dont la construction remonte à 1762, est classé monument historique depuis 1976 et appartient à la municipalité de Saint-Eustache. On dit que depuis ses débuts il n'a jamais cessé de fonctionner et, encore aujourd'hui, on y fabrique des farines de sarrasin et de blé entier à mouture très fine qui font sa renommée. À l'intérieur tous les mécanismes de mouture sont bien en vue et permettent de comprendre le processus de transformation des céréales en farine. À l'extérieur, un ponceau traverse la rivière du Chêne et offre des points de vue magnifiques sur le moulin ; une aire de pique-nique a même été aménagée le long des rives ; à quelques pas de là, on peut se procurer, à la Boulangerie du Vieux-Saint-Eustache (295, rue Saint-Eustache) des pains de facture artisanale cuits dans un four à bois datant de 1835. De la rue Saint-Eustache, dirigez-vous vers l'ouest pour emprunter le chemin Rivière-du-Nord, qui est le prolongement naturel de celle-ci. Deux ou trois kilomètres plus loin, vous allez croiser le premier jeune vignoble de la région, le Vignoble de la Rivière-du-Chêne, ouvert en 1998, qui possède environ 20 000 plants de vigne ; on y produit la Cuvée William, la Vendange des Patriotes, L'Adélard et La Cuvée Glacée des Laurentides.

Le Moulin Légaré, 236, rue Saint-Eustache, Saint-Eustache.

Si vous parcourez le vignoble à pied, au nord du site d'accueil, vous apercevrez, en bordure du vignoble, le champ d'ail de Jean Dumoulin, bien connu au marché Jean-Talon pour la qualité de son ail. Jean Dumoulin plante de l'ail depuis cinquante ans. Mais pas n'importe quelle sorte, vous dira-t-il avec fierté : de l'ail italien, son préféré avec son goût plus prononcé, et dont la semence lui est apportée par bateau chaque printemps. Il a tenté à quelques reprises d'en conserver la graine mais, mars venu, malgré toutes les précautions, l'ail jaunit. Chaque année, Jean Dumoulin sème à la main et récolte à la main une superficie de un arpent sur trois (environ 60 sur 180 mètres) dans « une terre pure », comme il le précise lui-même, sans engrais chimiques ni « autres cochonneries ». C'est que « l'ail a ses caprices au champ ; il lui faut plutôt du temps pas trop chaud, les températures supérieures à 25 °C lui sont néfastes, et il lui faut aussi un peu de pluie ».

AU PAYS DE LA POMME

Mettons maintenant le cap sur Saint-Joseph-du-Lac. À la sortie du vignoble, il faut tourner à gauche et emprunter le rang La Fresnière, parcourir un ou deux kilomètres puis tourner à gauche de nouveau et emprunter la montée McMartin, qui devient la montée McCole. Une vue superbe sur le village de Saint-Joseph-du-Lac avec, au premier plan, les pommiers des Vergers Lafrance vous attend. À l'extrémité de la montée, nous vous suggérons un parcours en boucle formé du chemin Principal, de la montée du Village, de la montée du Domaine, du rang Sainte-Germaine puis, de nouveau du chemin Principal.

Éric Lafrance, Les Vergers Lafrance.

Boutique du verger-cidrerie Lafrance.

C'est un parcours d'environ quinze kilomètres qui sera ponctué de nombreux arrêts ; c'est aux environs du 20 mai de chaque année que les paysages de ce circuit se transforment en véritable carte postale alors que les vergers sont en fleurs ; en contrepartie, la récolte automnale est propice à de nombreuses activités d'animation, dont le festival Pomme en Fête. Ce parcours vous permettra d'observer dans un premier temps les paysages typiques de Saint-Joseph-du-Lac : au sommet des collines, les érablières ont établi leurs quartiers et il est possible d'apercevoir, ici et là, notamment dans la montée du Domaine, de jolies petites cabanes à sucre qui se dressent en arrière-plan des vergers ; puis, dès que la colline adoucit ses flancs, les vergers s'étendent aussi loin que s'étire la pente avant de céder le pas à la culture des céréales.

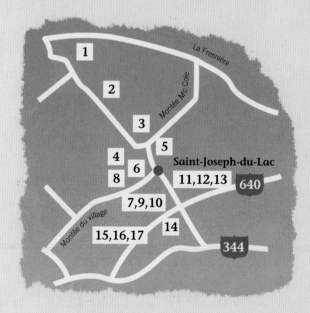

1. Verger Hamel
2. La Roche des Brises
3. Verger Gervais-Labelle
4. Verger de la Tentation
5. Verger-cidrerie Lafrance
6. Verger du Lac
7. Verger du Belvédère
8. Verger-cidrerie Lamarche
9. Tarterie du Verger des Musiques
10. Verger le Bûcheron
11. Centre d'interprétation de la courge
12. Vergers Lacroix
13. Aux Délices du Jardin
14. Verger Lavallée
15. Verger Richard Legault
16. À la Croisée des Pommes
17. Cueillette 640

Un ensemble exceptionnel se présente au 586 de la montée du Village. Tout au long du parcours, ce sont toutefois les pomiculteurs qui retiennent l'attention ; dans cet esprit, la visite du Verger-cidrerie Lafrance, celle du Verger Lamarche ainsi que celle du complexe agrotouristique La Roche des Brises demeurent des arrêts obligés. Le Verger Lafrance se distingue par ses onze alcools de pomme (sec, doux, blanc et rosé) et Éric, le petit-fils de cette troisième génération de pomiculteurs, vous expliquera comment, avec leur 12 000 pommiers et leur 17 variétés de pommes, les Lafrance ont su, au fil du temps, adapter leurs parcelles de terre à des variétés spécifiques afin de bien profiter du terroir local. Sur le chemin Principal, on pourra également découvrir le Centre d'interprétation de la courge. La municipalité voisine, Oka, a organisé, depuis peu sa route agrotouristique qui conduit sur dix-neuf sites différents (gîte du passant, pomiculteurs, sucriers, restaurateurs, potiers, etc.) installés principalement en bordure du chemin Oka (route 344). Le dépliant est disponible au bureau d'information touristique d'Oka (183, rue des Anges). Un peu plus au nord, à Saint-Benoît-de-Mirabel, deux entreprises méritent le détour : le Vignoble des Négondos et Intermiel.

Verger-cidrerie Lamarche, 175, montée du Village, Saint-Joseph-du-Lac.

586, montée du Village, Saint-Joseph-du-Lac.

LE VIGNOBLE DES NÉGONDOS

*L*e Vignoble des Négondos est une petite entreprise familiale fort charmante située dans le rang Saint-Vincent, nom prédestiné puisque saint Vincent est le patron des vignerons. Ce vignoble est le seul au Québec pour le moment à produire des vins certifiés biologiques. Établi en 1995, ce vignoble de 9 000 plants a su s'inspirer de pratiques ancestrales pour mettre en valeur son terroir en y élevant notamment sept cépages différents: le sol, en légère altitude, est composé d'un terroir calcaire tissé de roches, de parcelles bénéficiant d'un ensoleillement franc sud, à l'abri des vents dominants ; le contrôle des mauvaises herbes se fait de façon mécanique et manuelle ; on utilise des engrais marins (algues, compost de crevettes), des fongicides issus de produits miniers, des savons insecticides, alors que des appâts et des prédateurs équilibrent les populations d'insectes nuisibles. En un mot, tous les vins blancs, rouges et rosés du Vignoble des Négondos proviennent d'une agriculture et d'une vinification biologiques et sont certifiés O.C.I.A. (Organic Crop Improvement Association).

VIGNOBLE DES
NÉGONDOS

Opalinois

Vin Blanc | White Wine

750 ml
Product of Québec

11 % alc./vol.
Produit du Québec

VIGNOBLE DES
NÉGONDOS

Le Suroît

Vin Rouge | Red Wine

Vinifié et embouteillé dans notre chai
7100, rang Saint-Vincent, Saint-Benoît de Mirabel,
Québec, J7N 3N1

11,5% alc./vol.
Produit du Québec

750 ml
Product of Québec

INTERMIEL

Intermiel, 10291, rang La Fresnière, Saint-Benoît.

L'apiculture est une tradition dans la famille de Christian Macle. Ce dernier a appris l'apiculture dans le rucher de son père en Picardie. Peu de temps après leur arrivée au Québec Christian Macle et sa conjointe Viviane se lancent dans l'exploitation d'une petite ferme de ruches sur le rang La Fresnière à Saint-Benoît-de-Mirabel en 1976. Vingt-sept ans plus tard, Intermiel compte une trentaine d'employés et exploite plus de 2 000 ruches. Offrant aux visiteurs tous les produits dérivés du miel, Intermiel met aussi en marché huit variétés d'hydromel vendus à la Société des Alcools du Québec. Parmi leurs dernières trouvailles on pourra déguster un hydromel de miel et cassis et un hydromel de miel et canneberges. Intermiel a développé au fil des ans une approche pédagogique bien documentée de l'apiculture, qui s'adresse à une clientèle de tout âge : centre d'interprétation équipé de logiciels éducatifs, théâtre de marionnettes, films et salle d'observation vous apprendront tout sur l'abeille et ses produits et cela de façon fort divertissante.

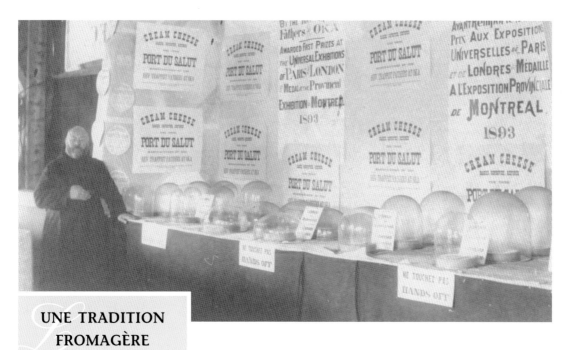

UNE TRADITION FROMAGÈRE

Les premiers colons français qui arrivèrent en Nouvelle-France apportèrent avec eux les secrets de la fabrication du fromage. Dès 1634, on note l'existence de fromages de lait caillé, de lait frais et de lait doux. Pendant plus de trois siècles, ces colons vont s'adonner à une fabrication domestique du fromage affiné. La plus belle illustration en est probablement le fromage « raffiné » de l'île d'Orléans. Vers 1850, les fromages de Joseph Viger, façonnés en une forme cylindrique maintenue par une bande de tissu attachée

par une épingle, et qui avaient pour nom la Crème de Beloeil, le Saint-Basile et le La France, acquièrent aussi une certaine notoriété. Mais c'est du côté de la Trappe d'Oka que la tradition fromagère trouve des assises plus solides. Le frère Alphonse Juin, un cistercien né à Laval, en France arrive au Québec en 1893, après avoir été fromager pendant dix-neuf ans au monastère de Port-du-Salut. (Le Port-du-Salut est un fromage mis au point par les moines en 1862 et dont ils ont abandonné la fabrication 1988).

Francine Beaujésour, Christian Pilon,
Fromagerie Le P'tit Train du Nord.

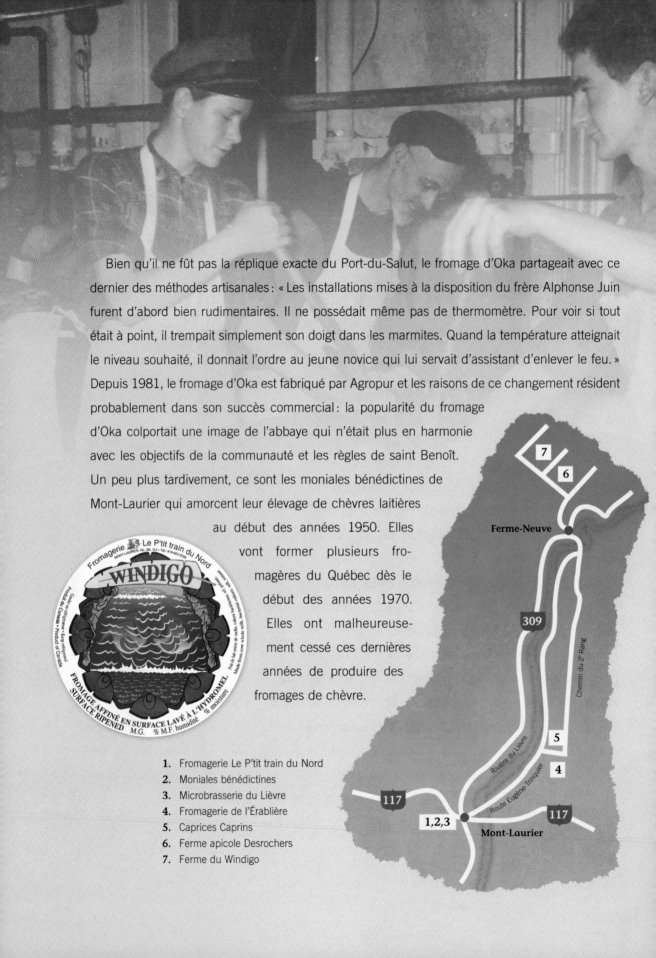

Bien qu'il ne fût pas la réplique exacte du Port-du-Salut, le fromage d'Oka partageait avec ce dernier des méthodes artisanales : « Les installations mises à la disposition du frère Alphonse Juin furent d'abord bien rudimentaires. Il ne possédait même pas de thermomètre. Pour voir si tout était à point, il trempait simplement son doigt dans les marmites. Quand la température atteignait le niveau souhaité, il donnait l'ordre au jeune novice qui lui servait d'assistant d'enlever le feu. » Depuis 1981, le fromage d'Oka est fabriqué par Agropur et les raisons de ce changement résident probablement dans son succès commercial : la popularité du fromage d'Oka colportait une image de l'abbaye qui n'était plus en harmonie avec les objectifs de la communauté et les règles de saint Benoît. Un peu plus tardivement, ce sont les moniales bénédictines de Mont-Laurier qui amorcent leur élevage de chèvres laitières au début des années 1950. Elles vont former plusieurs fromagères du Québec dès le début des années 1970. Elles ont malheureusement cessé ces dernières années de produire des fromages de chèvre.

1. Fromagerie Le P'tit train du Nord
2. Moniales bénédictines
3. Microbrasserie du Lièvre
4. Fromagerie de l'Érablière
5. Caprices Caprins
6. Ferme apicole Desrochers
7. Ferme du Windigo

LA FROMAGERIE DE L'ÉRABLIÈRE

C'est aussi à Mont-Laurier, à la Ferme du Rossignol, aux abords de la rivière du Lièvre, que Gisèle Guindon et Gérald Brisebois élèvent une quarantaine de vaches suisses brunes et canadiennes selon une régie qui partage de nombreuses affinités avec la culture biologique. Il faut dire que le couple n'en est pas à sa première expérience en agriculture; Gérald Brisebois a participé à la création de la Laiterie des Trois-Vallées, à Mont-Laurier, en 1993; sa laiterie surtout reconnue pour sa crème fraîche très réputée auprès des chefs cuisiniers de la région. Cinq ans plus tard, le couple fonde la Fromagerie Le P'tit Train du Nord qui met en marché un cheddar, le Windigo; son appellation emprunte à une légende amérindienne associée à une curiosité topographique de la région, la montagne du Diable; le Windigo se distingue toutefois par le fait qu'il est lavé avec de l'hydromel de la Ferme apicole Desrochers, dont nous parlerons plus loin. Puis en 2000, le couple décide de marier les activités acéricoles et fromagères. Et le mariage, comme cela se doit, a lieu, après de nombreux démêlés, dans sa cabane à sucre, une première au Québec. La Fromagerie de l'Érablière de Mont-Laurier est née. La Fromagerie de l'Érablière produit pour le moment trois fromages: le

Gérald Brisebois, Fromagerie de l'Érablière.

Sieur Corbeau des Laurentides, de type tomme, le Casimir, un brie de lait cru, en mémoire du grand-père, et le Cru des Érables, qui concrétise cette union dont nous parlions plus haut de la sève d'érable et du fromage; ce dernier est un fromage fermier de type pâte molle à croûte lavée affiné dans les caves de la fromagerie avec le Charles-Aimé-Robert.

Fromagerie de l'Érablière,
1580, route Eugène-Trinquier,
Mont-Laurier.

LA FERME APICOLE DESROCHERS

L'hydromel est la plus ancienne boisson alcoolisée fabriquée par l'homme. Marie-Claude Dupuis et Claude Desrochers, de la Ferme apicole Desrochers sise à Ferme-Neuve, ont reçu en 2000 le prix Renaud-Cyr pour leur apport exceptionnel au développement de produits régionaux et leur contribution à la culture culinaire du Québec. De l'avis de plusieurs, La Cuvée du Diable est le meilleur hydromel artisanal fabriqué au Québec. François Chartier, sommelier de réputation internationale, tient à ce sujet les propos suivants : « La Cuvée du Diable est, depuis quelques années déjà, l'un des plus beaux produits du terroir québécois.

« L'élevage en barrique de chêne, une méthode onéreuse qui est généralement réservée à l'élaboration des grands vins, permet aux alchimistes Marie-Claude Dupuis et Claude Desrochers de transformer en or une partie de leur récolte de miel…

« Au fil des ans, ils ont su peaufiner leurs méthodes de maturation en fût pour arriver à un équilibre quasi parfait entre la fraîcheur des parfums de miel et les notes d'évolution apportées par l'oxygénation ménagée en barrique. Avec cette cuvée ils ont atteint un niveau étonnant de pureté et d'élégance. » Apiculteurs depuis 1978, les Dupuis-Desrochers exploitent environ 200 ruches et puisent dans le terroir de Ferme-Neuve un miel qui a ses qualités propres ; un microclimat influencé par le bassin versant de la rivière du Lièvre, la montagne du Diable, second sommet en hauteur des Laurentides, baptisé ainsi à cause de son rougeoiement automnal, la multiplicité des espèces florales environnantes et l'absence de pollution – souvent rattachée aux grandes cultures – contribuent à produire un miel de qualité supérieure. De plus, un séjour prolongé dans les fûts de chêne neufs, de six à vingt-quatre mois, apporte aux hydromels arômes, tanins, complexité. Dégustations, discussions conduisent inévitablement à la mise en bouteille, moment de fierté et de contentement pour ces apiculteurs chevronnés. Pour le reste, le succès réside encore dans le savoir-faire du couple.

LA FERME DE LA BUTTE MAGIQUE

Maude Morin ne craint pas les défis. Lorsqu'elle a fait l'acquisition d'une terre à Saint-Faustin en 1978, tout était à l'abandon; aujourd'hui, elle est fière de sa bergerie, construite en rondins de bois cordé, et de sa maison pièce sur pièce. De son père, elle a retenu ses

Maude Morin, La Butte Magique.

talents de menuisier, qui lui ont permis de mener ses projets à terme avec l'aide de Diane Gonthier. « Depuis l'âge de trois ans, dit-elle, je rêvais d'avoir des moutons. » La ferme de La Butte Magique lui a permis de concrétiser son rêve. Cette ex-enseignante en technique de loisirs, maître-nageuse, monitrice de ski, ce qui l'a d'ailleurs fait émigrer de La Tuque à Saint-Faustin, a ramené d'Europe des atmosphères, des ambiances, des environnements propres aux fromageries artisanales. S'inspirant des vieux pays, elle a aménagé sa fromagerie juste à côté de sa bergerie; de la douzaine de brebis qu'elle trait deux fois par jour, de la fin de mars à la fin de septembre, elle tire suffisamment de lait pour faire son fromage, son beurre et son yogourt.

La Butte Magique, 1724, chemin de la Sauvagine, Saint-Faustin.

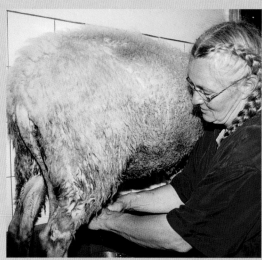

La traite des brebis.

Chemin du pont Prud'Homme, Saint-Jovite.

Sa ferme est ouverte aux visiteurs et il faut voir avec quelle ingéniosité le système manuel de traite a été conçu : un couloir en pente ascendante conduit la brebis sur un pontage de céramique et l'élève à la hauteur des hanches de la bergère afin que celle-ci puisse traire sans avoir à se plier ; des panneaux amovibles, sur lesquels on a fixé un seau qui contient de la moulée, gardent la brebis en place. Ces gestes quotidiens ont raffermi les convictions de Maude Morin ; une approche homéopathique pour traiter ses brebis, une nourriture qui s'inspire des principes de l'agriculture biologique, l'utilisation de matériaux recyclés. Et, par dessus-tout, un art de vivre, une passion de son travail de bergère, de menuisier et de fermière à tout faire, dirions-nous.

Rang des Vents, Brébeuf.

4789, Haut-Saint-François, Laval.

LES ARRÊTS
AGROTOURISTIQUES

1. Fromagerie de l'Érablière *(fromage, Mont-Laurier)*

2. La Butte Magique *(fromage, Saint-Faustin)*

3. Gourmet Sauvage *(confitures, marinades, Sainte-Adèle)*

4. Saint-Monastère-Vierge-Marie-La Consolatrice *(fromage, Brownsburg)*

5. Ferme Matthews *(miel, Saint-André-d'Argenteuil)*

6. Miramiel *(hydromel, Sainte-Scholastique)*

7. Au Cœur de la Pomme *(jus de pomme, Saint-Joseph-du-Lac)*

8. Tarterie du Verger des Musiques *(tartes, Saint-Joseph-du-Lac)*

9. Abbaye cistercienne, Trappe d'Oka *(chocolat, fromage, Oka)*

10. Jude-Pomme *(jus de pomme, Oka)*

11. Le Moulin Légaré *(farine, Saint-Eustache)*

12. Vignoble de la Rivière-du-Chêne *(vin, Saint-Eustache)*

Consulter les Bonnes adresses ou le site www.upa.qc.ca
pour un inventaire complet des produits de la région.

1 Ferme-Neuve

Mont-Laurier **1**

2 Saint-Faustin

3 Sainte-Adèle

6 Sainte-Scholastique

Saint-André-d'Argenteuil

Brownsburg **4** **5**

5 **6** Saint-Benoît

Saint-Joseph-du-Lac **2** **3** **4** 7 8 11 12

7 Laval

Oka 9 10

Saint-Eustache

9190, boul. des Mille-Îles,
Saint-François, Laval.

NOS COUPS DE CŒUR

1. Ferme apicole Desrochers
   (hydromel, Ferme-Neuve)

2. Les Vergers Lafrance *(cidre, Saint-Joseph-du-Lac)*

3. Verger Lamarche *(cidre, Saint-Joseph-du-Lac)*

4. Vignoble La Roche des Brises
   (vin, Saint-Joseph-du-Lac)

5. Intermiel *(hydromel, Saint-Benoît)*

6. Vignoble des Négondos *(vin, Saint-Benoît)*

7. Fromagerie du Vieux-Saint-François
   (fromage, Laval)

DES MOTS
DANS MON ASSIETTE
TERROIR ET PATRIMOINE VIVANT

André Auclair est producteur agricole. Il vit sur une ferme du rang Saint-Louis à Saint-Paulin en Mauricie. Il y garde des chevaux canadiens, des poules Chanteclerc, des dindons cendrés de Charlevoix et des vaches canadiennes. Il lutte depuis plusieurs années pour la conservation de notre patrimoine génétique menacé de disparition. Il se défend bien d'avoir une vision passéiste des choses, mais affirme plutôt vouloir assurer une continuité dans l'histoire de nos élevages et de nos cultures. « Il n'y a pas juste le patrimoine culturel ou le patrimoine bâti ; le patrimoine vivant est tout aussi important, mais malheureusement notre agriculture n'a plus de vision à long terme. » Pour André Auclair, les races du patrimoine proviennent des animaux d'élevage amenés en Amérique du Nord par les colons français, et ces races ont été soumises, au fil des décennies, à des conditions difficiles. Leur rusticité représente donc une valeur à préserver.

Il parle avec conviction du dindon cendré de Charlevoix qui, à une certaine époque, était considéré comme le meilleur dindon domestique en Amérique du Nord et qui est ignoré des aviculteurs. André Auclair n'est pas seul à mener ce combat des races du patrimoine; des éleveurs intéressés se sont regroupés dans trois associations spécialisées pour former, en 1998, Le Front commun des races du patrimoine qui réunit la Société des éleveurs de chevaux canadiens, comptant environ 500 membres, la Société des éleveurs de bovins canadiens, formée de 75 membres, et l'Association de

promotion et d'élevage des poules Chanteclerc, qui a plus d'une centaine de membres. On aimerait obtenir des moyens pour mettre en place des mesures incitatives à leur développement; l'appellation contrôlée est une mesure envisagée. L'urgence d'intervenir est bien là. On cite en exemple la vache canadienne, qui ne compterait plus qu'une centaine de sujets répondant aux standards traditionnels, comparativement aux 7 000 sujets recensés en 1983. Quant à la poule Chanteclerc, elle a été developpée en 1918 par le frère Wilfrid, moine de l'Institut agricole d'Oka, désireux de remplacer la race gauloise qui avait de la difficulté à s'adapter aux hivers rigoureux du Québec.

« Amateur d'aviculture, je regrettais que mon pays n'eût pas sa "poule canadienne" et il me semblait qu'une race de volailles, non d'origine étrangère et acclimatée mais vraiment aborigène, d'une part possédant les qualités des races déjà existantes dans le pays et, d'autre part, améliorée en vue de supporter la rigueur de nos hivers, serait appréciée de tous les aviculteurs canadiens », expliquait le frère Wilfrid. La race Chanteclerc est un croisement de cinq races de poules et elle était utilisée alors pour deux raisons : elle était bonne pondeuse et sa chair était abondante et délicate. Elle a connu une grande popularité jusqu'après la Deuxième Guerre mondiale, alors que, dans les années 1950, des poules spécialisées dans la ponte ou la chair l'évincent graduellement.

Au dire d'André Auclair, « la mise en marché pourrait se faire par le biais de tables champêtres puisque ce serait un produit de luxe recherché ». Il faudrait aussi parler du dindon cendré de Charlevoix, qui compte encore quelques spécimens au Québec, mais aussi d'autres races pionnières de moutons, de porcs qui se seraient perdues dans la nuit des temps. À la suite de l'adoption de la Loi sur les races animales du patrimoine agricole du Québec par le gouvernement du Québec, en décembre 1999, le Front commun pour la préservation du patrimoine agricole du Québec, dont fait partie Le Front commun des races du patrimoine, a fait un grand pas en avant en se portant acquéreur de l'ancienne ferme-école de l'Université Laval, à Sainte-Croix-de-Lotbinière, afin de promouvoir les races du patrimoine. Déjà la ferme possède un troupeau d'une cinquantaine de vaches canadiennes, des poules Chanteclerc et un cheval canadien. Dans un avenir rapproché, on songe à créé un musée qui ferait la promotion des races du patrimoine et une fromagerie artisanale qui, à partir du lait des vaches canadiennes, donnerait naissance à un fromage baptisé Le Grand Lotbinière. «Pourquoi on voulait cette loi? C'est parce qu'on voulait avoir un statut pour ces races qui sont uniques au Québec, qui appartiennent au Québec et qui sont de création purement québécoise, purement canadienne-française, diront certains. Ces races-là ont besoin d'être reconnues chez elles.

Dans chaque pays qui se respecte, il y a des races qui sont des races du patrimoine», déclare Yves Bernatchez, président du Front commun pour la préservation du patrimoine agricole du Québec. Depuis peu les initiatives se multiplient au Québec: Le Potager de la Nouvelle-France et la Métairie du Plateau se consacrent à la protection de cultures végétales anciennes.

1. La poule Chanteclerc, André Auclair, Saint-Paulin
2. 2ᵉ Rang, Saint-Bruno-de-Guigues.
3. Rang Bois-Joly, Saint-Apollinaire.
4. Lisa Andrews, Sainte-Edwidge.
5. La vache canadienne, Yves Bernatchez. Sainte-Croix-de-Lotbinière.
6. Élevage de dindons, Saint-Gabriel-de-Valcartier.
7. Élevage bovin, chemin Grande-Rivière Nord, Yamachiche.
8. Élevage caprin, rue Blondelle, Cap-Tourmente.

MAURICIE

AU PAYS DE L'EAU ROUGE

965, route 138, Sainte-Anne-de-la-Pérade.

67, rang de la rivière Batiscan-Est, Saint-Stanislas.

VALLÉE AU SOL FERTILE

« C'est à peine si on pourrait trouver dans tout le Bas-Canada un sol plus fertile ou plus productif que cette vallée. » C'est en ces termes que le rapport Cauchon décrivait, en 1856, les sols de la vallée de la rivière Saint-Maurice. Aujourd'hui, on peut confirmer que plus de 75 % des sols cultivables de la région sont classés A, c'est-à-dire jugés de la meilleure qualité compte tenu de leur composition organique qui en fait une terre forte et argileuse propice à la culture. Bornée au sud par le fleuve Saint-Laurent, à l'ouest par Maskinongé, à l'est par Sainte-Anne-de-la-Pérade et au nord par La Tuque, la région de la Mauricie est bien départagée entre forêt et agriculture.

791, rue Sainte-Anne, Sainte-Anne-de-la-Pérade.

Domaine de la Vigneraie, 1380, rue Principale, Notre-Dame-du-Mont-Carmel.

Cette dernière s'exerce dans la plaine du Saint-Laurent pour céder graduellement le pas à l'activité forestière à la hauteur de Saint-Tite. La présence de plusieurs noyaux urbains (Trois-Rivières, Shawinigan, Louiseville) a favorisé l'apparition d'une quarantaine de fermes maraîchères. Entre autres les Jardins maraîchers H. Dugré et Fils, qui, en plus de favoriser l'autocueillette, se sont tournés vers la création de produits maison à base de miel, de sève d'érable et de pomme. Une trentaine de municipalités voient leur économie fonctionner grâce à des activités agricoles variées dans lesquelles les produits du terroir ont leur importance. Si les fermes laitières, concentrées principalement dans les secteurs de Maskinongé et de la bande riveraine comprise entre Champlain et Sainte-Anne-de-la-Pérade de même que dans la vallée de la Batiscan, ont été témoins, dans les années 1960, de la disparition de la presque totalité des beurreries et des fromageries de la région, on assiste aujourd'hui à leur renaissance. Dans ce contexte, on ne peut que suggérer une visite à la fromagerie artisanale de Gaétan Caron.

1. Ferme Caron
2. Ferme Apicole Huot
3. Poulet Fermier Jym
4. Domaine de la Vigneraie

CLIN D'ŒIL

LA FROMAGERIE CARON

$\mathscr{D}$escendant d'Antoine Caron qui, en 1852, s'établit à Saint-Louis-de-France, Gaétan Caron est fier de poursuivre l'œuvre de son ancêtre, six générations plus tard, sur la terre d'origine. C'est que, depuis quinze ans, Gaétan Caron garde un troupeau d'une trentaine de chèvres Saanen et fabrique son fromage de chèvre fermier ; il est un pionnier dans ce domaine en Mauricie. Il a aménagé, adossée à la maison ancestrale des Caron, une petite fromagerie où il fabrique son Blanchon, un fromage de chèvre non affiné à pâte molle et certifié biologique.

Mais il y a plus, car Gaétan Caron a poursuivi l'exploitation de la ferme familiale en respectant le mode de vie des Caron; si ses ancêtres cultivaient le tabac, les pommes de terre, les fraises et vendaient les produits de leur érablière au marché de Trois-Rivières, Gaétan Caron s'est inspiré de «cette façon d'être» pour tracer son sillon: en plus de ses chèvres, il élève des poules qui caquettent à l'air libre dans la cour; il garde quelques cochons au grand air dans un petit parc clôturé et il élève aussi quelques animaux de boucherie dans un pâturage derrière sa grange-étable; l'hiver venu, il coupe son bois sur ses terres et, au printemps, il puise la sève de son érablière. Chaque saison fait naître son lot de bonheurs quotidiens. Un rythme de vie, une ferme comme on en rêve tous!

LES BIÈRES DE LA NOUVELLE-FRANCE

Les bières de la Nouvelle-France, 3451, chemin de la Nouvelle-France, Saint-Paulin.

L'attention portée à la culture du sarrasin, ces dernières années, a favorisé la création de l'Ambrée de sarrasin, aux Bières de Nouvelle-France. L'Ambrée de sarrasin est obtenue à partir de grains de sarrasin de la région de Maskinongé. La microbrasserie Les bières de la Nouvelle-France s'élève dans un cadre enchanteur de Saint-Paulin. Précisons que cette microbrasserie brasse des bières de grains crus non seulement avec le sarrasin mais aussi avec l'épeautre (blé ancestral); la bière de grains crus donne une qualité de mousse exceptionnelle et un goût très distinctif. Ses bières sont fabriquées à l'aide d'une eau de source. À l'intérieur du bâtiment, on peut observer la salle des cuves, où les bières séjournent pendant vingt-et-un jours avant d'être mises en bouteille; chaque cuve de fermentation contient l'équivalent de 250 caisses. La mise en bouteille se fait manuellement et, chaque année, c'est environ 15 000 caisses qui sont produites à cette microbrasserie.

Les bières de la Nouvelle-France, Saint-Paulin.

LES ÉRABLIÈRES

1850, rang Rivière-Blanche, Saint-Alban.

La ressource forestière, plus abondante à mesure que l'on se dirige vers le nord, fait souvent de l'agriculture de ce secteur une occupation à temps partiel. En contrepartie, elle a donné naissance à plusieurs érablières dans les municipalités de Saint-Prosper, Saint-Stanislas, Sainte-Thècle et Saint-Tite, point d'arrêt de la plaine du Saint-Laurent. On trouve à Saint-Prosper un Centre d'interprétation de l'érable qui présente une exposition permanente intitulée La Tradition du Temps des Sucres au Québec. Par ailleurs, le nom de la famille Trépanier est associé à l'histoire acéricole de la région. Située à Sainte-Thècle, l'érablière Aux Mille Érables est

la propriété d'Angelo Trépanier, qui cumule les honneurs : élu « roi de l'érable » en 1986, puis reconnu « Maître Sucrier » au niveau provincial en 1990, il a été consacré « Meilleur parmi les Maîtres Sucriers » en 1993. L'intérêt de cette cabane à sucre qui s'adonne aux activités traditionnelles (repas à la cabane) découle de son grand choix de produits transformés de l'érable ainsi que de la mise en place des sentiers d'interprétation et d'un musée qui renferme une collection de plus de 300 pièces originales et de photographies anciennes.

Gaston Arcand, Aux Mille Érables.

LA FERME
LE CRÉPUSCULE
DE YAMACHICHE

Parmi les autres par-
ticularités régionales, on
trouve la production de
poulet à griller à grande échelle à Saint-Boniface-de-
Shawinigan, Louiseville et Saint-Étienne-des-Grès. Initiative
différente, la ferme Le Crépuscule de Yamachiche élève
depuis plus de dix ans, un poulet qui tire sa qualité du
terroir local. Le propriétaire, Jean-Pierre Clavet a mis au
point un élevage avicole spécifique qui donne un goût
particulier à la chair du poulet; désormais, on parle du
poulet de Yamachiche.

Ferme Le Crépuscule de Yamachiche.

Ferme Le Crépuscule de Yamachiche.

Voici quelques-unes des raisons qui font que ce poulet est si apprécié des consommateurs et des cuisiniers : les poulets sont abrités dans un poulailler inspiré de plans européens, qui compte seize fenêtres laissant passer soleil et lumière du jour ; les poulets circulent librement à l'intérieur ; durant la belle saison, des trappes d'accès permettent aux poulets d'aller picorer à l'extérieur à leur guise ; les moulées pour nourrir les poulets sont préparées à la ferme, exemptes d'herbicides et d'engrais chimiques ; la croissance des poulets est prolongée, soit de onze à douze semaines. « Le fait de vivre heureux dans un tel environnement a un impact très positif sur leur système immunitaire », confie Jean-Pierre Clavet. Selon le chef Normand Laprise, le goût et le temps de cuisson du poulet de Yamachiche sortent de l'ordinaire et c'est probablement ce qui contribue à sa popularité. Depuis dix ans, les propriétaires ont le mérite d'avoir mis en place plusieurs concepts innovateurs : la fertilisation à base de compost ou autre produit naturel, la con-

ception écologique des bâtiments d'élevage, la ventilation naturelle, l'utilisation d'énergie solaire, de même qu'une approche respectueuse du soin des animaux illustrent bien leur philosophie. Pour récompenser tous ces efforts, la ferme Le Crépuscule de Yamachiche a reçu, en 2001, le prix Phénix de l'environnement dans la catégorie « Préservation, conservation et utilisation durable de la biodiversité des milieux ».

Ferme Le Crépuscule de Yamachiche,
1321, chemin Grande-Rivière-Nord, Yamachiche.

LA PÊCHE AUX POISSONS DES CHENAUX

Pêche aux poissons des chenaux, Sainte-Anne-de-la-Pérade.

Pour le voyageur qui emprunte l'autoroute 40 à la hauteur de Sainte-Anne-de-la-Pérade durant la saison hivernale, la surprise est toujours grande de voir un village de petites cabanes posées sur les glaces de la rivière Sainte-Anne que surplombe l'imposante église du village. Prétexte à un grand rassemblement qui attire annuellement plus de 100 000 personnes,

c'est la pêche aux petits poissons des chenaux. Le poulamon est connu depuis fort longtemps. Dans les *Relations des Jésuites*, le R.P. Lejeune rapporte que les habitants de la région capturaient à la ligne le poulamon, qu'on appelait alors « poisson de Noël ». Longtemps pêché dans la région de Trois-Rivières à l'embouchure de la rivière Saint-Maurice, que les îles présentes divisent en trois parties dont chacune constitue un chenal, le poulamon sera baptisé « poisson des chenaux ». L'industrialisation de la ville oblige le poulamon à se trouver un nouveau site de fraie et sa présence dans la rivière Sainte-Anne est une réponse à cette exigence.

Pêche aux poissons des chenaux, Sainte-Anne-de-la-Pérade.

Ce n'est que depuis 1938 que le petit poisson des chenaux suscite un engouement à Sainte-Anne-de-la-Pérade. On raconte que c'est un Péradien, Eugène Mailhot, qui, s'affairant à couper des blocs de glace sur la rivière, aperçut quelques poulamons et décida de tendre une ligne. Puis, quelques abris sommaires furent érigés sur les glaces de la rivière et

Pêche aux poissons des chenaux, Sainte-Anne-de-la-Pérade.

la pêche gagna vite en popularité. De nos jours, la pêche se déroule chaque année entre le 26 décembre et le 15 février ; c'est la période où les petits poissons des chenaux remontent la rivière pour déposer leurs œufs dans la frayère avant de retourner dans l'estuaire du Saint-Laurent. Il y a quelques années, on a estimé la population du poisson des chenaux à 930 millions de sujets.

Présents de génération en génération, les pourvoyeurs de la rivière Sainte-Anne installent chaque hiver, sur la rivière, ce petit village de 600 chalets de pêche illuminés et chauffés, capables d'accueillir entre quatre et vingt-cinq personnes. Si le petit poisson des chenaux choisit la rivière Sainte-Anne pour sa fraie, c'est que, selon les biologistes, la rivière réunit des conditions particulières : son fond est en sable, les rapides en amont oxygènent l'eau et elle profite du frasil, cette neige cristallisée qui se mélange à l'eau. Ajoutons que la pêche blanche est une tradition célébrée à la grandeur du Québec : dans le fjord du Saguenay, sur les lacs Saint-Pierre et des Deux-Montagnes ainsi que sur la rivière des Outaouais à la hauteur de Fasset, juste avant Montebello ; à ces endroits, on pêche d'autres espèces, comme le doré, la truite, la perchaude ou le flétan.

SOURCES D'EAU MINÉRALE SAINT-JUSTIN

Nous redécouvrons depuis peu l'importance de l'eau dans notre vie quotidienne et dans notre environnement. Pourtant le Québec a une tradition relativement ancienne dans ce domaine. Il faut dire que les premières eaux minérales offertes aux Québécois étaient importées ; nous sommes alors en 1776. Une des premières sources d'eau minérale à être mise en exploitation est celle de Denis Breton dit Dubois qui, en 1799, est « possesseur d'eaux minérales » à Québec. Au XIXe siècle, on assiste véritablement à la naissance du thermalisme, que l'on voit se concentrer principalement sur la rive nord du Saint-Laurent ; vers 1825, on trouve sur le marché l'eau saline du Point-du-Jour de l'Assomption et les sources de Saint-Léon-de-Maskinongé, dont l'eau sera exportée en France et en Angleterre ; par la suite, on exploite d'autres sources à Berthier, à Sainte-Geneviève-de-Batiscan et à Saint-Maurice. Les eaux minérales du Cap-de-la-Madeleine,

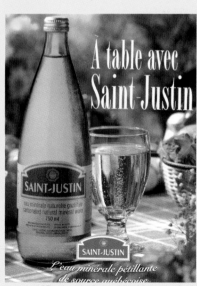

À table avec Saint-Justin

SAINT-JUSTIN
eau minérale naturelle gazéifiée
carbonated natural mineral water
750 ml

SAINT-JUSTIN

L'eau minérale pétillante
de source québécoise

« connues et vantées pour leurs propriétés médicales », sont mentionnées dans la *Gazette des Trois-Rivières* de 1847. L'abbé Côté vante pour sa part « l'eau divine » de Sainte-Geneviève-de-Batiscan, que les gens appellent « l'eau rouge » en raison de sa concentration en minéraux de fer. De 1870 à 1900, c'est le début de la commercialisation de certaines sources, dont les plus connues sont l'Abénaquis de Saint-François-du-Lac, les sources Radnor de la paroisse Saint-Maurice et Claire-Fontaine de Québec ; on dit de cette dernière que c'est une eau minérale « très fraîche et au goût très agréable » et, ajoute la publicité de 1912, qu'« elle débarrasse le cerveau ».

187, chemin Covey Hill, Hemmingford.

Route 138, Sainte-Anne-de-la-Pérade.

L'exploitation de la Source Saint-Justin débute en 1895. À la suite de l'intérêt manifesté par des Européens, un certain monsieur Lemire tente de découvrir une eau minérale qui aurait la qualité de celles qu'il avait dégustées dans les grandes villes européennes. C'est finalement dans le sol accidenté de Saint-Justin qu'il creuse un premier puits pour en extraire une eau pétillante correspondant à ses attentes. Il décide alors de démarrer une petite entreprise. Depuis, trois autres puits ont été forés à l'intérieur d'un périmètre d'une trentaine de mètres. Aujourd'hui, l'usine d'embouteillage de la rue Gagné, à Saint-Justin, est érigée sur le site même de la source initiale et de la première usine d'embouteillage.

À l'instar des développements que connaît l'industrie de l'embouteillage dans les marchés des boissons gazeuses et de la bière, les eaux minérales perdent de leur popularité au début du XXe siècle ; de plus, la construction de réseaux d'aqueduc dans les villes permet désormais aux embouteilleurs et aux manufacturiers de boissons diverses de mélanger leur boisson avec l'eau des villes ; enfin, la prohibition et les campagnes de tempérance ralentissent la vente des boissons alcooliques, que l'on mariait traditionnellement avec de l'eau minérale. Depuis deux décennies, les eaux minérales et les eaux de source connaissent un nouvel engouement, profitant notamment d'un courant santé et d'un retour aux médecines douces.

199, rang de la rivière Batiscan, Saint-Stanislas

AGROTOURISTIQUES

1. Moulin Saint-Louis *(farine, Sainte-Ursule)*

2. Le Crépuscule de Yamachiche *(poulet, Yamachiche)*

3. Les Jardins H. Dugré et Fils *(marinades, confitures, Pointe-du-Lac)*

4. Domaine de la Vigneraie *(vin, Notre-Dame-du-Mont-Carmel)*

5. Vignoble Bernard Dubois *(vin, Saint-Prosper)*

Consulter les Bonnes adresses ou le site www.upa.qc.ca
pour un inventaire complet des produits de la région.

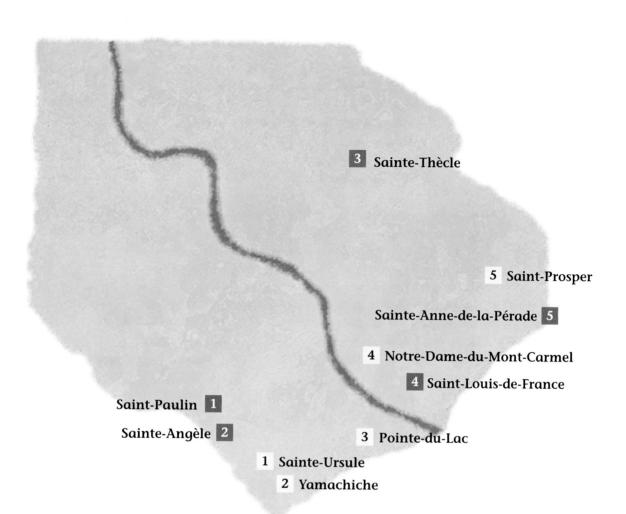

3 Sainte-Thècle

5 Saint-Prosper

Sainte-Anne-de-la-Pérade 5

4 Notre-Dame-du-Mont-Carmel

4 Saint-Louis-de-France

Saint-Paulin 1

Sainte-Angèle 2

3 Pointe-du-Lac

1 Sainte-Ursule

2 Yamachiche

Centre d'interprétation de l'Érable,
1020, chemin Massicotte, Saint-Prosper.

NOS COUPS DE CŒUR

1. Les bières de la Nouvelle-France
    (bière, Saint-Paulin)

2. Le Jardin de ma Grand-Mère
    (confitures, Sainte-Angèle)

3. Aux Mille Érables *(sirop, Sainte-Thècle)*

4. Ferme Caron *(fromage, Saint-Louis-de-France)*

5. Verger Barry *(produits de la pomme,*
    Sainte-Anne-de-la-Pérade)

DES MOTS DANS MON ASSIETTE POUR RENOUER AVEC LE TERROIR :
LES FESTIVALS, LES FÊTES ET LES FOIRES

L'agriculture est entrée dans l'ère des communications : le nombre de foires, de festivals et de fêtes agricoles de toutes sortes qui se tiennent au Québec en témoignent. Certes, si l'amusement et la détente sont de la partie, il faut toutefois aller au-delà de ces manifestations de première ligne pour en comprendre toute la signification. Les fêtes font traditionnellement partie des us et coutumes de la société québécoise. Dans une société catholique et rurale, les fêtes se vivaient en famille ou entre voisins. Dans les grandes occasions, les fêtes rassemblaient tout le village et toute la paroisse ; la procession de la Fête-Dieu ou encore le défilé de la Saint-Jean-Baptiste en étaient les manifestations les plus éloquentes. Parallèlement, on tient des foires agricoles depuis 1818 au Québec. Ces foires ont toutefois comme but premier de reconnaître les cultivateurs les plus méritants dans l'exercice de leur profession : ainsi Cap-Santé tient une première manifestation du genre en 1819, suivi de près par Saint-Antoine-de-Tilly ; une exposition régionale vient couronner la tenue de ces manifestations locales. Ces initiatives d'alors sont en fait à l'origine des expositions agricoles qui ont lieu encore de nos jours. Liées d'abord au calendrier religieux et au cycle des saisons, certaines fêtes souli-gnaient des étapes du travail agricole : la Saint-Marc (25 avril) implorait l'aide de la Providence pour les semailles, à la Saint-Michel (29 septembre), les bêtes sont retirées des terrains commu-naux. Les changements que traverse la société québécoise au début des années 1960, amenés par la révolution tranquille, bouleversent l'ordre

3

4

des choses. La société québécoise s'urbanise, les pratiques religieuses sont délaissées, mais l'appétit pour la fête demeure. Les autorités civiles remplacent le clergé dans l'organisation de la fête. La naissance des festivals au Québec date de cette période. Le festi-val du bleuet de Villebois, en Abitibi, remonte à 1972 ; la fête de la patate du JAL (Saint-Juste-du-Lac, Auclair, Lejeune) commence en 1975, le festival du tabac de Saint-Thomas démarre en 1978 et ainsi de suite. Si la fête traditionnelle, civile ou religieuse, partageait grosso modo les mêmes objectifs, les festivals se définissent dans un tout autre cadre. Les festivals, qui ont conservé sou-vent un volet culturel, parfois même folklorique, font désormais partie d'un maillage de l'industrie touristique ajoutant aux attractions existantes (patrimoine, nature, circuits, etc.) de chacune des régions du Québec.

Les festivals à caractère agricole font l'objet de multiples campagnes de promotion agrotouristiques, dans lesquelles, depuis peu, les produits régionaux et les produits du terroir sont bien mis en évidence. Et la multiplication de festivals est phénoménale. Nous avons dénombré plus de 125 festivals agricoles sur les quelque 300 festivals recensés au Québec en ce début de nouveau millénaire. Le festival du homard, le Marché de Saint-Raymond, la fête des moissons, le festival beauceron de l'érable, le festival de la galette de sarrasin, le festival de la gibelotte, la fête des

vins et des fromages, etc. laissent croire qu'aucun produit n'est pas couronné. Plus encore, il existe une Société des fêtes et festivals du Québec qui est en quelque sorte un porte-parole officiel auprès des gouvernements. On soupçonne donc que les objectifs reliés à la tenue d'un festival sont multiples : participer au développement d'une identité culturelle locale ou régionale, présenter des activités dans un cadre de détente, commémorer une tradition et souvent, en tout premier lieu, générer des retombées économiques intéressantes pour la communauté.

Après 10 ans de fonctionnement, le festival Pommes en fête, né de l'urgence de briser la crainte suscitée chez les visiteurs par la crise d'Oka, accueille deux fois plus de visiteurs qu'à ses débuts. Dans ce contexte, on peut comprendre que les agriculteurs se soient adaptés et profitent du festival pour mousser leur image auprès du grand public ; dans la région de Québec, une idée de convivialité entre agriculteurs et consommateurs a donné naissance à l'automne 2001 à l'événement Orléans, l'île ouverte, où il était notamment possible de visiter plusieurs entreprises agricoles. Le festival agricole est aussi une conférence de presse en plein air devant

7

des publics divers : citadins, touristes, visiteurs étrangers, gens du milieu. On souhaite la reconnaissance de son coin de pays que l'on cultive, que l'on nourrit et que l'on façonne. Bref, autant de festivals, autant de raisons d'être.

1. Avenue Jacques-Cartier, Tewkesbury.
2. Fêtes de la Nouvelle-France.
3. Fêtes de la Nouvelle-France.
4. Festival des Fromages de Warwick.
5. Fêtes de la Nouvelle-France.
6. Marché public de Sainte-Foy.
7. Fêtes de la Nouvelle-France.

MONTÉRÉGIE

« N'EST-ON PAS UN PAYS DE POMMES, UN PAYS DE CIDRE ? »

Rang de la Montagne, Saint-Paul-d'Abbotsford.

Le mont Saint-Hilaire vu du rang Rivière-Sud, Saint-Jean-Baptiste.

UNE IMMENSE PLAINE PARSEMÉE DES COLLINES MONTÉRÉGIENNES

Il faut remonter dans le temps, frayer avec l'histoire, pour retrouver en Montérégie les racines d'une agriculture artisanale qui, de nos jours, affiche de belles réussites. Ainsi faut-il se souvenir que la pomoculture au Québec a prospéré sur les flancs du mont Yamaska dès 1812, et que le premier verger de reproduction de plants a vu le jour à Saint-Paul-d'Abbotsford à la même époque. Que le cidre a trouvé une terre d'accueil sur les collines montérégiennes, avec une histoire qui ne joue pas toujours en sa faveur. Que l'histoire de l'apiculture québécoise se confond avec celle de la famille Paradis de Sainte-Rosalie. Que, parmi des héritages plus récents dans la région, se trouve la cerise de terre qui voit, comme nulle part ailleurs, ses boissons se multiplier. Que le fromage de chèvre a l'une de ses pionnières à Saint-Isidore. La Montérégie est un pays au climat et au relief favorables à l'agriculture, avec cette immense plaine des basses terres du Saint-Laurent qui compte parmi les plus fertiles du Québec.

556, route 202, Havelock.

Seules exceptions à cette plaine agricole, les montérégiennes, au nombre de dix, qui sont dis-séminées dans la plaine du Saint-Laurent entre les monts d'Oka et le mont Mégantic. Elles doivent

Fromagerie Au Gré des Champs, Saint-Athanase.

leur nom à un géologue de l'Université McGill qui les a baptisées du nom latin de la plus con-nue d'entre elles à l'époque, le mont Royal, qui se disait Monte Regius. Pour notre part, nous allons nous intéresser à celles qui se trouvent à l'intérieur de la région de la Montérégie, soit les monts Rougemont, Saint-Bruno, Saint-Grégoire, Saint-Hilaire et Yamaska, car l'agriculture a aussi pris d'assaut la montagne. La pomocul-ture et l'acériculture profitent des flancs adoucis de ces monts pour semer graines en terre. À l'ex-trémité ouest, c'est le pays du suroît, un vent du sud-ouest; ce coin de pays de la Montérégie n'échappe pas à l'empreinte pomicole. Les premières rides appalachiennes, qui engendrent des paysages exceptionnels (Franklin, Havelock, Hemmingford), ont permis aussi la naissance d'un cidre de glace réputé. Initiative originale aussi que celle des frères Dewavrin qui, sur leur ferme aux Cèdres, Les Huiles naturelles d'Amérique, fabriquent artisanalement de l'huile de carthame pressée à froid. Ce produit s'ajoute aux huiles de canola et de tournsesol déjà créées à la ferme.

LA ROUTE DES VINS

À l'extrémité nord, le pays de Sorel, moins fréquenté, cache aussi quelques perles où paysages et produits du terroir revêtent leurs beaux habits. À côté de cette agriculture à grand déploiement donc, une agriculture artisanale qui a pris un bel essor. La proximité du marché de Montréal et la vitalité de plusieurs noyaux urbains périphériques ont favorisé un achalandage qui stimule les fermiers locaux. Pour accueillir tout ce monde, la Montérégie a pavé une route des vins (Napierville, Sainte-Barbe, etc.), une route du cidre (Hemmingford, Mont-Saint-Grégoire, etc.), une route des pommes (Saint-Paul-d'Abbotsford, Mont-Saint-Hilaire, etc.) et enfin une route des bleuets, puisqu'une dizaine de producteurs de Granby, Bromont, Waterloo et Farnham se sont regroupés et cultivent désormais, sur leurs terres, le bleuet géant destiné principalement à l'autocueillette.

LA ROUTE DES VINS

1. La Vitacée
2. Du Marathonien
3. Angell
4. Cappabianca
5. Le Royer-Saint-Pierre
6. Morou
7. Des Pins
8. Dietrich Joss
9. Clos de la Montagne
10. De Lavoie Poitevin
11. Les Artisans du Terroir
12. Clos Saint-Denis

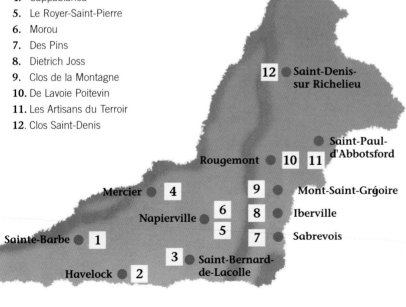

Chemin de la Montagne, Mont-Saint-Hilaire.

LA POMOCULTURE
A SES ROYAUMES

Comme le dit Michel Jodoin : « N'est-on pas un pays de pommes, un pays de cidre ? » Il suffit de se laisser transporter sur les collines montérégiennes pour voir comment la pomme habite le paysage. Le mont Saint-Grégoire, malgré une concentration moins dense de pomiculteurs, est le site de quelques cidreries réputées, dont celle du verger Charbonneau ; le mont Saint-Hilaire, où la pomoculture est teintée d'un cadre urbain, voit ses flancs décorés de quelques vergers dignes de mention, dont celui du Verger-cidrerie Gaston. Les pommiers du mont Saint-Bruno, plantés autrefois par les frères de Saint-Gabriel, conservent des variétés rares. Toutefois, c'est surtout à Rougemont et à Saint-Paul-d'Abbotsford que notre intérêt s'est porté.

Rang de la Montagne, Mont-Saint-Grégoire.

Route 261, Rougemont.

Pour découvrir le pays de la pomme et du cidre, nous vous suggérons donc deux itinéraires : un premier à Rougemont et un second à Saint-Paul-d'Abbotsford. Rougemont peut être considéré comme la capitale de la pomme au Québec, et les raisons en sont nombreuses : la pomoculture y est ancienne, et, depuis près de deux siècles, ce sont des gestes, des appréciations, des expériences qui coulent d'une génération à l'autre ; les pomiculteurs de Rougemont vont instaurer le développement de diverses méthodes de greffe et de taille des pommiers ; à la fin du XIXᵉ siècle, une pépinière qui se spécialise dans la greffe de nouvelles variétés dessert la région ; par ailleurs, Rougemont héberge deux artisans qui renouvellent la pomoculture au Québec : Michel Jodoin, au début des années 1980, contribue à restaurer le goût du bon cidre chez les Québécois, après la crise des années 1970, alors que Pierre Gingras, avec sa vinai-grerie artisanale, utilise un procédé de fabrication unique au monde. Le premier itinéraire nous fera croiser ces deux artisans.

350, route 231, rang Haut-Corbin, Saint-Damase.

Pour agrémenter votre visite sur les chemins de Rougemont, vous pouvez désormais synthoniser CPOM-FM à 88,9, qui présente des mini-reportages, des calendriers d'événements, des entrevues et vous informe de l'actualité pomicole. À l'entrée ouest du village de Rougemont, le kiosque d'information touristique tient lieu de pomarium ou, si vous préférez, de musée du pommier en plein air ; sur le site, vous pourrez observer un nombre impressionnant de variétés de pommiers qui ont concouru à la réputation de Rougemont. Prenez ensuite la route en direction nord ; c'est le chemin de la Montagne, qui regorge de pommeraies et de nombreuses occasions de randonnées pédestres : en bordure de la route défilent le Verger du Totem, les Vergers Guertin et Alix, la Cidrerie D.R. Alix, les Jardins de la Montagne, qui s'adonnent à la culture de légumes biologiques, Au pays de la Pomme et Les Quatre Feuilles. Bien dissimulé derrière les vergers, un nouveau vignoble a aussi pris racine dans la plaine de Rougemont, le Vignoble De Lavoie Poitevin.

AUX ENVIRONS DE ROUGEMONT

1. Pomarium
2. Verger du Totem
3. Verger Guertin et Alix
4. Cidrerie D.R. Alix
5. Jardins de la Montagne
6. Au pays de la Pomme
7. Les Quatre Feuilles
8. Vignoble De Lavoie Poitevin
9. Abbaye cistercienne de Rougemont
10. Verger Pierre Gingras
11. Cidrerie Michel Jodoin

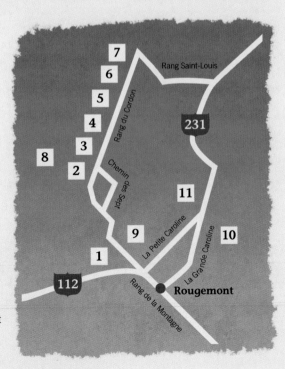

M. Guillemin, 1257 rang Double, Rougemont.

L'extrémité nord du chemin de la Montagne présente un panorama remarquable du mont Saint-Hilaire ; au retour, vous pouvez emprunter le chemin des Sept qui se raccorde au chemin de la Montagne et vous conduit au centre du village de Rougemont. Là se trouve l'Abbaye cistercienne de Rougemont ; établie en 1932, cette abbaye reprend alors en main des vergers à l'abandon. Les moines y introduisent une quarantaine de variétés de pommes qu'ils écoulent grâce à un kiosque de vente en bordure de la rue Principale. Ils y produisent aussi, depuis cette période, le cidre Le Rouville, qui répond aux besoins de l'abbaye et est maintenant offert au public ; après des essais infructueux pour implanter la viticulture, les moines adaptent leur méthode de fabrication du vin à la pomme pour en tirer un jus également offfert à l'abbaye. Aujourd'hui, le père Jacques Van Vliet, responsable des 12 000 pommiers qui composent le verger de l'abbaye – ce qui en fait le plus grand verger au Québec voué à l'autocueillette – tente de développer des méthodes écologiques qui réduisent au minimum le traitement des pommes par des procédés non naturels. Une cérémonie religieuse, appelée la bénédiction du verger, se tient encore chaque année dans le verger de l'abbaye lorsque les pommiers sont en fleur.

Il faut ensuite poursuivre sa route en direction sud jusqu'au rang Grande Caroline, qui forme une boucle avec le rang Petite Caroline, lequel vous ramène au village ; le rang Grande Caroline dévoile à son tour des vues superbes sur le rang Petite Caroline au lever du jour et sur le mont Rougemont ; sur ce rang est établie la vinaigrerie artisanale de Pierre Gingras. Entrons voir.

464, chemin de la Montagne, Rougemont.

VERGER PIERRE GINGRAS

Pierre Gingras est de la quatrième génération d'une famille de pomiculteurs établie à Rougemont depuis 1880. Lorsque Alfred Gingras plante ses premiers pommiers sur le flanc sud-est de la montagne, c'est pour ajouter aux revenus de la ferme familiale. Il faut se rappeler qu'à la fin du XIXe siècle le chemin de fer permet aux agriculteurs de la région de vendre leurs produits aux marchés de Montréal et de Québec de même qu'aux États-Unis. Joseph, de la seconde génération, agrandit le verger, mais c'est avec Wilfrid que la famille Gingras attache définitivement son nom à la pomoculture locale ; Wilfrid abandonne la production laitière pour se consacrer uniquement au travail dans les vergers.

Il cultive alors près d'une trentaine de variétés dans un verger qui compte environ 2 500 pommiers. Dès 1951, il loue un espace au marché Jean-Talon pour écouler son miel, quelques produits de l'érable, quelques légumes, ses fraises et, bien sûr, des pommes.

Pierre Gingras, 1132, rang de la Grande Caroline, Rougemont.

187, chemin Covey Hill, Hemmingford.

CIDRERIE
MICHEL JODOIN

Après la visite de la Vinaigrerie Pierre Gingras, il faut aller en direction est et emprunter, à la croisée des chemins, le rang Petite Caroline, qui pourrait presque s'appeler le rang des Jodoin puisque plusieurs membres de la famille Jodoin ont établi leurs pommeraies sur ce flanc du mont Rougemont. Le rang Petite Caroline, de même que celui de Grande Caroline, tire son nom de la fille du seigneur Pierre-Dominique Debartzch, Rosalie-Caroline, propriétaire d'une

Michel Jodoin, 1130, rang Petite Caroline, Rougemont.

partie de la seigneurie de Saint-Hyacinthe. Ce rang a été le site de la ferme modèle provinciale de Rougemont. Cette dernière devient en 1935 la propriété des missionnaires oblats de Marie-Immaculée (aujourd'hui le verger Bel Horizon) qui s'adonnent aussi à la culture des pommes.

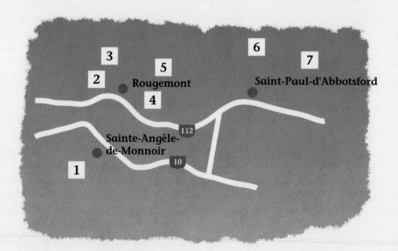

LA ROUTE
DES CIDRES

1. Cidrerie Léo Boutin
2. Vignoble De Lavoie Poitevin
3. Cidrerie D.R. Alix
4. Cidrerie du Village
5. Cidrerie Michel Jodoin
6. Les Artisans du Terroir
7. Cidrerie Coteau Saint-Jacques

C'est donc dans ce noyau pomicole qu'en 1901 Jean-Baptiste Jodoin achète un verger d'une centaine de pommiers aux enchères du dimanche sur le parvis de l'église. Quatre générations plus tard, Michel Jodoin acquiert, en 1980, le verger familial qui compte 4 500 pommiers. Michel Jodoin se lance dans la production artisanale du cidre et réussit à lui redonner ses lettres de noblesse. Plus récemment, il innove en mettant sur le marché une eau-de-vie de pomme distillée, Le Calvajo, un brandy vieilli en fût de chêne. Puis, au printemps 2002, il met sur le marché deux autres alcools de pomme, Pom de vie et Fine Caroline.

Ces deux derniers produits sont offerts uniquement dans les magasins de la Société des alcools. Aujourd'hui, les 4 500 pommiers de Michel Jodoin suffisent à peine à sa production de cidre, qui atteint les 130 000 bouteilles alors qu'environ 25 000 visiteurs défilent annuellement dans sa cidrerie de Rougemont. Vous voulez en savoir plus sur le cidre, sachez que la Cidrerie artisanale Coteau Saint-Jacques, de Saint-Paul-d'Abbotsford, et la Cidrerie du Minot, à Hemmingford, ont un espace réservé à l'histoire du cidre au Québec.

Sur le site de la Cidrerie Michel Jodoin, il ne faut pas hésiter à escalader la montagne puisqu'un sentier pédestre y a été aménagé qui, au fil de son parcours, livre la plaine montérégienne dans toute son étendue. C'est presque la seule occasion de le faire, puisque le mont Rougemont n'offre aucune zone protégée ou parc public ; le mont est plutôt découpé en plus de 200 parcelles réparties entre les mains de nombreux propriétaires. D'un diamètre d'environ cinq kilomètres, le mont Rougemont, dans sa partie la plus élevée, atteint les 390 mètres d'altitude ; c'est « le sommet de la Croix », qui est un point de repère régional la nuit tombée, puisqu'une croix illuminée surplombe la montagne. Dans cette masse, sortie de l'écorce terrestre comme un gros champignon, se cachent deux petits lacs : le lac des Pères et le lac Saint-Damase.

Cidrerie Coteau Saint-Jacques, 990, rang Saint-Charles, Saint-Paul-d'Abbotsford.

LA MONTAGNE À SAINT-PAUL

Rang de la Montagne, Saint-Paul-d'Abbotsford.

Non loin de Rougemont, à une dizaine de kilomètres environ au sud-est, se détache de l'horizon Saint-Paul-d'Abbotsford, objet de notre second circuit. Adossé aux versants du mont Yamaska, ce circuit épouse la forme d'un fer à cheval venant s'arc-bouter dans sa partie est et ouest à la route 112. Un petit marché public, celui de la famille Breton qui a pignon sur rue depuis 1958, sert de point de repère sur la route 112; le chemin des Anglais,

appelé aussi rang de la Montagne, débute à cet endroit. Il se prolonge en direction nord et devient le rang du Haut-de-la-Rivière-du-Sud, en bordure duquel un hameau, le hameau d'Émileville, s'est élevé; ensuite, le Grand-Rang-Saint-Charles vous ramène à la route 112. L'intérêt de ce circuit est qu'il nous plonge dans les racines de la pomoculture au Québec en plus de nous mettre sous les yeux de beaux bâtiments patrimoniaux. «La montagne à Saint-Paul», comme on la désigne localement, est la plus élevée des cinq collines montérégiennes avec une altitude de 410 mètres (1 345 pieds), dépassant en cela le mont Saint-Hilaire d'une douzaine de mètres.

Rang de la Montagne, Saint-Paul-d'Abbotsford.

En parcourant le rang de la Montagne, on observera une concentration d'érables à sucre à mi-pente de la montagne ; dans les bas-versants, ce sont plutôt les pommiers qui occupent les lieux. Et c'est sur les flancs du mont Yamaska que les loyalistes qui traversaient la frontière ont implanté leurs premiers vergers dès 1812 ; c'est aussi sur l'un des vergers

Rang de la Montagne, Saint-Paul-d'Abbotsford.

qui bordent notre itinéraire que l'on développera, à compter de 1826, trois variétés de pommes qui se répandront dans à peu près tous les vergers du Québec, soit La Fameuse, La Pomme Grise et La Bourassa. En 1857, N.C. Fisk, sur le rang du même nom, établit la première pépinière commerciale. Déjà à cette époque, les pommes de Saint-Paul-d'Abbotsford sont transportées par des bœufs à travers bois jusqu'à Saint-Pie-de-Bagot et, par la suite, par bateau jusqu'à Saint-Hyacinthe.

AUX ENVIRONS D'ABBOTSFORD

L'architecture domestique et les petites églises qui bordent le parcours rappellent la présence des loyalistes dans la région ; la Société de pomologie et de culture des fruits de la province de Québec voit d'ailleurs le jour dans l'église méthodiste de Saint-Paul-d'Abbotsford en 1894.

1. Marché Breton
2. Les Artisans du Terroir
3. Cidrerie Coteau Saint-Jacques

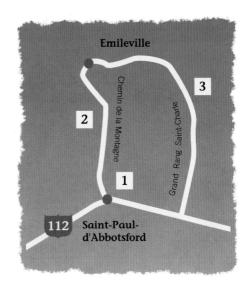

LES ARTISANS DU TERROIR

Depuis 1997, la viticulture a fait ses premiers pas sur les versants du mont Yamaska; c'est en bordure du rang de la Montagne que l'on trouve le vignoble Les Artisans du Terroir. Cette ferme familiale, pomicole à ses origines, expérimente pas moins d'une vingtaine de cépages différents en plus d'offrir une gamme diversifiée de produits du terroir (confitures et gelées de fruits aux parfums de cassis, de prune, de groseille à maquereau,

Céline Guertin, Les Artisans du Terroir.

de pomme, de mûre). Et, particularité de ce vignoble, on y récolte aussi du raisin de table, du bleu et du rouge, mûr entre la mi-septembre et la mi-octobre. «C'est un peu comme le vin. On ne trouvera pas un vin français dans les bouteilles québécoises. C'est ça le terroir, des goûts qu'on découvre et qu'on apprécie. Il ne faut pas chercher dans notre raisin le goût du raisin de l'épicerie ou celui de l'Ontario», précise Réjean Guertin, du vignoble Les Artisans du Terroir.

Et en parcourant le rang de la Montagne, ne vous surprenez pas de voir s'élancer, du haut du mont Yamaska, des deltaplanes qui, comme de grands oiseaux multicolores, se détachent de la colline pour venir se poser en bordure de la route. Avant de quitter Saint-Paul-d'Abbotsford, vous pouvez faire un dernier arrêt pour saluer la famille Choquette qui, depuis plus de 50 ans, se spécialise dans l'élevage du dindon mais qui, en plus, a ceci de particulier : la famille Choquette élève ses dindes, les abat elle-même et les vend au grand public, sur place, sans aucun intermédiaire.

Boutique, Les Artisans du Terroir, 1150, rang de la Montagne, Saint-Paul-d'Abbotsford.

LA CERISE DE TERRE ET SES ARTISANS

Baptisée « la liqueur des vieux garçons », la cerise de terre a conduit trois artisans à transformer ce petit fruit pour en produire différentes liqueurs : ce sont les producteurs de la Passion Dorée de Saint-Pie-de-Bagot, du Domaine des Petits Fruits de Saint-Athanase, et de la Ferme Granger et Fils de Saint-Jean-sur-Richelieu. Cinq variétés de cerises de terre sont cultivées au Québec : l'alkékenge qui a un léger goût de miel, la péruvienne, plus citronnée mais aussi plus raffinée, la prunosa, la tomatio

Ferme Louis Hébert, 978, chemin Quatrième Ligne, Saint-Valentin.

originaire du Mexique et la lanterne chinoise. À partir de son terroir, de son savoir-faire, et en exploitant l'une ou l'autre de ces variétés de cerise de terre, chaque producteur met donc sur le marché des liqueurs d'un goût différent que les Français découvrent avec joie. Manon Hallé, de Passion Dorée, rappelle que chez les gens d'une certaine génération la cerise de terre traîne encore cette mauvaise réputation d'être un poison.

Cette plante annuelle buissonnante est un couvre-sol à maturité ; les petits fruits, jaune-orangé et sucrés, ont un léger goût d'ananas et sont généralement cueillis à partir de la mi-juillet ; ils sont recouverts d'une enveloppe qui devient bronze clair à maturité, puis tombent au sol. On l'utilise également pour en faire de la confiture et de la gelée. Denis Gamache, propriétaire du Domaine des

Domaine des Petits Fruits, 101, 4ᵉ Rang Sud, Saint-Athanase.

Petits Fruits à Saint-Athanase d'Iberville, cultive depuis plusieurs années la cerise de terre. Déjà intégrée à la confection de muffins et de chocolat, elle a donné naissance, en 1997, à l'Amour en Cage : après la floraison, le calice de l'alkékenge croît en forme de cœur entourant les cerises.

Denis Gamache, Domaine des Petits Fruits.

RUCHERS
RICHARD PARADIS

Richard Paradis, de Sainte-Rosalie, confirme l'intérêt de la famille Paradis pour l'apiculture ; Basile Paradis, son ancêtre, a amorcé le mouvement au XIXe siècle. Richard Paradis est de la sixième génération et son fils est déjà aux commandes pour que le miel coule sur la septième génération. Avec ses 500 ruches, le même nombre qu'il y a vingt ans, Richard Paradis maintient, au fil des ans, sa production fier de traverser les nombreuses crises que l'apiculture a affrontées et, à son dire, affrontera encore pro-bablement. À côté « d'entreprises industrielles ou d'emballeurs qui mettent du miel dans les pots sans se soucier de la qualité et du consommateur », explique Richard Paradis, il préfère offrir un miel né de son expérience et de son savoir-faire ; dans sa miellerie, tout se fait à la main, même

la mise en pot et l'étiquetage ; sa petite boutique de vente aménagée dans le sous-sol de sa maison n'est ouverte qu'aux groupes ou à quelques habitués. Richard Paradis commercialise principalement trois miels : fleurs printanières, trèfle (été) et fleurs sauvages (automne) ; il sait distinguer les goûts des fleurs pour mettre sous le couvercle le meilleur de ce que l'abeille lui offre.

Richard Paradis, 2645, rue Guy, Sainte-Rosalie.

LE PAVILLON
RUBAN BLEU

Denise Poirier-Rivard est connue de tous les éleveurs de chèvres du Québec. Elle a été notamment présidente du Syndicat provincial des producteurs de chèvre. On pourrait dire aussi qu'elle a été l'heureux trait d'union entre une tradition fromagère qui se perdait et une production qui ne demandait qu'à renaître. Comme bien d'autres de sa génération, elle a entendu l'appel de la campagne en 1981 et s'est alors installée à Saint-Isidore-de-Laprairie, où elle a acquis un troupeau de chèvres; elle a été ainsi l'une des premières femmes à obtenir une carte d'agricultrice au Québec. Désireuse de fabriquer un fromage de chèvre, elle suit une formation chez les moniales bénédictines de Mont-Laurier qui en fabriquent depuis plusieurs années. En 1986, elle obtient un permis de transformation du lait de chèvre et, l'année suivante, elle ouvre sa ferme au grand public.

Jean-Paul Rivard, Pavillon Ruban Bleu.

Rang de la Rivière-Nord, Saint-Jean-Baptiste-de-Rouville.

Étroitement mêlée au syndicalisme agricole, Denise Poirier-Rivard reçoit en 2000 une médaille d'argent de l'Ordre du mérite agricole en plus de remporter le trophée de Pionnière en agro-tourisme décerné par l'UPA. Elle fabrique avec le lait de son troupeau, composé de 70 chèvres pur-sang Toggenburg, plus de vingt fromages différents. Depuis 1998, la ferme est dotée d'un centre d'interprétation de la chèvre : le public peut y voir toute l'évolution de la chèvre, de sa naissance jusqu'à l'âge où elle produit du lait, ainsi que l'histoire de la création du fromage, profiter d'une visite commentée, s'offrir une dégustation de fromage de chèvre avec des vins et des bières de la région ou encore visiter la boutique cadeaux.

Colombe Ménard, Carl Pelletier,
chocolaterie Colombe,
116, rang Casimir, L'Ange-Gardien.

À Saint-Antoine-Abbé et dans les municipalités environnantes, la Boulangerie Chartrand est connue de tous les résidents Et pour cause. Lorsque Arthur Chartrand acquiert la boulangerie actuelle, en 1914, il pétrit son pain à l'aurore avant de le distribuer à voiture à cheval durant la journée. Il fabrique du pain mais aussi des gâteaux pour les grandes occasions. Son pain, Arthur Chartrand le fait lever dans l'un des rares fours en pierre en opération au Québec et qui date de 1861. Son fils Gérard, initié à ce noble métier, ajoute aux recettes de son père la fabrication de biscuits. Depuis quelques années, Bernard Chartrand, troisième génération de boulangers de la famille, et sa conjointe Lyne Lavallée multiplient les variétés de pain. Désormais, la Boulangerie Chartrand est devenue un arrêt obligatoire pour de nombreux visiteurs qui se rendent dans ce coin de la Montérégie.

Mmmm!

Boulangerie Chartrand

Bernard Chartrand,
2563, Route 209, Saint-Antoine-Abbé.

Église Trinity Church, route 202, Havelock.

LA FACE CACHÉE
DE LA POMME

«Je pense que le cidre de glace est appelé à prendre la relève ou à compléter la mission du sirop d'érable : c'est un produit du terroir typiquement québécois. » François Pouliot est propriétaire de la cidrerie La Face Cachée de la Pomme située à Hemmingford. Mais comment fabrique-t-on le cidre de glace ? Deux méthodes de fabrication sont pratiquées selon la saison de la récolte. Dans la première méthode, des pommes gelées sont cueillies directement sur l'arbre entre Noël et la fin janvier, alors que les températures sont généralement inférieures à –20 °C. C'est la cueillette blanche.

Les pommes cueillies sont ratatinées puisqu'elles sont déshydratées, conséquence de l'alternance du gel et du dégel. À l'intérieur il ne reste presque uniquement que du sucre, c'est pourquoi elle est beaucoup plus petite. Les pommes cueillies sont conservées à l'extérieur jusqu'au moment du pressage. Le concentré est extrait des pommes par un processus naturel avant la fermentation. Ni sucre ni additif ne sont ajoutés au cidre de glace. Il faudra une période de fermentation d'environ huit mois avant que le jus de pomme atteigne un taux de 12,5 % d'alcool. Cinquante pommes sont généralement nécessaires pour produire un demi-litre de Frimas, le cidre de glace de luxe de La Face Cachée de la Pomme. Selon la seconde méthode, la cueillette est plus hâtive ; elle se fait à la fin de l'automne, ce qui oblige à réfrigérer les pommes. Ces dernières sont pressées en décembre et le jus obtenu est placé dans de grandes cuves, à l'extérieur, pour qu'il gèle. On obtient alors Neige, l'autre cidre de glace, embouteillé en plus grande quantité.

Yves Desrosiers, Laiterie-fromagerie Bord-des-Rosiers.

DU CÔTÉ DE SOREL

À l'extrémité nord de la Montérégie, avoisinant la région périphérique de Sorel, Saint-Aimé est un petit village ancré en bordure de la rivière Yamaska. C'est là, sur le rang du Bord-de-l'Eau, que se trouve la Laiterie-fromagerie Bord des Rosiers. André et Yves Desrosiers possèdent une ferme laitière d'une centaine de bêtes et ils ont décidé de consacrer une partie de leur énergie à la mise sur pied d'une fromagerie-laiterie, qu'ils ont ouverte en 1999. Leur fromager, Réal Saint-Arneault, fabrique un fromage de type arabe ainsi que le Braisé, qui a le mérite de cuire dans la poêle sans fondre et qui est un véritable régal.

Derrière le fromager, bien appuyé par la famille Desrosiers, se cache le désir de faire autrement et mieux ; la Ferme Bord-des-Rosiers a entrepris le virage biologique et porte une attention particulière à la nourriture des vaches : le soya biologique compte pour 65 % de leur alimentation ; de là découle le Lait d'Antan, pasteurisé à basse température mais non homogénéisé. Réal Saint-Arneault est formel : « Il faut produire un lait cru qui va redonner ses vrais qualités au lait. » C'est le défi des prochaines années, non pas de le produire, mais de le mettre en marché en remettant en question des normes déjà bien établies.

201, rang du Bord-de-l'Eau, Massueville.

Après avoir fait provision de fromage à la Ferme Bord-des-Rosiers, nous vous suggérons d'emprunter le rang du Bord-de-l'Eau en direction nord ; vous y croiserez notamment le gîte L'Ensorcelaine bien installé dans un décor enchanteur et plusieurs autres fermes qui embellissent le paysage rural jusqu'à Yamaska. À Yamaska, vous pourrez vous arrêter à l'Érablière biologique Beauvan, sur le rang Châtillon, avant de revenir sur la rive opposée en empruntant le rang Saint-Charles pour finalement arrêter votre course dans le village de Massueville. Là se trouve la place de l'église avec son ancienne école, son ancien presbytère et plusieurs maisons à caractère patrimonial rattachées à un magnifique parc boisé. Ce carré public fut acquis du seigneur Massue lors de l'érection de la paroisse en 1834. Ce circuit est aussi fort agréable à bicyclette.

187, chemin Covey Hill, Hemmingford.

LES ARRÊTS

LES ARRÊTS
AGROTOURISTIQUES

1. Sucrerie de la Montagne *(produits de l'érable, Rigaud)*

2. Les Huiles naturelles d'Amérique *(huile, Les Cèdres)*

3. Boulangerie Chartrand *(pain, Saint-Antoine-Abbé)*

4. Vergers écologiques Phillion *(jus de pomme, Hemmingford)*

5. Vignoble Morou *(vin, Napierville)*

6. Fromagerie au Gré des Champs *(fromage, Saint-Athanase)*

7. Vinaigrerie Pierre Gingras *(vinaigre, Rougemont)*

8. Chocolaterie Colombe *(chocolat, L'Ange-Gardien)*

9. Cidrerie Coteau Saint-Jacques *(cidre, Saint-Paul-d'Abbotsford)*

10. Ruchers Richard Paradis *(miel, Sainte-Rosalie)*

Consulter les Bonnes adresses ou le site www.upa.qc.ca
pour un inventaire complet des produits de la région.

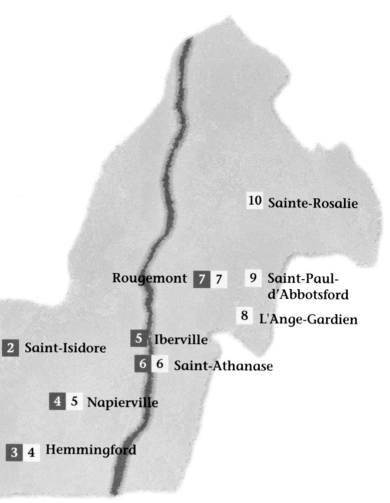

10 Sainte-Rosalie

1 Rigaud

Rougemont 7 7   9 Saint-Paul-
d'Abbotsford

8 L'Ange-Gardien

2 Les Cèdres

5 Iberville

2 Saint-Isidore

6 6 Saint-Athanase

4 5 Napierville

int-Antoine-Abbé 3 1

3 4 Hemmingford

Vignoble Le Royer-Saint-Pierre, Napierville.

NOS COUPS DE CŒUR

1. Hydromellerie les vins Mustier Gerzer
   (hydromel, Saint-Antoine-Abbé)

2. Fromagerie Ruban Bleu *(fromage, Saint-Isidore)*

3. La Face Cachée de la Pomme *(cidre, Hemmingford)*

4. Vignoble Le Royer-Saint-Pierre *(vin, Napierville)*

5. Vignoble Dietrich Joss *(vin, Iberville)*

6. Domaine des Petits Fruits *(liqueur de cerise
   de terre, Saint-Athanase)*

7. Cidrerie Michel Jodoin *(cidre, Rougemont)*

DES MOTS DANS MON ASSIETTE
MORCEAUX D'UNE LITTÉRATURE DU TERROIR

Le terroir a aussi marqué notre littérature. Pendant plus de cent ans, la littérature du terroir réunira romanciers et poètes autour des mêmes thèmes définissant le peuple canadien-français, c'est-à-dire la race, la religion et l'agriculture. Entre 1837 et 1945, une soixantaine de titres s'identifient à cette littérature du terroir. Et, dans chacun de ces écrits, un propos récurrent : on valorise la vie paysanne, supérieure à toutes les autres, en étalant les dangers associés à la ville et à l'industrialisation ou, pis encore, à l'exil aux États-Unis. L'avenir de la race est étroitement lié à la famille et à la présence du paysan dans les campagnes québécoises. Quelques titres évocateurs rappelleront à plusieurs d'entre vous des souvenirs de ce courant littéraire : *La Scouine* (Albert Laberge, 1903), *Restons chez nous* (Damase Potvin, 1908), *Maria Chapdelaine* (Louis Hémon, 1913), *L'Appel de la race* (Lionel Groulx, 1918), *Un homme et son péché* (Claude-Henri Grignon, 1933), *Menaud, maître-draveur* (Félix-Antoine Savard, 1937), *Trente arpents* (Ringuet, 1938), *Le Survenant* (Germaine Guèvremont, 1945) « Hors de la terre, point de salut ! » résume bien l'esprit qui animait poètes et romanciers du terroir.

Voici quelques extraits de cette littérature du terroir : « Comme son oncle, comme ses pères, comme tous les siens, il était heureux de ce bonheur tiède des gens qui ne s'interrogent point, qui connaissent la futilité de tout geste qui n'est pas utile, de toute pensée qui n'engendre pas un acte. Il disait souvent : « Laisse-toi mener par la terre, mon gars, elle te mènera p'têt' pas ben loin ; mais en tout cas, tu sais ous'que tu vas. » Ou encore. « Y a deux choses de plus connaissantes que nous autres dans le monde : le curé, pis la terre. » Et c'est ainsi qu'Euchariste Moisan, solidement enraciné à ses trente arpents de glèbe laurentienne, cheminait vers la vieillesse et la mort placide des gens de terre, sûr que, lui tombé, il resterait toujours un Moisan sur cette glèbe ; toujours. Au moins un. » *Trente arpents*, Ringuet

« Tout cela rappelait que les pères avaient été, d'un océan à l'autre, et même dans tous les périls, les plus gais des hommes, les fidèles échos de ce monde sonore, les amants passionnés de cette nature aux belles images sans cesse renouvelées, à laquelle, tous, dans la plaine, sur la rivière ou la montagne, dans la neige ou les jouailleries du printemps, ils avaient chanté une chanson d'amour et un hymne de liberté. Personne ne parlait plus de drave maintenant. La danse allait, légère, sur la pointe des pieds, comme pour un envol, et vêtue de feu. Délivrés, inlassables, ils exprimaient, chacun, sa vie propre. Ils révélaient par les bras, les pieds, les yeux, les cris poussés dans la frénésie des cadences, ce qu'ils avaient reçu du passé et appris par eux-mêmes ; ils animaient d'une sorte de lyrisme sauvage tout ce décor de misère. » *Menaud, maître-draveur*, Félix-Antoine-Savard

« Nous sommes venus il y a trois cents ans, et nous sommes restés... ceux qui nous ont menés ici pourraient revenir parmi nous sans amertume et sans chagrin, car s'il est vrai que nous n'ayons guère appris, assurément nous n'avons rien oublié. Nous avions apporté d'outre-mer nos prières et nos chansons : elles sont toujours les mêmes. Nous avions emporté dans nos poitrines le cœur des hommes de notre pays, vaillant et vif, aussi prompt à la pitié qu'au rire, le cœur le plus humain de tous les cœurs humains : il n'a pas changé.

Nous avons marqué un pan de continent

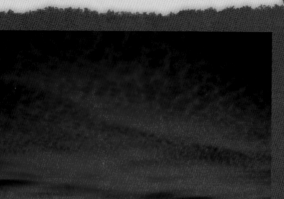

nouveau, de Gaspé à Montréal, de Saint-Jean-D'Iberville à l'Ungava, en disant : ici toutes les choses que nous avons apportées avec nous, notre culte, notre langue, nos vertus et jusqu'à nos faiblesses deviennent des choses sacrées, intangibles et qui demeureront jusqu'à la fin.... » *Maria Chapdelaine*, Louis Hémon

Quoiqu'il en soit, le terroir, l'agriculture demeurent présents dans notre littérature contemporaine. D'autres extraits qui donnent une tout autre robe au terroir. « Adieu, mon petit traîneau, mes mitaines, mes cheveux noirs, ma voix de gavroche, la barrière, maman, les cloches de l'église, la beurrée de pain chaud, le morceau de sucre du pays ! Mon enfance était morte comme le loup du frère Adjutor. » *Pieds nus dans l'aube*, Félix Leclerc

«Dans les vieux comtés, où règne l'habitant casanier et chatouilleux sur la propriété, on ne partagera jamais avec ses voisins d'autre bétail que les oiseaux du ciel. À Saint-Yvon, il n'en va pas de même; on subit l'influence de la mer, qui est à tous et chacun [...] Ces derniers [les cochons] restent dehors durant tout l'hiver. On prétend que ça les dégourdit. Ils errent autour des maisons, impudents et familiers, en quête de déchets. Par les jours ensoleillés, ils se divisent en truies et en verrats, mais c'est pour mieux se rapprocher; ils s'en donnent alors à cœur joie, sans aucune retenue, comme de vrais cochons. Un passant survient-il, ils enfilent derrière lui sans attendre d'invitation. Tombe-t-il une bordée, ce sont eux qui tracent des sentiers dans la neige fraîche.

7

Tels sont les cochons de Saint-Yvon, au demeurant fabricants de lard comme leurs confrères des vieux comtés et criant aussi haut leur déplaisir quand vient l'heure de le livrer.» *Une fâcheuse compagnie*, Contes, Jacques Ferron. «Sur nos tables de bois précieux tous les fruits semblent possibles, dans l'osier des corbeilles tous les vins probables, car le siècle se réjouit de nos paroles et ne connaît pas la mesure de nos silences.» *Toutes Isles, La faim est une nourriture*, Pierre Perrault.

1. Vue de Leclercville.
2. Avenue des Perron, Laval.
3. Île Dupas.
4. Jean-Denis Morin, Saint-Martin-de-Beauce.
5. Rang Bois-Francs, Issoudun.
6. Chemin du Bas-de-la-Paroisse, Beauceville.
7. Rang Saint-Laurent, Baie-Saint-Paul.

OUTAOUAIS

DES COLLINES HABITÉES
PAR L'AGRICULTURE

743, Notre-Dame, Montebello.

Paysage de Sainte-Angélique-de-Papineauville.

DES COLLINES NOURRICIÈRES

L'agrotourisme en Outaouais est une préoccupation récente et, selon les coins de pays que l'on parcourt son développement est plus ou moins affirmé. La physionomie agricole outaouaise se tresse autour de trois axes principaux : le secteur de Pontiac, les environs de Gatineau et le secteur de la Petite Nation. Le secteur de Pontiac regroupe un ensemble de fermes qui ont comme point d'appui la rivière Outaouais et qui se succèdent le long de la route 148. De Breckenbridge, au nord d'Aylmer, à Fort-Coulonge l'activité agricole pénètre peu vers l'intérieur à cause notamment du relief et de la nature des sols. Les fermes de ce secteur offrent les plus beaux paysages agricoles de l'Outaouais. Les environs de Gatineau regroupent un territoire beaucoup plus urbain avec les anciennes agglomérations de Aylmer, de Hull, de Gatineau et de Buckingham où l'agrotourisme n'est malgré tout pas en reste. Le troisième axe, à l'extrémité est, est celui des affluents (Petite Nation, Lièvre, Gatineau, Blanche, Rouge) qui, à mesure que l'on progresse vers le nord, s'enfoncent vers l'intérieur au détriment de la fertilité des sols ; c'est la région comprise entre Fasset, village voisin de Montebello, et Buckingham.

Cyndy Duncan, 872, chemin de la Rivière, Wakefield.

On pourrait presque ajouter en arrière-plan une quatrième zone, celle définie par le Bouclier canadien avec ses soubresauts qui laissent peu de chances à l'agriculture : le relief accidenté et la forêt ont étouffé l'élevage et la culture qu'historiquement on y avait implantés ; c'est la région située au nord du lac Simon comprenant notamment les municipalités de Duhamel, Saint-Émile-de-Suffolk, Lac-des-Plages, etc. Conséquemment ce sont des activités de chasse et de pêche qui attendent le visiteur. Au total, l'agriculture ne couvre que 7 % du territoire régional. Pour les amateurs de tourisme rural, la région de l'Outaouais a conservé des joyaux du paysage traditionnel. Les collines de l'Outaouais cachent une multitude de petites fermes qui découpent le paysage de mille façons : l'alternance entre l'agriculture, la forêt et parfois le passage d'une rivière offre des attraits toujours renouvelés. Entre Saint-André-Avellin et Ripon ou entre Chénéville et Papineauville, une succession de vallées séduisent : de petits monts aux formes érodées et colonisées par des champs, des fermes et des haies défilent tranquillement dans une lumière qui semble venue d'un autre siècle.

LA RÉGION DE PONTIAC

La région de Pontiac fait bande à part en ce qui a trait à la mise en valeur de ses produits du terroir. Si nous étions en France, nous dirions que c'est un pays dans le pays. En fait, de Breckenridge (au nord-ouest d'Aylmer) à l'Île-aux-Allumettes (extrémité nord de Pontiac), les petites fabriques artisanales sont inexistantes. Apportons tout de suite une nuance : on croise bien ici et là, mais c'est l'exception, quelques produits maison conventionnels (tartes, muffins, carrés aux dattes) à la petite épicerie du coin ou au dépanneur. C'est le cas par exemple de ceux de Waltham et de Campbell's Bay.

Chemin Radford, Shawville.

Concession Sept, Shawville.

Rang Saint-André, Saint-André-Avellin.

Au marché public de Shawville, les produits d'artisanat sont plus populaires que les denrées alimentaires ; ce petit marché, ouvert uniquement le samedi matin, permet à quelques agriculteurs et agricultrices de venir offrir leurs tartes, muffins et confitures, et c'est tout. Comment expliquer cette absence, sinon cet effacement, de fabrication et de mise en valeur de produits locaux et régionaux ? Car, en contrepartie, la région de Pontiac a de beaux atouts pour inciter les touristes à y faire escale.

La région est plutôt favorisée par la qualité de ses paysages ruraux : établissements de ferme attrayants installés dans des décors souvent vallonnés, maisons de brique à l'architecture élaborée, petites églises qui nichent ici et là au coin d'un champ ; piste cyclable PPJ (Ponctiac Pacific Jonction), qui erre dans les champs et villages où l'on trouve probablement la plus grande quantité de drapeaux du Canada, au kilomètre carré, de tout le Québec rural. Pourquoi, les produits régionaux n'y ont-ils pas pris racine ? Une première explication est dans le profil de l'agriculture de Pontiac : l'élevage des bœufs de boucherie occupe environ 850 éleveurs, concentrés principalement dans le secteur de Shawville, Quyon et Onslow, ce qui fait de l'Outaouais la région où la production de veaux d'embouche est la plus importante du Québec. Les éleveurs possèdent une longue tradition et des parcs d'engraissement de plus de 1 000 têtes. Par ailleurs, le tourisme y est plutôt discret, s'arrêtant à Hull-Ottawa et négligeant de monter vers le nord ; par conséquent, la gastronomie locale est celle définie par les grandes chaînes d'alimentation, sans souci véritable pour les produits du terroir provenant des autres régions du Québec. L'origine culturelle de ses habitants et la proximité de l'Ontario y est peut-être aussi pour quelque chose.

Chemin Church, Île-aux-Allumettes.

LE SECTEUR DE GATINEAU

À mesure que l'on approche de la nouvelle ville de Gatineau (Aylmer-Hull-Gatineau), le poids démographique commande une belle diversité agroalimentaire. À preuve, une fromagerie remarquable y a pignon sur rue. Comme beaucoup d'autres fromageries du Québec, La Trappe à fromage fabrique un fromage cheddar ; là où elle se distingue, c'est que ses comptoirs étalent une centaine de fromages québécois en provenance de toutes les régions. Un constat cependant, les produits

Chemin Grand-Saint-Joseph, Sainte-Angélique-de-Papineauville.

régionaux de l'Outaouais sont peu développés si ce n'est la présence de quelques boulangeries artisanales qui surgissent dans certains villages. Les terres agricoles ceinturant la grande agglomération de Gatineau semblent peu propices à l'exploitation de nouvelles avenues comme les cultures fruitière et maraîchère. À preuve, Normand Dessureau, du Vignoble de la Vallée de l'Outaouais, tente depuis plusieurs années de tirer un vin de qualité de son sol ; s'il admet une belle diversité dans l'environnement du 6e Rang, où une multitude d'insectes prédateurs lui permettent d'exclure pesticides et insecticides, en revanche les sols argileux lui causent quelques problèmes ; de la quarantaine de variétés de cépages expérimentés depuis six ou sept ans sur son vignoble, seules deux variétés présentent un certain intérêt ; c'est pourquoi, soucieux de produire un vin de qualité, il ne prévoit pas offrir son vin au public avant quelques années.

La Trappe à Fromage, Gatineau.

Normand Dessureau,
Vignoble de la
Vallée de l'Outaouais.

Route 366, Cantley.

Un autre élément de surprise est le profil acéricole de l'Outaouais : sur les millions d'entailles recensées en Outaouais, à peine 5 % des érablières sont exploitées et elles font toutes de la production conventionnelle (sirop, tire, sucre). Une seule exception : Formidérable est une petite entreprise appartenant à Joanne Lévesque et Alain Charette. Ces derniers ont mis au point des combinaisons de saveurs uniques qui renversent les idées reçues : truffes, pacanes au massepain, meringues, vinaigrette, moutarde et tartinade sont désormais associés aux produits de l'érable. L'entreprise est née en février 1998 à Old Chelsea, dans un café-boutique situé près du parc de la Gatineau. Après deux ans, la petite maison historique ne convenait plus, et Formidérable déménageait à Gatineau. De là, Formidérable entreprend désormais de faire connaître ses délices de par le monde.

1836, chemin Buckingham, Buckingham.

Wakefield a conservé son vieux moulin à farine transformé aujourd'hui en hôtel sur un site pittoresque ; on y trouve aussi les Produits Jamboree, spécialisés dans la fabrication de gelées et de confitures. Toujours à Wakefield, petit village touristique fort achalandé, on a aménagé un kiosque à l'entrée du village et un autre à la sortie, où les producteurs de fraises locaux sont mis en évidence ; on note aussi la présence de quelques producteurs de miel (sur le chemin de la Beurrerie et le chemin du lac Bernard à La Pêche de même qu'à L'Ange-Gardien). Les fraisières de Cantley, Notre-Dame-de-la-Salette et L'Ange-Gardien répondent uniquement pour le moment à des besoins d'autocueillette.

Un peu plus à l'est, Buckingham, qui avait autrefois son marché public, a bien de la difficulté à attirer des agriculteurs en ses murs. C'est dans un tout autre créneau que nous avons croisé sur notre route deux personnes qui viennent redorer le blason de la fabrication artisanale dans ce pays de l'Outaouais : la Boucanerie Chelsea et Au Grenier de la Nature.

Produits Jamboree,
817, chemin
Riverside, Wakefield.

BOUCANERIE
CHELSEA

Bien connu des Amérindiens, le fumage de la viande est, à l'origine, d'une simplicité élémentaire : un peu de sel, un feu de bois et un peu de temps. Par la suite, la technique du fumage est devenue plus sophistiquée : dans un premier temps, on a substitué le gros sel ordinaire par le sel d'eau, appelé saumure. Puis, en variant les essences de bois, on a fait « coller » des odeurs plus marquées au poisson fumé. Lorsque Jean De La Durantaye et Ginette Levasseur font l'acquisition de la Boucanerie Chelsea en 1991, ils ignorent tout des techniques de fumage. Onze ans plus tard, les produits de la boucanerie se retrouvent sur la table de restaurants réputés. Que s'est-il passé en onze ans pour que la Boucanerie Chelsea atteigne de tels sommets de qualité ? Jean De La Durantaye a une explication, une seule : « J'aime mon métier, j'adore cela. » S'il reconnaît avoir hérité du savoir de la famille Larouche, qui avait ouvert la boucanerie au début des années 1970, il a aussi mené ses propres expériences en compagnie de sa conjointe et de ses enfants Sandra et Jean junior, qui assurent la relève à petits pas.

Les produits de la Boucanerie Chelsea ne sont offerts que dans la région de l'Outaouais et c'est un choix de la famille De La Durantaye : « Je veux rester artisanal et offrir un produit de qualité en contrôlant toutes les étapes », affirme Jean De La Durantaye. La spécialité de la maison est le saumon fumé, mais il y a aussi l'esturgeon canadien fumé à chaud pendant vingt-quatre heures au bran de scie d'érable, ce qui donne au poisson une saveur qui s'apparente à celle du jambon. À la Boucanerie Chelsea, on fume environ 3 000 livres d'esturgeon par année, esturgeon qui provient en bonne partie de la rivière des Outaouais.

Jean De La Durantaye, Boucanerie Chelsea.

LE GRENIER DE LA NATURE

En quittant Chelsea, il faut emprunter l'autoroute jusqu'à Buckingham puis aller vers le nord en direction de L'Ange-Gardien, quelques kilomètres seulement à parcourir, afin de rencontrer Leïla Lessard au Grenier de la Nature. Leïla Lessard est une passionnée et, attention! car sa passion est communicative. Fière de ses origines abénaquises, elle fait de la

Leila Lessard, Au Grenier de la Nature.

forêt son garde-manger : gelée de menthe sauvage, gelée de thuya, de sapiel (miel pasteurisé aromatisé de sapin), sachets de crêpes à la farine de chou gras, biscuits au beurre et à la farine de quenouille, etc. ; elle a découvert plus de 50 farines sauvages différentes et environ 26 sortes de riz sauvage dans la forêt québécoise. « S'il arrivait une catastrophe, les gens mourraient de faim dans un garde-manger, car on ne connaît plus la forêt ; mon ambition, c'est de réensemencer le Québec ; ce qui manque le plus aux gens, c'est la passion, parce que les gens sont pris dans des moules qui éteignent la passion ; on vit dans une abondance extraordinaire et les gens recherchent la fortune », dit-elle pour résumer sa philosophie. Et de fait, en l'accompagnant dans sa forêt qui se fait, grâce à son savoir, luxuriante et nourrissante, vous goûterez des plantes

sauvages, apprécierez le café amérindien de la montagne, sans parler de ces autres plantes qui sont une véritable pharmacie nature. Le mot alimentation prend une tout autre signification une fois que vous avez parlé avec Leïla Lessard et que vous avez goûté à une toute petite partie de ses secrets.

Leila Lessard.

Route 315, Jarnac.

LA PETITE NATION

La partie la plus à l'est de l'Outaouais, communément appelée Petite Nation, s'étend entre Thurso et Fassett, au sud, et entre Duhamel et le lac des Plages, au nord. Ce territoire regroupe une kyrielle de petits villages qui nous présentent « La Petite Nation en robe des champs », slogan qui traduit bien le courant agrotouristique qui anime ce coin de pays. Dans un premier temps, de petits marchés publics, bien modestes, qui ont davantage l'allure d'un regroupement de deux, trois ou quatre kiosques d'agriculteurs, se tiennent dans certaines municipalités ; Jocelyn Lessard a son petit kiosque de fruits et légumes à Val-des-Monts et met à la disposition de ses clients des fraises et des épis de maïs ; à Montebello, il y a un marché public le samedi ; à Saint-André-Avellin, à la sortie sud, deux agriculteurs étalent les fruits de leurs récoltes. Mais à quoi faut-il s'attendre en parcourant cette région ? Tout d'abord à de forts beaux paysages, que plusieurs résidents du coin n'hésitent pas à associer à ceux de la Suisse.

Jocelyn Lessard, Route 307, Val-des-Monts.

Il est vrai que le relief valonné, la présence de nombreux ruisseaux, parfois une rivière, le va-et-vient de la forêt et de ce que nous pourrions appeler dans l'ensemble la petite agriculture, l'essaim de villages attrayants, dont Montebello est probablement le plus bel exemple, définissent un cadre de séjour fort agréable. La petite agriculture est omniprésente dans ce

Chemin de la côte Saint-Louis, Saint-André-Avellin.

secteur et s'exprime par quelques fermes traditionnelles où la construction pièce sur pièce, tant de la maison que des bâtiments, est vraiment une caractéristique locale. La forêt, jamais bien loin de la ferme, illustre bien le système agroforestier d'autrefois, typique à l'Outaouais, où l'homme travaillait l'hiver dans les chantiers et l'été sur la ferme. Quant aux fermes plus imposantes, elles sont le lot de l'industrie laitière et se concentrent plus précisément dans les municipalités de Lochaber, Saint-André-Avellin, Masson-Thurso et Sainte-Angélique. Cette situation n'est pas étrangère au fonctionnement d'une fromagerie d'envergure à Plaisance.

Rang Sainte-Julie, Saint-André-Avellin.

Depuis trois ans, La Petite Nation a inauguré sa « Route des herbes », qui regroupe sept fermes spécialisées dans la culture de fines herbes, de plantes médicinales, de petits fruits et de fleurs. En plus de visites commentées, des ateliers sont présentés. Sur cette « Route des herbes », on croise, à Notre-Dame-de-la-Paix, la

Érablière Ti-Mousse, 316 rang Saint-Charles, Papineauville.

ferme La Rosée, propriété de Robert Rivard, pionnier du biologique en Outaouais. Il cultive une trentaine de légumes différents, des fines herbes et des petits fruits sur une superficie qui dépasse à peine les quatre hectares. Bien avant Équiterre dont il fait partie, il a mis sur le marché des paniers qui fournissent à ses clients des légumes frais pendant vingt semaines. Résolument tourné vers la permaculture, il s'est donné comme mission de démontrer que la petite agriculture est viable, même si aux yeux des économistes elle n'est pas rentable. Terminez votre voyage en Outaouais par une visite à l'Érablière Ti-Mousse de Papineauville, qui a ouvert ses portes en 1987. Cette érablière présente au grand public une cuisine d'antan conçue à l'aide d'objets familiers rescapés de l'oubli.

LA ROUTE DES HERBES DE LA PETITE NATION

1. Destinée La Rose au Bois
2. L'Arbofruit
3. Les Bouquets
4. La Défriche
5. Ferme An Korriganenn
6. Ferme La Rosée
7. Tara Shanti

CLIN D'ŒIL

LES FROMAGERIES ARTISANALES DE L'OUTAOUAIS

*D*eux fabricants de fromage de chèvre, l'un à Papineauville et l'autre à Chénéville, donnent à la région de belles cartes d'entrée. Éliette Lavoie de la Ferme Floralpe a entrepris l'élevage de la chèvre à Papineauville. Après quelques années consacrées à la vente de la viande de chèvre, elle décide concurremment de produire du fromage. Elle se porte acquéreur de 60 chèvres alpines.

Récemment, après quatre ans d'effort, elle a obtenu la seule certification kascher pour le fromage de chèvre en Amérique du Nord afin notamment de répondre au marché de la communauté juive.

Puis en 2001, elle gagne le prix Catherine-Crolo, qui honore l'esprit d'entreprise d'une femme d'affaires dans le domaine de l'agroalimentaire : « Ce dont je suis le plus fière est d'avoir tenu tête à tous ceux qui croyaient que j'étais dingue de me lancer dans l'élevage de la chèvre, il y a vingt-cinq ans de cela. »

Dans la même veine, Normand Gamache et Colette Duhaime décident, au début des années 1980, de s'installer dans la région de la rivière de la Petite Nation, à deux pas du lac Simon, pour se tourner vers la fabrication de fromage maison. La Biquetterie, située entre Chénéville et Namur, est bien dissimulée à flanc de coteau. Cet ensemble agricole comprend quelques bâtiments pièce sur pièce dont on a préservé le cachet patrimonial. Les bâtiments de la fromagerie sont véritablement enfouis dans la végétation.

Les produits de la fromagerie La Biquetterie de Chénéville se classent aujourd'hui parmi les plus réputés du Québec ; plus récemment, devant la difficulté de s'approvisionner en lait de chèvre, la fromagerie s'est tournée vers la transformation du lait de vache et a baptisé les produits ainsi fabriqués du nom des villages environnants : Le Chénéville, Le Montebello et Le Montpellier.

Non loin de là, il vaut la peine d'emprunter le chemin du lac Grosleau qui fait le pont entre Ripon et la route 321. Cette route, qui chemine en bordure de la rivière de la Petite Nation, offre un paysage qui charme le visiteur : parcours sinueux, montagnes russes, agriculture montagnarde où moutons et chèvres broutent à flanc de coteau ; et, en plus, de superbes spécimens de fermes construites pièce sur pièce.

C'est sur le chemin du lac Grosleau que nous avons découvert ce qui nous semble être l'un des plus beaux ensembles agricoles de la région de l'Outaouais et qui appartient à Roger Saint-Denis et à Carole Ouellet. La disposition de la maison, de la grange-étable, des remises, de la porcherie, de la grainerie forme une véritable cour intérieure. À deux pas de là, il faut aussi faire escale à la boulangerie artisanale d'Yves Desjardins, Le Méteil, qui exploite son commerce dans le sous-sol de sa maison construite aussi pièce sur pièce.

Boulangerie Le Méteil, 114, chemin du lac Grosleau, Ripon.

Ferme Ouellet-Saint-Denis, Route 317, Ripon

À deux pas de la boulangerie Le Méteil, du côté opposé du rang, on trouve aussi la ferme La Défriche, qui offre plusieurs produits fermiers. Arrivé dans le village de Ripon, quelques kilomètres à peine vous séparent du 5e Rang et des Paniers d'Élaine Poulin. Autre belle découverte; tout d'abord le bâtiment lui-même, qui est une ancienne grange pièce sur pièce restaurée avec goût et dans laquelle Élaine Poulin présente ses produits artisanaux; elle confectionne dans la cuisine de sa maison des tartinades et des produits de

Les Paniers d'Élaine, 21, 5e Rang Nord, Ripon.

l'érable aromatisés aux petits fruits; on y trouve également des tartinades de fraises à la vanille, de prunes à l'Amaretto ou d'abricots au Grand Marnier, le tout présenté dans de fort jolis paniers.

Judith Ouellet, Les Paniers d'Élaine.

Chemin du 5ᵉ Rang, Ripon

LES ARRÊTS
AGROTOURISTIQUES

1. **Voilà Masala** *(épices, Aylmer)*

2. **Produits Jamboree** *(confitures, Wakefield)*

3. **Formidérable** *(produits fins de l'érable, Chelsea)*

4. **Alimentation La Défriche** *(légumes, Ripon)*

5. **Boulangerie Le Méteil** *(pain, Ripon)*

6. **Ferme Floralpe** *(fromage, Papineauville)*

Consulter les Bonnes adresses ou le site www.upa.qc.ca
pour un inventaire complet des produits de la région.

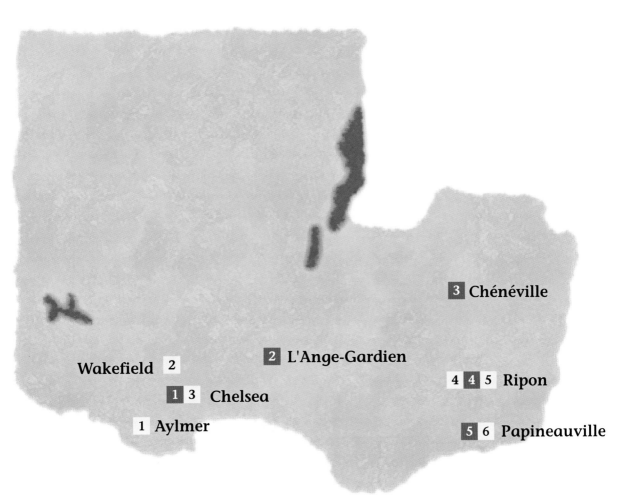

3 Chénéville

2 L'Ange-Gardien

Wakefield 2

4 4 5 Ripon

1 3 Chelsea

1 Aylmer

5 6 Papineauville

Chemin Calumet, Clarendon.

NOS COUPS DE CŒUR

1. Boucanerie Chelsea *(poisson fumé, Chelsea)*

2. Au Grenier de la Nature *(plantes sauvages, L'Ange-Gardien)*

3. La Biquetterie *(fromage, Chénéville)*

4. Les Paniers d'Élaine *(produits de l'érable, Ripon)*

5. Cabane à sucre chez Ti-Mousse *(produits de l'érable, Papineauville)*

DES MOTS DANS MON ASSIETTE
LE TERROIR EN VITRINE :
LE MUSÉE ET SES COUSINS

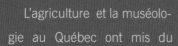

L'agriculture et la muséologie au Québec ont mis du
temps à tisser entre elles des liens serrés. Les petits musées ou centres d'interprétation que l'on
découvre chez certains agriculteurs existent depuis peu. Des débuts de la colonie jusqu'au début
du XXᵉ siècle, les préoccupations de la muséologie étaient tournées presque exclusivement vers le
grand art (peinture, sculpture) et les sciences naturelles (ornithologie, horticulture, minéralogie).
Des milliers d'objets de collection relatifs à l'art et aux sciences naturelles « s'empilent » dans les
séminaires, collèges et couvents du Québec ; par exemple, le séminaire de Sherbrooke compte
17 000 spécimens en 1875 ; le collège Saint-Laurent a une colllection de plus de 60 000 spécimens de sciences naturelles. De 1920 à 1965, on assiste à la naissance des premiers musées
d'ethnologie qui intègrent l'agriculture à leurs préoccupations.

L'un des tout premiers à s'organiser, cela se passe en 1929, est le musée Pierre-Boucher à Trois-Rivières, puis vient celui de la Société historique de Stanstead. De 1965 à 2000, le mariage entre la muséologie et l'agriculture s'épanouit sous différentes formes : d'abord, les formules muséologiques se diversifient : on parle encore de musée mais aussi de centre d'interprétation et d'économusée ; de plus, la mise en valeur du patrimoine agricole est non seulement supportée par l'État mais repose aussi sur des individus. Voyons cela d'un peu plus près.

À compter du milieu des années 1960, on assiste à la multiplication des musées d'ethnologie régionaux, qui ont à cœur d'illustrer la vie quotidienne des agriculteurs en misant sur des valeurs d'identité des collectivités : musée du Fjord à La Baie en 1968, musée régional de Rimouski en 1972, musée François-Pilote à La Pocatière en 1974, etc. Au total, ce sont près de vingt-cinq institutions qui, durant cette période, vont

aborder les questions agricoles par le biais de l'ethnologie, de l'histoire et des sciences agronomiques. Insistons cependant sur trois initiatives majeures : le Centre d'interprétation de l'agriculture et de la ruralité à Lac-à-la-Croix au Lac-Saint-Jean, ouvert par le curé Jules Lamy en 1978, et abrité dans un bâtiment tout neuf en 1997 ; en 1991, la création du Musée des Arts et Traditions populaires de Trois-Rivières repose en partie sur la collection d'objets agricoles de l'ethnologue Robert-Lionel Séguin, et enfin, tout récemment, une corporation vouée à la préservation du patrimoine agricole vivant a fait l'acquisition de l'ancienne école d'agriculture de Sainte-Croix-de-Lotbinière érigée en 1951.

Cet intérêt de la population pour la muséologie sensibilisera plusieurs agriculteurs à l'histoire de leur élevage ou de leur culture ou encore à celle de la machinerie agricole. Tellement que, depuis une quinzaine d'années, ce sont près de quarante points culturels, disséminés dans toutes les régions du Québec, que des agriculteurs ont développé (on peut consulter à cette fin le carnet les Bonnes adresses). Essentiellement, ces lieux de mise en valeur sont de trois types : le musée, le centre d'interprétation et l'économusée. Le musée, tel que développé par l'agriculteur poursuit, compte tenu des moyens financiers de celui-ci, des objectifs modestes. L'agri- culteur utilise des objets plus ou moins

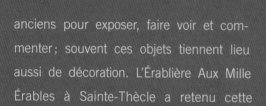

anciens pour exposer, faire voir et com- menter ; souvent ces objets tiennent lieu aussi de décoration. L'Érablière Aux Mille Érables à Sainte-Thècle a retenu cette

approche. Dans la plupart des cas, les objets exposés sont présentés selon une formule maison et se rattachent directement à l'histoire de la ferme. Le centre d'interprétation, création suisse qui se retrouve en Amérique au début des années 1920, poursuit les mêmes objectifs que le musée, mais propose, en théorie, une approche plus dynamique ; en théorie seulement puisque l'appel- lation centre d'interprétation est mal comprise par de nombreux agriculteurs qui l'utilisent à la place de musée la croyant plus attirante, plus contemporaine, comme le confiait l'un d'eux. L'interprétation suppose une interaction dynamique et divertissante entre le visiteur et l'agriculteur ; pour la susciter, on dispose d'une foule de moyens ; toutefois, pour la plupart, les agriculteurs, misent sur une bonne visite guidée divertissante.

D'autres par contre iront plus loin : vidéos, animation, marionnettes, jeux, etc. Dans cet esprit, il faut signaler quelques belles réussites : le Centre d'interprétation de la chèvre au Pavillon Ruban Bleu de Saint-Isidore-de-Laprairie, le Centre d'interprétation de l'abeille de la Ferme Lune de Miel à Stoke, ou encore le Centre d'interprétation de l'érable à Saint-Prosper en Mauricie. Quant à l'économusée, c'est un concept récent, emprunté de la France et introduit au Québec en 1992 par Cyril Simard, architecte et ethnologue. Un économusée, c'est en fait une entreprise qui utilise une technique ou un savoir-faire traditionnel, qui met en valeur les artisans et leur métier ; c'est aussi un lieu d'animation et d'interprétation de la production ; l'économusée se finance par la vente de ses produits. On dénombre près d'une trentaine d'économusées au Québec, dont sept touchant directement les produits du

terroir, soit les économusées de la farine, du fromage, du miel, de la bière, de la pomme, de la vigne et du vin, et des boissons alcoolisées à l'érable. Des lieux d'interprétation où la qualité et le savoir-faire de l'artisan sont au rendez-vous.

1. Fêtes de la Nouvelle-France, Québec.
2. Seigneurie des Aulnaies, La Pocatière.
3. Centre d'interprétation de l'Érable, Saint-Prosper.
4. Économusée de la vigne, L'Orpailleur, Dunham.
5. Musée de l'Abeille, marché du Vieux-Port, Québec.
6. Musée de l'Érable, L'En-Tailleur, Saint-Pierre.
7. Musée de l'Érable, L'En-Tailleur, Saint-Pierre.
8. Économusée du fromage, Laiterie Charlevoix, Baie-Saint-Paul.
9. Centre d'interprétation de l'Érablière, Saint-Ubalde.

QUÉBEC

DES VILLAGES MOULÉS
DANS LA TRADITION AGRICOLE

Moulin Deschambault, 109, rue de Champigny, Deschambault.

Chemin du Roy, Saint-Augustin-de-Desmaures.

UN RUBAN VERT EN BORDURE DU FLEUVE

S'allongeant de la Côte-de-Beaupré à la région de Portneuf et incluant l'île d'Orléans, la région agricole de Québec est relativement peu étendue. La proximité des Laurentides et le développement de la ville de Québec fait se concentrer l'activité agricole sur quelques kilomètres en bordure des rives du Saint-Laurent. Pour vous approprier la région, nous vous proposons un survol des quatre foyers agricoles qui la composent: le premier s'étend de Saint-Augustin-de-Desmaures à Grondines, le second couvre la partie nord du territoire, soit le secteur de Portneuf et de Valcartier, le troisième, plus diversifié, fait parcourir la Côte-de-Beaupré jusqu'à Cap-Tourmente; enfin, le dernier nous amène dans l'île d'Orléans et son grenier.

Vue de Neuville.

52, route 138, Grondines.

Les secteur compris entre Saint-Augustin-de-Desmaures et Grondines, que la route 138 raccorde en un trait, est certes un axe agrotouristique fort intéressant à découvrir. D'un côté, le fleuve et ses escarpements plus ou moins prononcés font louvoyer la route dans un environnement patrimonial remarquable : maisons de ferme et bâtiments agricoles anciens sont bien présents dans les secteurs de Neuville, Cap-Santé et Deschambault. Et, tout au long de ce parcours, les kiosques de bord de route étalent des produits locaux : pains de ménage, confitures, pommes, légumes, etc. D'un village à l'autre, de petits vergers domestiques gravissent de faibles pentes tout à côté des maisons de ferme. À Deschambault, par exemple, le Verger du Roy, située dans un décor enchanteur, illustre bien la tradition pomicole ancestrale. Parmi toutes les productions découvertes sur ce trajet, il en est certes une qui est associée, dans l'esprit des gens de la région de Québec et d'ailleurs, au terroir de Neuville : le maïs.

DES CHAMPS D'ÉPIS TOURNÉS VERS LE FLEUVE : LE MAÏS DE NEUVILLE

*D*ès la mi-juillet, les agriculteurs de Neuville sont fiers d'exposer dans leurs kiosques, en bordure de la route 138, leur réputé maïs. Son goût particulièrement sucré, bien apprécié des connaisseurs, en fait depuis toujours le maïs le plus attendu du Québec. On dit depuis toujours, puisque un an après la fondation de Neuville, en 1667, un acte notarié fait mention du blé d'Inde ; non pas le maïs indigène cultivé par les Iroquois et les Algonquins, mais celui provenant des Indes et dont des graines furent mises en terre par les premiers arrivants. À l'époque, on fait même cuire le maïs dans l'eau d'érable, ce qui lui confère un goût délicat et sucré. Par la suite, de nombreux témoignages d'explorateurs, d'écrivains et de journalistes de différentes époques confirment la qualité exceptionnelle des grains et des légumes cultivés à Neuville. Comment expliquer cette réputation enviable du maïs de Neuville ? Est-elle fondée ou surfaite ? Pour obtenir une réponse, il faut rencontrer les producteurs eux-mêmes, qui voient dans le terroir de Neuville les fondements de cette réputation.

En effet, le sol de Neuville est couché sur un épais lit de galets qui jouent un double rôle dans la croissance du maïs local : à marée basse, ces galets réchauffent l'air de la baie de Neuville, favorisant l'apparition d'un microclimat qui jouit d'une chaleur plus uniforme et plus élevée de quelques degrés comparativement à des municipalités situées à cinq kilomètres ou plus au nord du fleuve. De plus, les galets produisent des éléments minéraux indispensables à la croissance du maïs dans les champs. La qualité du maïs de Neuville tient aussi au savoir-faire des fermiers qui, le temps venu, récoltent les épis manuellement et non pas à l'aide de cueilleuses automatiques qui, en plus d'abîmer l'épi, rendent impossible toute sélection. Pour Marius Bédard, producteur, ce premier geste est crucial : « On sait au toucher si le maïs est prêt ; les cheveux sont secs et cassants dans la pointe de l'épi. » Le maïs de Neuville « cassé » le matin est vendu au kiosque des producteurs le jour même, ce qui apporte une autre explication quant à sa fraîcheur : le sucre libre, contenu dans le grain de l'épi sous forme soluble et qui lui donne son goût si particulier, est entièrement transformé en amidon six heures après sa cueillette, d'où l'importance de le manger frais. Une bonne façon de savoir si un épi est frais du jour ou pas consiste à vérifier l'absence de flétrissure sur la pelure. « Si la pelure a tendance à rouler, c'est que l'on essaie de vous rouler », ajoute Marius Bédard en souriant !

Il a été de tradition, pendant près de trois cents ans, que le fermier conserve, l'automne venu, des grains d'épis de maïs pour les semer au printemps ; ainsi, des lignées de population se sont développées au fil du temps, s'adaptant au climat et au sol de Neuville ; à ses débuts le maïs de Neuville renfermait un taux de sucre de 6 ou 7 %. Des travaux menés aux États-Unis, après la Seconde Guerre mondiale, sur l'hybridation (mariage de deux ou de plusieurs variétés ou lignées de population) vont donner naissance à d'autres variétés, par exemple à un maïs de deux couleurs ; l'hybridation conduit aussi à une modification du taux de sucre dans le maïs ; de nouvelles variétés hybrides atteignent un taux de sucre avoisinant les 15 à 18 %, ce qui, concrètement, donne un maïs plus sucré au goût. Conséquemment, si rien n'est fait, le maïs typique du terroir de Neuville sera dénaturé et confondu avec les nouvelles variétés que l'on fait pousser un peu partout au Québec et en Amérique du Nord, puisque ce sont des compagnies américaines qui, dans la plupart des cas, fournissent les semences aux agriculteurs. Depuis 1997, des producteurs de Neuville ont formé l'Association des producteurs de maïs sucré de Neuville, (APMSN) qui s'est donné pour objectif de

398, rue des Érables, Neuville.

promouvoir la reconnaissance du maïs sucré de Neuville afin d'obtenir une appellation d'origine contrôlée. Aussi, les membres de l'Association n'utilisent pas d'OGM et se réfèrent à un cahier des charges très précis quant aux lieux de culture confinés au terroir de Neuville, aux conditions de fertilisation, de récolte et d'entreposage. Pour les amateurs de maïs, les producteurs membres de l'APMSN affichent à leur kiosque leur appartenance à cette association. Sous peu, l'Association veut redonner vie au festival du maïs de Neuville, qui a existé de 1980 à 1991, et désire aussi instaurer une Route du maïs. À Neuville, comme ailleurs au Québec, le maïs est associé à l'épluchette, probablement la plus ancienne manifestation des fêtes et festivals alimentaires célébrés encore de nos jours.

Rang Saguenay, Saint-Raymond-de-Portneuf.

DES TERRES PLUS AU NORD

La région de Portneuf compte près de 500 fermes sur son territoire ; établie principalement le long des rives du Saint-Laurent, la production laitière vient en tête de liste. La culture de la pomme de terre dans les villages de Saint-Ubalde, Sainte-Christine, Saint-Casimir et Pont-Rouge, modèle l'arrière-pays. Le sol de ces municipalités a favorisé le développement non pas de fabriques artisanales de pommes de terre, mais plutôt de grosses entreprises qui orientent leur production vers la consommation domestique et le marché des croustilles. L'acériculture n'est pas en reste avec ses 300 producteurs de l'arrière-pays, alors que les érablières établies dans les paroisses riveraines font figure d'exception. Plus au nord, la Fromagerie Cayer continue de produire son fromage de chèvre ; on y a aménagé un petit centre d'interprétation de même qu'un comptoir de vente de plusieurs fromages du Québec. On peut accéder à la Fromagerie Cayer par la piste cyclable de la Jacques-Cartier, qui traverse le village de Saint-Raymond. C'est à Saint-Basile-de-Portneuf, à la ferme Piluma, que se fabrique un fromage de lait cru, parmi les plus réputés au Québec : le Chevalier Mailloux. Plus récemment une autre fromagerie artisanale a fait son apparition dans la région de Portneuf. Entrons, le fromager nous attend.

LA FERME TOURILLI

*L*a Ferme Tourilli a débuté ses activités tout récemment, à l'été 2002. Éric Proulx a fait auparavant le tour de plusieurs fromageries du Québec afin de parfaire ses connaissances. Il décide de s'établir dans le rang Notre-Dame, à Saint-Raymond-de-Portneuf. Soucieux du patrimoine bâti, il sauve de la démolition une maison ancestrale à laquelle il va intégrer harmonieusement une fromagerie. Il restaure du même coup un vieux bâtiment existant pour en faire une chèvrerie.

Il y trait à la main une trentaine de chèvres et fabrique trois fromages fermiers : le Cap-Rond, caractérisé par une croute cendrée à la main et qui se veut un rappel de la présence des fours à charbon de bois associés à Saint-Raymond-de-Portneuf ; le Bouquetin de Portneuf, un fromage sec vieilli quinze jours ; enfin le Tourilli, un fromage frais dont l'appellation fait référence à un ancien territoire de chasse des Hurons de Lorette, le secteur de la rivière Tourilli, à 25 kilomètres en amont de Saint-Raymond.

Une halte fromagère fort sympatique à Saint-Raymond et d'excellents fromages à se procurer.

Tourilli
CHÈVRE FERMIER

meilleur avant :

FROMAGE FRAIS
non-affiné à
pâte molle

15 % M.G.
65% Humidité

gr.

Fromage fermier de PORTNEUF fabriqué à la main, moulé à la louche

Vallée de la Jacques-Cartier, Tewkesbury.

DES DINDONS ÉLEVÉS À L'AIR DES MONTAGNES

Il arrive parfois que l'origine de certains mots soit quelque peu obscure. Le dindon se dit en anglais « turkey » parce que l'on croyait que cet oiseau avait été rapporté de Turquie ; en Turquie, le dindon porte le nom « d'oiseau d'Amérique » ! Quoi qu'il en soit, on trouvait le dindon à l'état sauvage sur les rives du Saint-Laurent dès le XVe siècle. Depuis

1235, Jacques-Cartier Sud, Tewkesbury.

le début des années 1980, on assiste au retour progressif du dindon sauvage dans le sud du Québec, notamment dans les environs de Dundee, en Montérégie ; toutefois cette population, qui compterait une centaine de bêtes, est encore très fragile.

1. Élevages de dindons
2. Jardins de la 5e Concession
3. Le Canard au Naturel

Ferme McCarthy, Saint-Gabriel-de-Valcartier.

La basse-cour des premiers colons comprenait déjà, au XVIIe siècle, des dindons domestiqués à partir de dindons sauvages provenant probablement du sud de l'Ontario, des États-Unis et du Mexique. Les Jésuites, pour leur part, contribuèrent à la venue du dindon domestique en France ; encore de nos jours, les Français utilisent le terme « dinde jésuite », qui fait référence à cette réalité historique. Mais, de tous les oiseaux de basse-cour, le dindon est celui qui exige le plus de soins : il craint les grandes chaleurs, le froid, la pluie, le temps sec ; un climat doux est indispensable à sa croissance.

C'est au nord-ouest de Québec, à une trentaine de kilomètres du centre-ville, sur une route qui semble chercher sa voie à mesure que les montagnes se dessinent, que l'on est mis presque subitement en contact avec des essaims d'ouates blanches qui se déplacent au ras des champs. Les sols sablonneux de Valcartier, colonisés par des Écossais et des Irlandais, ont donné naissance à un élevage fort réputé dans la région de Québec. Le printemps venu, Saint-Gabriel-de-Valcartier se couvre de milliers de dindons qui envahissent les prés dès la mi-mai jusqu'à la fin de septembre, coutume saisonnière que des générations d'éleveurs répètent depuis des décennies.

Ferme McCarthy, Saint-Gabriel-de-Valcartier.

Ferme McCarthy, Saint-Gabriel-de-Valcartier

En fait, la route 371 qui fait une boucle pittoresque dans la vallée de la rivière Jacques-Cartier, notamment dans les secteurs de Saint-Gabriel-de-Valcartier, de Tewkesbury et de Stoneham, nous amène directement dans des paysages avicoles traditionnels. Bien qu'il fasse partie du Plateau laurentien, le secteur de Saint-Gabriel-de-Valcartier a une topographie relativement homogène, avec sa douzaine de collines qui n'excèdent guère les deux cents mètres.

Ferme McCarthy, Saint-Gabriel-de-Valcartier.

Avenue Jacques-Cartier Sud, Tewkesbury.

Les éleveurs de dindons de Saint-Gabriel-de-Valcartier ont su tirer profit de ce terroir spécifique pour établir leur élevage ; les sols sablonneux ne retiennent pas l'eau de pluie si néfaste pour les dindons et ceux-ci sont élevés et nourris au grand air, bien protégés des vents dominants dans de petites plaines blotties entre les premiers plis de montagnes. C'est cette particularité des sols, peu propices à d'autres élevages ou cultures, associée à un microclimat qui provoque des printemps tardifs et des froids autom-naux précoces, qui a incité des éleveurs de Saint-Gabriel-de-Valcartier à privilégier l'élevage du dindon au début des années 1940. Cette technique d'élever des dindons au grand air est aussi appelé « élevage sur parcours ». L'élevage sur parcours coïn-cide avec la période d'organisation de l'aviculture québécoise qui se tourne vers la production à grande échelle de dindonneaux ; dès cette époque, des éleveurs de Saint-Gabriel-de-Valcartier élèvent un dindon vendu sous l'étiquette « Dindon certifié du Québec » ; peut-être faut-il voir là une première tentative pour obtenir une appellation contrôlée. Les pionniers de cet élevage, ce sont principalement des Irlandais arrivés à la fin des années 1840 dans la région : les Jack, les McCarthy, les McBain et les Montgomery. Ces derniers abattaient eux-mêmes leurs dindes pour les vendre, à la fer-me ou au marché, en « New York dress », c'est-à-dire avec la tête et les pattes, comme se le remémore M. Brian Montgomery, éleveur.

4401, Route 371, Tewkesbury.

Pionniers de cette production, la douzaine d'éleveurs de Saint-Gabriel sont désormais les seuls parmi les 150 producteurs du Québec à élever leur dinde au grand air. Malheureusement, cette tradition d'élever des dindons en plein air est menacée, puisque de nouvelles normes environnementales obligeraient les éleveurs de Saint-Gabriel-de-Valcartier à garder leurs bêtes en réclusion. Une décision que les aviculteurs de Saint-Gabriel ont de la difficulté à accepter, puisque les dindons élevés sur parcours donnent une qualité de viande supérieure. « Et c'est d'autant plus cocasse qu'on exige maintenant en Europe que ces animaux passent au moins 30 % de leur vie au grand air », dit Brian Montgomery.

Jardins de la 5ᵉ Concession, Route 371, Saint-Gabriel-de-Valcartier.

4004, Route 371, Tewkesbury.

Le Canard au Naturel, 1249, avenue Jacques-Cartier Sud, Tewkesbury.

Il vaut la peine de prolonger son parcours sur la route 371, qui devient en fait l'avenue Tewkesbury. En plus de côtoyer les méandres de la rivière Jacques-Cartier, on ne peut qu'être séduit par plusieurs fermes ancestrales souvent reprises en main par des citadins et qui conservent leur charme d'autrefois. Puis, à la jonction de l'avenue Tewkesbury et de l'avenue Jacques-Cartier Sud, qu'annonce fièrement une petite église qui domine la vallée, il faut se diriger vers l'est (tourner à gauche) pour voir des agneaux qui broutent dans les collines et un élevage de canards. Le Canard au Naturel, sis au 1249 de l'avenue Jacques-Cartier Sud, apprête du foie gras, du confit et du magret fumé. Quelques auberges ou gîtes se trouvent en bordure de ce parcours, notamment le Gîte des Équerres. À Charlesbourg, le Vignoble du Bourg-Royal, pionnier de la viticulture dans la grande région de Québec et qui avait connu des difficultés financières importantes, est devenu, en 2002, la propriété du roumain Jorj Radu, qui compte bien assurer sa survie.

LA CÔTE-DE-BEAUPRÉ, COMME UN RUBAN VERT EN BORDURE DU FLEUVE

7835, avenue Royale, Château-Richer.

Berceau du peuplement français en Amérique, la Côte-de-Beaupré conserve précieusement son patrimoine. Les plus anciennes familles du Québec y ont leurs racines et plusieurs maisons de la Côte affichent une plaque commémorative, rappel du sillon des ancêtres.

1. La Côterie
2. Ferme Le comte de Roussy
3. Vignoble du Petit Pré
4. Ferme Arthur Cauchon

5. Sucre d'Art
6. Chez Marie
7. Érablière du Vieux-Cap
8. Musée de l'Abeille

9. Domaine Royarnois
10. Ferme des Coteaux
11. La Petite Ferme
12. La Grande Ferme

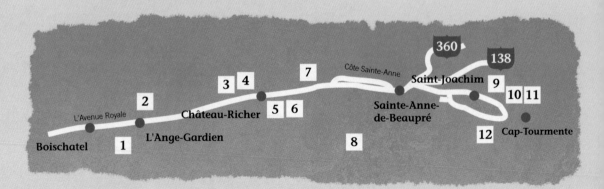

8556, avenue Royale, Château-Richer.

De L'Ange-Gardien à Saint-Joachim, c'est une petite route étroite et sinueuse qui file timidement, prise en étau entre les granges, maisons et caveaux à légumes qui habillent cet axe. Serpentant au pied d'un

Yolande Laprise, Sucre d'Art, Château-Richer.

coteau que les Laurentides assiègent rapidement, la Côte-de-Beaupré est reconnue depuis toujours pour la diversité de ses productions agricoles. Des vergers de L'Ange-Gardien aux vignobles de Saint-Joachim, c'est un marché en plein air, s'étendant sur plusieurs kilomètres, qui vous est offert. Nous y avons empli notre panier à provisions. En voici le contenu.

CHÂTEAU-RICHER
LE VIGNOBLE DU PETIT PRÉ

Sur l'avenue Royale à Château-Richer, existe un des plus vieux moulins du Québec. Le Moulin du Petit Pré, classé monument historique, a été construit par le Séminaire de Québec en 1695 et aura servi, au fil des siècles, de moulin à farine, de moulin à carder et de moulin à scie. Il renferme aujourd'hui le Centre d'interprétation de la Côte-de-Beaupré et, depuis 1995, il loge un véritable marché des saveurs du Québec, qui présente plus de 150 produits locaux et régionaux.

Pierre Rousseau est l'un des huit propriétaires du moulin acquis avec une parcelle de terre sur le plateau. Il raconte avec conviction le travail accompli en quelques années : 7 000 vignes occupent le plateau depuis 1997 ; l'emplacement des ceps n'est pas un hasard : profitant d'un ensoleillement maximal et planté sur un flanc de coteau qui offre une pente naturelle, idéale pour le drainage des plants de vigne, le Vignoble du Petit Pré a aussi bénéficié de l'expertise de deux chercheurs québécois ; Joseph O. Vandal et Mario Cliche ont adapté des cépages aux réalités climatiques du Québec. Aujourd'hui, le vignoble tire annuellement plus de 12 000 bouteilles de vin blanc sec et fruité et demi-sec.

Le Veuve Lacaille est fort populaire ; baptisé ainsi parce que Louis Joliette, alors propriétaire de la terre où est implanté le vignoble, était un grand chasseur de cailles ; à son décès, sa femme fut surnommée la veuve Lacaille par son entourage.

L'automne venu, le Petit Pré est probablement l'un des rares vignobles à permettre à ses visiteurs de participer aux vendanges en autorisant la cueillette du raisin. À l'extrémité nord du vignoble, alors que le terrain devient plat, on a mis en terre des plants de framboises, 1 500 plants d'amélanchiers, 2 000 plants de cassis et de mûres en vue de favoriser la production de différentes liqueurs. Pierre Rousseau désire se distinguer de la production européenne en mettant sur le marché des liqueurs de petits fruits moins sucrées et avec un taux d'alccol moins élevé. Dans les prochains mois, le Moulin du Petit Pré transformera à nouveau les céréales ; on va lui redonner un mécanisme de moulin à farine de l'époque 1700, en l'occurrence celui récupéré du moulin Beaudet de Saint-Antoine-de-Tilly.

VERS SAINT-JOACHIM ET CAP-TOURMENTE

Récemment, l'avenue Royale est devenue l'objet d'un circuit balisé, la Route de la Nouvelle-France, qui vous conduira jusqu'à Saint-Joachim et Cap-Tourmente. Nous vous invitons à emprunter ce parcours que Joseph Bouchette décrivait, en 1815, avec ses bouquets d'arbres et ses petits vergers, comme l'une des routes les plus agréables à emprunter au Québec. Les arrêts agrotouristiques sont au rendez-vous : l'Érablière Sucre d'Art met en marché un sirop d'érable biologique, l'Érablière du Vieux-Cap offre des beignes à l'érable succulents et Chez Marie propose du pain de ménage.

Nous vous suggérons de contourner le village de Sainte-Anne-de-Beaupré en empruntant la côte Jean-Barrette qui s'étire près de l'atelier Paré, un économusée des légendes ; puis roulez sur la côte Sainte-Anne qui, du côté nord, fait défiler de beaux éléments de l'architecture agricole traditionnelle et, du côté sud, projette une vue inédite en contre-plongée sur le village de Sainte-Anne-de-Beaupré et l'île d'Orléans. Poursuivez votre randonnée en direction de Saint-Joachim (suivre les indications de la Route de la Nouvelle-France) ; là, vous découvrirez le Domaine Royarnois, érigé en 1996, qui profite d'une prairie naturelle tempérée par le fleuve pour y faire fructifier ses raisins.

Martial McGraw, Domaine Royarnois.

Pourvoirie du Plateau, Cap-Tourmente.

En poursuivant la route vers l'est, c'est un véritable pèlerinage dans le temps qui vous attend : La Petite Ferme de Cap-Tourmente, la Grande Ferme qui sert de centre d'interprétation du patrimoine et la Ferme des Coteaux se dressent dans un environnement grandiose que l'on soupçonne inchangé depuis des lunes. Ouvrons une parenthèse pour préciser que la

Ferme Noël Deschênes, 17, rue Blondelle, Saint-Joachim.

Ferme des Coteaux était de 1818 à 1973 un foyer pomicole dans la grande région de Québec. À l'abri des vents du nord, bien orientés pour profiter du soleil du sud, les premiers pommiers gravissent au fil des ans les terrasses naturelles qui se succèdent ; on y cultive la Saint-Laurent, la Fameuse, la Pomme d'Amour, etc. En 1881, les premiers plants de vigne sont mis en terre mais connaîtront un succès mitigé. Par la suite, la culture des pruniers, des poiriers, des cerisiers et des framboisiers est introduite. L'âge avancé des arbres, des pratiques culturales désuètes et plusieurs autres raisons contribuent, au début des années 1970, à la disparition progressive de l'un des plus anciens vergers de la région de Québec. En arrivant à la hauteur de l'église de Saint-Joachim, il

Rue Blondelle, Saint-Joachim.

faut s'arrêter pour parcourir à pied le cul-de-sac de la rue Blondelle ; ce petit bout de route nous fait voir l'église et le presbytère paroissial, qui datent de 1828 ; quelques bâtiments de ferme retiennent aussi l'attention.

56, chemin Royal, Sainte-Pétronille.

SAINT-PIERRE, SAINTE-FAMILLE, SAINT-JEAN...

Image mythique entre toutes, l'île d'Orléans continue de séduire. Berceau de nos origines, terre d'accueil de plus de 300 familles souches, fleuron nationaliste, terre aux paysages traditionnels qui conservent de beaux témoins de son agriculture d'hier, reconnue comme le plus important arrondissement historique du Québec depuis 1970, l'île d'Orléans occupe une place unique dans l'imaginaire des Québécois. Et c'est probablement à l'automne, alors que ses terres généreuses abandonnent fruits et légumes, que l'île est la plus belle. Il faut partir en promenade sur le chemin de l'île et faire escale dans de nombreux kiosques de bord de route pour s'enquérir du terroir et de ses fruits. Il faut savoir que 95 % du territoire de l'île est une zone verte réservée uniquement à l'agriculture ; et, fait surprenant, ce sont plus de 200 fermes, tournées principalement vers l'horticulture légumière et fruitière, qui se partagent ces belles terres qui ont contribué à la renommée de l'île.

Une parcelle du Vignoble de Sainte-Pétronille.

Ferme Jocelyn Roberge, 1872, chemin Royal, Saint-Pierre.

Cette bonne réputation dont jouit l'île quant à la qualité de ses produits agricoles ne date pas d'hier. Dans son histoire de l'île qu'il fait paraître en 1867, Louis-Philippe Turcotte tient les propos suivants : « Quelques-unes des productions de l'île sont en grande renommée dans tout le pays (...) Les pommes de terre et les pois viennent au premier rang : nulle part ils ne sont d'une aussi bonne qualité ; aussi se vendent-ils toujours fort cher sur les marchés. On y prépare bien le lard ; aussi est-il très recherché. Il ne faut pas oublier non plus les délicieux petits fromages raffinés, qui sont préférés par les amateurs aux meilleurs fromages d'Europe. »

1. Ferme Monna
2. Vignoble de l'Isle de Bacchus
3. Au Canard Cochon
4. La Framboisière
5. L'Entailleur
6. Ferme Litz Ouellet
7. Cidrerie-verger-Bilodeau
8. Domaine Steinbach
9. Poissonnerie Jos. Paquet
10. Les Fromages de l'Île d'Orléans
11. Les Saveurs de l'Isle d'Orléans

12. La Boulange
13. Ferme Orléans
14. Chocolaterie de l'île d'Orléans

15. Vignoble de Sainte-Pétronille
16. Domaine Orléans
17. Cidrerie du Bout-de-l'Île

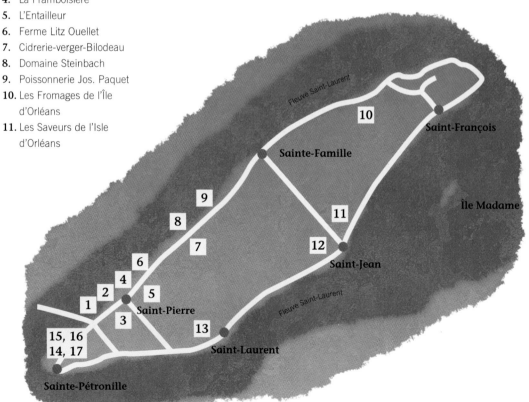

Saint-Pierre, c'est aussi un rappel de la tradition acéricole que la famille Tailleur maintient dans son érablière ; on y trouve un musée acéricole fort intéressant et une belle gamme des produits de la cabane à sucre. L'île que Jacques Cartier avait baptisée l'île de Bacchus, puisqu'il avait noté l'abondance de raisins sauvages sur ce joyau au milieu du Saint-Laurent, est en train de renouer avec la tradition ; le Vignoble de l'Isle de Bacchus est établi à l'entrée du village de Saint-Pierre, alors qu'à l'extrémité ouest de l'île le Vignoble de Sainte-Pétronille s'étale dans un magnifique décor champêtre. Le Domaine de la famille Steinbach, originaire de Belgique, couvre quinze hectares à la sortie du village de Saint-Pierre et, de la route, on y aperçoit un troupeau d'oies et de canards qui ajoutent à l'atmosphère Nouvelle-France des lieux, où une maison de plus de 200 ans se fond dans un paysage à couper le souffle. Au Domaine Steinbach, non seulement on apprête des pâtés, des confits, des terrines, mais on produit aussi du cidre grâce aux 4 000 pommiers qui composent le verger écologique. Du côté opposé de la route, la Cidrerie Bilodeau s'adonne aussi à la fabrication de cidre, de mistelle de pomme à base d'alcool et de sirop d'érable.

Jean Tailleur, érablière L'Entailleur.

Le kiosque d'information touristique de l'île suggère une visite d'une trentaine de fermes. Nous ne pourrons parler de toutes vu leur nombre imposant. Si vous vous sentez d'attaque, n'hésitez pas à enfourcher votre vélo, surtout si le vent a rendu les armes, puisqu'une superbe randonnée qui prend toute une journée vous attend; à vélo, il est conseillé, à la sortie du pont de l'île, d'entamer

Hélène Ferland et Roland Pichette, Sainte-Famille.

votre circuit en direction de Sainte-Pétronille (vers l'ouest) pour boucler la boucle à Saint-Pierre. En automobile, nous optons plutôt pour la direction opposée, soit en direction de Saint-Pierre. Fondée en 1679, la vieille paroisse de Saint-Pierre est la plus nourricière de l'île aves ses vins, ses cidres, son poisson fumé, son cassis, ses terrines, etc. À Saint-Pierre, l'agriculture a gravi les marches : confinée près des berges où la pêche à fascines nourrit l'habitant et les prés de foin de mer ses animaux, l'agriculture gagne le plateau au XVIIIe siècle puis la terrasse supérieure, où s'élève l'église au siècle suivant. Un premier arrêt s'impose chez Bernard Monna qui a implanté le cassis à l'île d'Orléans. Cet arrière-petit-fils d'un liquoriste de la région des Cévennes produit de doux nectars : trois apéritifs, un fruité, un madérisé et un capiteux, ainsi qu'une crème de cassis.

Odile Gagnon, 3456, chemin Royal, Sainte-Famille.

Il faut poursuivre le trajet en direction des paroisses voisines de Sainte-Famille, Saint-François et Saint-Jean ; tout ce tronçon dévoile des paysages envoûtants avec des vues imprenables sur Sainte-Anne-de-Beaupré, les Laurentides et une partie de l'archipel de Montmagny. C'est dans ce décor que la pomoculture de l'île se déploie et que Jos. Paquet, dans sa poissonnerie artisanale, perpétue ce lien qui a toujours uni les habitants de l'île au fleuve. Dernier pêcheur et boucanier de l'île, Jos. Paquet offre des produits inédits à sa clientèle assidue : bajoues de doré, barbue de rivière, anguille en filets et autres poissons fumés. On dit que les terres fertiles valurent à la paroisse le surnom de Sainte-Famille « aux gros casques », surnom symbolisant la prospérité des agriculteurs de l'endroit qui pouvaient s'offrir des casques de fourrure pour pour se tenir chaud durant la saison hivernale.

Poissonnerie Jos. Paquet, Sainte-Famille.

Laval Gagnon, 3456, chemin Royal, Sainte-Famille.

La Boulange, 2001, chemin Royal, Saint-Jean.

À Saint-Jean, patrie des pilotes du Saint-Laurent, Louis Marchand et Sylvie Albert ont aménagé, dans le vieux presbytère, leur boulangerie où ils pétrissent plus de trente variétés de pain en plus de servir d'excellentes pizzas. Saint-Laurent est d'abord associé à la construction navale, mais c'est aussi le paradis de la fraise de l'île; on la cultive depuis les années 1870, favorisée par un sol propice, un climat favorable et la proximité du marché de Québec. Il n'est pas étonnant que Saint-Laurent soit devenu depuis peu la terre d'accueil de l'authentique Orléans, une fraise produite sur la ferme Les Fraises de l'île d'Orléans, qui a comme caractéristique de se conserver plus longtemps et de posséder une valeur nutritive plus grande. C'est aussi à Saint-Laurent que la Ferme Orléans tient son élevage réputé d'oiseaux à plumes tels faisans, cailles, perdrix et pigeonneaux. La paroisse de Sainte-Pétronille est véritablement la seule de l'île dont le développement n'est pas tributaire de son agriculture. Cela se traduit dans le paysage par l'absence de bâtiments de ferme sur la pointe est; Sainte-Pétronille a plutôt servi de porte d'entrée de l'île jusqu'à la construction du pont en 1935. Pour compléter le tour de l'île, il faut se sucrer le bec, tout naturellement, à la Chocolaterie de l'île d'Orléans de Sainte-Pétronille. Établie depuis 1988, la chocolaterie importe sa matière première directement de Belgique, et la crème glacée ainsi que les sorbets sont élaborés à partir de procédés artisanaux.

Chocolaterie de l'île d'Orléans, 150, chemin du Bout-de-l'Île, Sainte-Pétronille.

LA TRADITION DU FROMAGE « RAFFINÉ » À L'ÎLE D'ORLÉANS

La tradition du fromage est ancienne au Québec ; dès 1643, des actes notariés confirment l'existence de ces petits fromages de lait caillé qu'il faut saler et qui sont de fabrication domestique. Et en 1749, au dire de Pierre Kalm, « on fait du fromage en maints endroits. Mais celui de l'île d'Orléans est regardé comme le meilleur ». Petit, mince, rond de forme, ce fromage est fabriqué dans plusieurs paroisses de l'île, mais il semble que la tradition se soit le plus solidement ancrée à Saint-Pierre ; on ne fabriquait le fromage de l'île qu'à l'automne et cela pour deux raisons : le lait était destiné à la fabrication du beurre durant la saison estivale et les conditions de fabrication du fromage toléraient mal la chaleur et les mouches durant l'été ; les familles, qui s'adonnaient au commerce du fromage en le vendant notamment au marché Saint-Roch de Québec, fabriquaient quotidiennement leur fromage entre le mois de septembre et le mois d'avril. De 1920 à 1945, les quatre producteurs de fromage les plus importants de l'île, on parle ici d'entreprises artisanales et non plus de fabrication domestique puisque les procédés et les outils diffèrent, livraient chacun en moyenne jusqu'à trois cents douzaines de fromage par saison.

Les Fromages de l'Île d'Orléans, 4702, chemin Royal, Sainte-Famille.

Jocelyn Labbé.

Bien sûr, l'habitante de l'île, puisque c'était généralement la femme qui s'acquittait de cette tâche, les hommes contribuant à la transmission de ce savoir-faire qu'à compter des années 1950, en fabriquait pour la famille. Le déclin du fromage de l'île survient au début des années 1920 et est imputable à plusieurs facteurs : la culture des fraises génère des revenus plus importants, la forte odeur du fromage qui se répand dans toute la maison indispose, le coût du matériel relié à des procédés de fabrication en évolution, est de plus en plus élevé. Le fromage raffiné est en fait du fromage affiné, mais les habitants de l'île ont effectué un glissement phonétique tout à fait charmant au fil des générations. Malheureusement disparu à la fin des années 1970, le fromage de l'île d'Orléans renaît. Gérard Aubin, âgé de 87 ans, le dernier fromager de l'île, a transmis son expérience à Diane Marcoux et à Jocelyn Labbé, de Sainte-Famille, qui espèrent le produire à nouveau sous peu. Fabriqué autrefois sous trois formes, soit à pâte fraîche, à rôtir à la poêle et affiné, le fromage de l'île revivra sous sa forme de pâte à rôtir.

Sur le site de la fromagerie, la maison Drouin, Sainte-Famille.

QUÉBEC, CAPITALE DE LA BIÈRE ARTISANALE

Depuis peu, la ville de Québec met à l'honneur la bière artisanale d'hier à aujourd'hui ; c'est sur le site archéologique de la brasserie Jean-Talon que débute l'histoire brassicole du Québec ; même si les Jésuites produisent déjà leur propre bière à Sillery en 1646, c'est l'intendant Jean-Talon qui, en 1670, préside à l'ouverture d'une brasserie commerciale, la Brasserie du Roi, installée à l'embouchure de la rivière Saint-Charles. Peine perdue puisque, cinq ans plus tard, elle ferme ses portes. Au XIXe siècle, c'est la brasserie Boswell qui occupe le paysage brassicole avant de céder la place à la brasserie Dow en 1952.

Bruno Blais, La Barberie.

Microbrasserie La Barberie,
310 rue Saint-Roch, Québec.

Bastien Têtu, La Barberie.

Aujourd'hui, l'intérêt manifesté justifie trois routes des bières artisanales avec une dizaine d'établissements situés tant dans la Haute-Ville que dans la Basse-Ville de Québec. Si le multimédia et la visite guidée par des personnages de l'époque comme Vessy Boswell, petit-fils de J.K. Boswell, sont au rendez-vous, la dégustation de bières artisanales fait également partie des plaisirs de ces lieux. La Barberie, établie sur la rue Saint-Roch à Québec, offre des bières de fabrication artisanale aux saveurs variées. Bruno Blais, membre fondateur de La Barberie, vous parlera de ses bières et racontera l'histoire de cette petite entreprise dans un décor sans prétention, mais fort chaleureux.

1235, Jacques-Cartier Sud, Tewkesbury.

LES ARRÊTS
AGROTOURISTIQUES

1. Le Verger du Roy *(pommes, Deschambault)*

2. Neuville et son maïs *(voir liste des producteurs dans les Bonnes adresses)*

3. Chocolaterie de l'île d'Orléans *(chocolat, Sainte-Pétronille, île d'Orléans)*

4. Cidrerie du Bout-de-l'Île *(cidre, Sainte-Pétronille, île d'Orléans)*

5. Polyculture Plante *(jus, tarte, Sainte-Pétronille, île d'Orléans)*

6. Framboisière Marois *(vin de framboise, Saint-Augustin-de-Desmaures)*

7. Maison Orphée *(huiles biologiques, Québec)*

8. Ferme Liz Ouellet *(cassis, Saint-Pierre, île d'Orléans)*

9. Vignoble de l'Isle de Bacchus *(vin, Saint-Pierre, île d'Orléans)*

10. Ferme Orléans *(oiseaux à plumes, Saint-Laurent, île d'Orléans)*

11. Le Canard au Naturel *(canard, Stoneham)*

12. L'Érablière Sucre d'Art *(sirop biologique, Château-Richer)*

13. Vignoble Domaine Royarnois *(vin, Saint-Joachim)*

Consulter les Bonnes adresses ou le site www.upa.qc.ca
pour un inventaire complet des produits de la région.

1 Saint-Raymond

11 Stoneham

13 Saint-Joachim

8 **9** **12** Château-Richer

1 Deschambault

Neuville **2**   Québec **7**

Saint-Augustin-de-Desmaures **6**

3 **4** **5** **6** Saint-Pierre
7 **8** **9**

10 Saint-Jean

Sainte-Pétronille **2** **3** **4** **5**

10 Saint-Laurent

157, chemin Royal, Sainte-Pétronille.

1835, chemin Royal, Saint-Pierre.

NOS COUPS DE CŒUR

1. Ferme Tourilli *(fromage de chèvre, Saint-Raymond-de-Portneuf)*

2. Vignoble de Sainte-Pétronille
    (vin, Sainte-Pétronille, île d'Orléans)

3. Cabane à sucre L'Entailleur *(sirop, Saint-Pierre, île d'Orléans)*

4. Cidrerie-verger Bilodeau
    (cidre, Saint-Pierre, île d'Orléans)

5. Domaine Steinbach *(cidre, Saint-Pierre, île d'Orléans)*

6. Ferme Monna *(cassis, Saint-Pierre, île d'Orléans)*

7. Poissonnerie Jos. Paquet *(poisson fumé, Saint-Pierre, île d'Orléans)*

8. Les Ruchers Promiel *(hydromel, Château-Richer)*

9. Vignoble du Petit Pré *(vin, Château-Richer)*

10. La Boulange *(pain, Saint-Jean, île d'Orléans)*

DES MOTS
DANS MON ASSIETTE
DES MÉDAILLES POUR
LE TERROIR

Ce n'est pas d'hier que l'émulation entre les agriculteurs se voit confirmée par des concours. Les premières compétitions sont signalées dès 1789 et elles se veulent un incitatif auprès des agriculteurs afin d'améliorer leurs connaissances et leurs pratiques agricoles. Le plus connu et le plus prisé de ces concours est celui de l'Ordre du Mérite agricole qui, annuellement depuis 1890, décerne son prix. Les produits du terroir au Québec sont prétexte à de nombreuses reconnaissances. Les deux concours les plus connus sont probablement le Vins & Cidres du Québec et le Caseus des fromages. Vins & Cidres du Québec voit se mesurer les meilleurs vins et cidres fabriqués ici. Caseus, c'est le nom que l'Institut de technologie agroalimentaire (ITA) de Saint-Hyacinthe a donné au concours de fromages fins québécois mis sur pied en 2000. Caseus, rappel de nos lointains ancêtres romains chez qui eurent lieu, il y a plus de 2 000 ans, les premières dégustations de fromages dignes de ce nom.

Le Caseus est décerné dans le cadre du Festival des fromages de Warwick qui reçoit chaque année plus de 45 000 visiteurs. Le prix Renaud-Cyr est destiné à souligner l'excellence de professionnels de l'agroalimentaire et valorise les produits du terroir québécois et la cuisine régionale. Renaud Cyr, décédé en février 1998, a notamment prôné le développement de la restauration et formé de nombreux chefs au Québec. Le prix Catherine-Crolo est réservé annuellement à une femme qui s'est illustrée dans le domaine de l'agroalimentaire; Catherine Crolo a été la première intendante de la ferme de la congrégation Notre-Dame dans la Nouvelle-France de Marguerite Bourgeois au XVIIᵉ siècle. Des lauréats sont aussi couronnés au cours de manifestations

agricoles diverses: le Salon de la gastronomie et de l'alimentation à Montréal, instauré en 1997, remet un prix du public dans la catégorie Produits du terroir; l'Exposition agricole et alimentaire de Saint-Hyacinthe tient par ailleurs un concours apicole; le Festival des sucres de Plessisville couronne annuellement son grand maître sucrier.

1. Pierre Rousseau, Vignoble du Petit Pré.
2. Lucille Giroux, La Moutonnière.
3. Léa Lehmann, Hébertville.
4. Antoine Leuthard, Produits La Tradition.
5. Marius et Albert Bédard, Neuville.

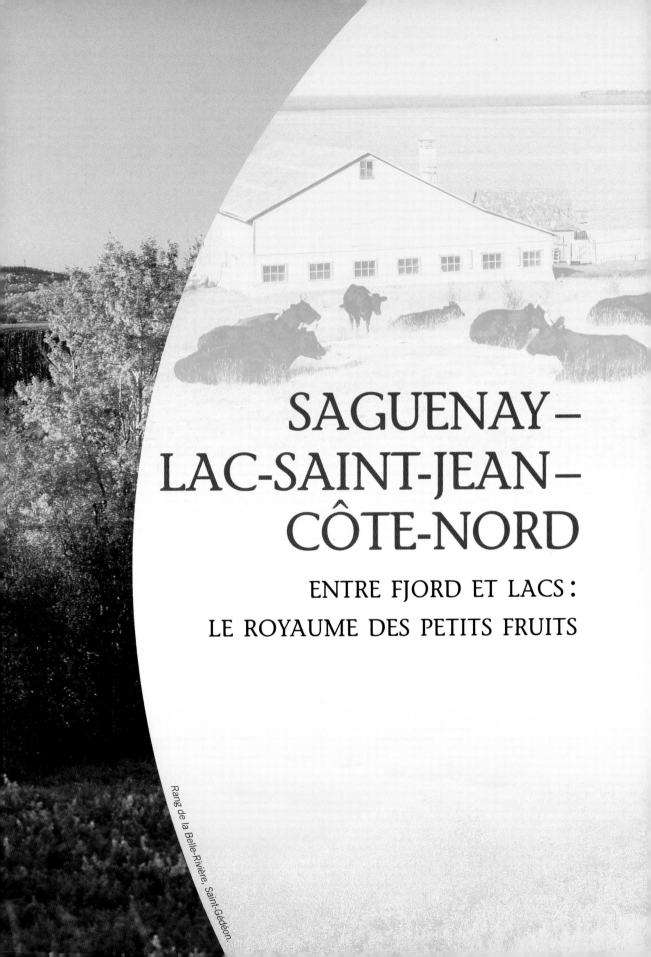

SAGUENAY– LAC-SAINT-JEAN– CÔTE-NORD

ENTRE FJORD ET LACS : LE ROYAUME DES PETITS FRUITS

Rang de la Belle-Rivière, Saint-Gédéon.

Rang Saint-Isidore, Hébertville.

UNE MER INTÉRIEURE CEINTURÉE D'UN CROISSANT BLEU

Certains agriculteurs plus âgés du Saguenay–Lac-Saint-Jean gardent encore en mémoire des souvenirs, passés d'une génération à l'autre comme un bien de famille, dans lesquels on qualifiait la région de « grenier du Québec ». La fertilité reconnue des terres, bien dissimulées derrière des montagnes impropres à l'agriculture, et surtout l'époque où on les découvrit plus de deux siècles après la colonisation de la vallée du Saint-Laurent, contribua à cette réputation. Les voyageurs qui sillonnent la région dans la première moitié du XXᵉ siècle n'hésitent pas à affirmer que les plus belles fermes du Québec s'y trouvent. Quel plaisir pour le visiteur, qui arrive pour la première fois sur les hauteurs d'Hébertville et découvre cette mer intérieure qu'est le lac Saint-Jean avec ses trente-cinq kilomètres de diamètre, d'admirer un paysage à la fois si grandiose et si intime. Les rangs qui quadrillent le pourtour du lac laissent voir un relief bien mouvementé ; une accumulation de plis valonneux donnent naissance à une multitude de cuvettes dans lesquelles nichent de petits lacs qui créent des tableaux fort pittoresques. Malgré un relief accidenté, l'économie agricole a laissé, au fil des décennies, sa signature sur les vallons et les plateaux.

Rang Double, Saint-Félicien.

Vouée à l'industrie laitière depuis la fin du XIXe siècle, la région est demeurée fidèle à ses orientations agricoles premières ; sur les plateaux d'Hébertville et de Lac-à-la-Croix, on découvre une belle concentration de fermes laitières de même qu'à Normandin et Albanel. Cette vocation agricole de la première heure a amené tout récemment la création du Centre de la ruralité et de l'agriculture du Lac-à-la-Croix, qui se consacre à la mise en valeur du patrimoine agricole régional. Le Lac-Saint-Jean se distingue aussi par la culture de la pomme de terre qui regroupe une trentaine de producteurs ; elle est confinée autour des noyaux Péribonka-Mistassini et Saint-Ambroise-Bégin, alors que le canola connaît une grande popularité avec plus de 3 500 hectares en culture. La région expérimente enfin plusieurs cultures nouvelles comme le chanvre, la canneberge, le pois sec et le ginseng. Qualifiés par Jacques Cartier en 1535 de « Royaume », le fjord du Saguenay et le lac Saint-Jean conservent encore de nos jours cette appellation. Avec un bassin de population de près de 300 000 personnes qui portent fièrement le sobriquet de « Bleuets », on comprend que le terroir ait des racines profondes en ces lieux.

Les sœurs Beaudet, La Magie du Sous-Bois.

AU PAYS DU BLEUET

Mais parler du Lac-Saint-Jean, c'est d'abord parler de la cueillette du bleuet. C'est principalement au nord du lac que se concentre depuis des décennies cette activité. Falardeau, L'Ascension, Mistassini, Saint-Ambroise, Saint-Félicien, Saint-François-de-Sales, Saint-Léon et Saint-Méthode forment « le croissant bleu ». Depuis deux décennies, la production en bleuetière a grandement évolué grâce aux usines de congélation ; le fruit est désormais exporté un peu partout dans le monde. La Magie du Sous-Bois pare le bleuet de nouveaux atouts en le confirmant dans de nouvelles saveurs raffinées qu'on lui ignorait : les deux sœurs Beaudet ont leur secret ; on fait mieux, par exemple, avec le bleuet sauvage qu'avec le bleuet cultivé.

Les sœurs Beaudet savent de quoi elles parlent puisqu'elles possèdent un domaine ancestral de 215 acres, dont 110 de bleuet. Ces ex-enseignante et ex-infirmière, dont l'une a été formée à l'Institut de technologie agricole de Saint-Hyacinthe, ont donc mis au point des produits haut de gamme du bleuet : une gelée Inspiration, une tartinade Plaisir divin, un coulis Volupté et un sirop Séduction. Un ancien bâtiment de ferme restauré renferme une salle de congélation, une salle de réfrigération et un comptoir de dégustation. Une dizaine de kilomètres de sentiers pédestres et des aires de pique-nique et d'interprétation de la flore et de l'ornithologie locales ajoutent à l'intérêt des lieux.

1. Bleuets Mistassini
2. Délices du Lac-Saint-Jean
3. La Magie du Sous-Bois
4. Atocas Lac-Saint-Jean
5. Chocolaterie des pères trappistes

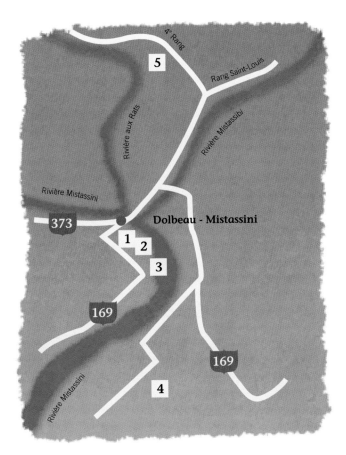

Chemin du Moulin, Saint-François-de-Sales.

Le chocolat aux bleuets des pères trappistes de Mistassini et le Minaki, un apéritif aux bleuets, demeurent des classiques de la région. Habitués à la cueillette des bleuets depuis les débuts du XXᵉ siècle, les trappistes ouvrent leur conserverie en 1923. Puis, en 1941, ils créent une bonbonnerie : Bonbons Saguenay naît. En 1942, ils se lancent dans la fabrication d'un chocolat aux bleuets et, en 1951, ils fabriquent la tire La Marquise de Paris. En 1978, Bonbons Saguenay disparaît pour céder le pas à la Chocolaterie des pères trappistes de Mistassini.

Depuis le début des années 1970, la chocolaterie assure le gagne-pain de la communauté. « La ligne de conduite des moines en affaires est la suivante : les revenus générés par l'industrie doivent suffire à assurer la subsistance des membres de la communauté. Ils n'en demandent pas plus, enfin beaucoup moins que les amateurs de sucre », confiait l'un d'eux. Il n'en demeure pas moins que, chaque année, c'est plus de 8 000 kilogrammes de bleuets qui sont utilisés dans la fabrication du chocolat. De plus, les trappistes de Mistassini auront contribué a l'enrichissement de la tradition fromagère locale en fabriquant un gouda et le Port-Salut, ce dernier emprunté au frère Alphonse Juin du monastère d'Oka.

Père Marcel Carrier, Chocolaterie des pères trappistes de Mistassini.

Chemin Alfred-Villeneuve, Normandin.

L'agriculture des terroirs du Saguenay–Lac-Saint-Jean reposait, par le passé, sur le bleuet, le fromage et la gourgane. Cette dernière, venue de Charlevoix mais bien adaptée à la région, sou-

vent servie dans la soupe, est cultivée aujourd'hui dans la région d'Hébertville, de Saint-Bruno et de Lac-à-la-Croix. Cette culture, concentrée entre les mains de quelques producteurs, a été longtemps présente dans les potagers de la région où elle était cultivée pour un usage domestique alors que les surplus faisaient souvent l'objet d'une mise en conserve artisanale.

Chemin Vézina, Hébertville.

FROMAGERIE PERRON

L'industrie fromagère québécoise doit en bonne partie son existence à l'instauration des premières fabriques de cheddar. Le procédé de cheddarisation vient d'Angleterre, plus précisément du village de Cheddar dans le Somerset; il a été introduit ici par des loyalistes venus des États-Unis. Ces derniers vont y implanter les premières fromageries dès 1865. Au même moment, l'agriculture québécoise se tourne résolument vers l'industrie laitière et les beurreries et fromageries artisanales se répandent entre 1865 et 1880. Le fromage cheddar, exporté principalement en Angleterre, amène la multiplication des fromageries artisanales et leur nombre ne cesse de croître; on en compte plus de 700 dans le premier quart du XXe siècle et la qualité n'est pas toujours au rendez-vous. Conscient

de cette lacune, le gouvernement du Québec met sur pied, en 1882, la Société d'industrie laitière puis fonde, en 1892, l'École de laiterie de Saint-Hyacinthe qui offre un savoir-faire aux beurriers et fromagers.

Vue intérieure du Musée du Cheddar.

Puis, en 1909, les fabriques sont tenues d'obtenir un certificat de compétence émis par l'École de laiterie. Leur nombre décroît peu à peu, décroissance amenée notamment par la formation et la fusion de petites compagnies. Des 990 établissements recensés au Québec en 1950, il n'en reste plus que 282 en 1960, 145 en 1970, et 34 en 1977. Albert Perron, venu avec son épouse Éva Tremblay de Saint-Fidèle de Charlevoix, ouvre une fabrique de fromage en 1887 avant de s'établir dans le bâtiment actuel de Saint-Prime en 1895. La fromagerie d'origine a été classée monument historique en 1989 avant de devenir le Musée du Cheddar en 1992. Albert Perron, le fils, est décédé en juin 2002. La Fromagerie Perron a toujours pignon sur rue et produit notamment un cheddar vieilli de quatre ans. Vers 1883, les frères Paul et Octave Couture, de Laterrière, étaient réputés pour la fabrication de leur beurre, malheureusement leur entreprise ne traversera pas le siècle. De nos jours, le cheddar du Lac-Saint-Jean a trouvé de nouvelles voies et on croise sur son chemin, à Saint-Félicien, la Fromagerie des Chutes, qui produit un fromage cheddar biologique.

Musée du Cheddar, 156, 15ᵉ avenue, Saint-Prime.

FROMAGERIE LEHMANN

*J*acob Lehmann est arrivé de Suisse avec sa famille en 1983. De la Suisse, il a aussi apporté ses rêves, ses traditions et une partie du patrimoine familial, entre autres le savoir-faire que sa grand-mère lui a transmis et qu'il a incarné dans un fromage québécois, Le Valbert, conçu à partir d'une recette de son aïeule. Déjà depuis 1973, en Suisse, il transformait une partie de son lait en fromage ; et voilà qu'arrivée à Hébertville sa fille Léa, la future fromagère, lui dit : « On devrait faire un peu de fromage pour nous. » La famille Lehmann aménage un petit caveau dans le sous-sol de la maison et le rêve prend forme. Avec son troupeau de suisses brunes, tradition oblige, « le fromage commence dans le champ », dira Jacob Lehmann, il expérimente en compagnie de sa conjointe, de ses deux fils, Sem et Isaban, et de sa fille ; il bénéficie aussi de l'expertise du fromager André Fouillet ; cela finit par donner le Valbert et le Kénogami.

Le Valbert, un hameau du Jura où trois générations de Lehmann ont vu le jour, est un fromage de lait cru à pâte ferme, affiné en surface et maturé de 90 à 120 jours ; le Kénogami, rappel de cette première route liant le Saguenay au Lac-Saint-Jean et qui borde aujourd'hui la fromagerie, est un fromage fermier de lait cru à pâte molle.

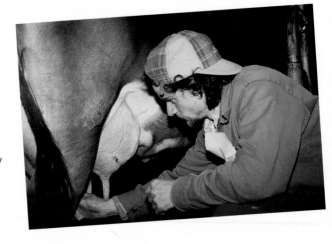

Derrière ces fromages, l'esprit d'une famille, près de ses bêtes et animée de la même philosophie : « En faisant le fromage, on essaye de redonner ce que la famille a mis dans le champ. » Et la famille est bien soucieuse de ce que la terre reçoit ; les deux fromages de lait cru s'inspirent des principes de l'agriculture biologique. Bien humblement, Jacob Lehmann confesse qu'il lui faudra quelques années encore avant d'atteindre le niveau de perfection qu'il souhaite pour ses fromages, mais il semble bien que le terroir d'Hébertville se prête à cet objectif. « Les produits du terroir, c'est la sauvegarde du pays, et le Lac-Saint-Jean, c'est un pays dans le pays », souligne Jacob Lehmann. Son troupeau d'une soixantaine de bêtes comprend près de quarante laitières qui paissent en bordure de la rivière ; tout l'intérieur de l'étable est recouvert de planches de bois, à tel point que l'on pourrait se croire dans une vacherie des vieux pays. Tout près de l'étable, Marie Lehmann, sa conjointe, vous présentera les produits de la maison dans une charmante petite fromagerie.

LA PETITE HEIDI

Un autre point d'arrêt incontournable, cette fois-ci du côté du Saguenay, plus précisément à Sainte-Rose-du-Nord, est la Fromagerie La Petite Heidi, ouverte en 1996. Ses propriétaires, Rhéaume Villeneuve et Line Turcotte, connaissent bien le coin ; Line Turcotte est native de Saint-Fulgence, la paroisse voisine, alors que Rhéaume Villeneuve a repris la ferme paternelle. Composé d'un troupeau de 75 chèvres de race Saanen, dont près d'une trentaine de laitières, la Fromagerie La Petite Heidi doit son nom à la première chèvre de la ferme baptisée Heidi.

Rhéaume Villeneuve, La Petite Heidi.

1. Vue panoramique
2. Boulangerie Café de la Poste
3. Fromagerie La Petite Heidi
4. Élevage ovin

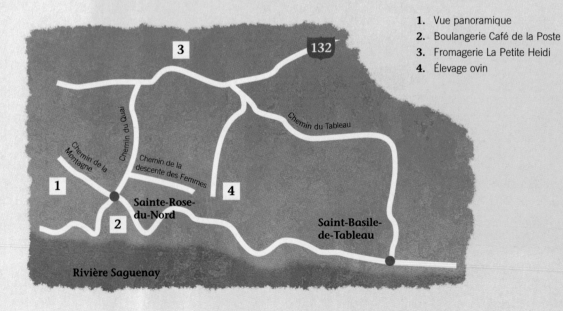

La Petite Heidi, 504, boul. Tadoussac, Sainte-Rose-du-Nord.

Line Turcotte, La Petite Heidi.

Les fermes du secteur, modestes, accrochées au flanc des collines, sont installées dans les paysages agricoles parmi les plus attrayants du Saguenay–Lac-Saint-Jean, si bien que l'on pourrait se croire parfois dans les Alpes avec des troupeaux de chèvres, de moutons ou de vaches qui tondent les flancs verts des montagnes. Il faut préciser que l'agriculture locale contribue grandement à l'entretien et à la beauté des paysages de Sainte-Rose-du-Nord.

Chemin du Quai, Sainte-Rose-du-Nord.

L'agriculture locale est maintenue en bonne partie grâce au clan Villeneuve ; il y a Rhéaume Villeneuve à La Petite Heidi, son neveu Guy Tremblay qui, sur la ferme voisine, élève des moutons, son frère, Laval Villeneuve qui, dans un décor exceptionnel, possède une ferme ovine à l'Anse-à-la-Mine, hameau qui se trouve à quelques minutes seulement de Sainte-Rose-du-Nord et qui mérite une incursion, Lionel Girard, son beau-frère, qui fait paître ses vaches brunes en bordure du chemin du Quai, et enfin son oncle, Frédéric Villeneuve, qui pratique aussi au village de Sainte-Rose-du-Nord la culture des légumes. Fière de ce patrimoine, La Petite Heidi rend hommage à son milieu par le biais de ses fromages tous faits de lait de chèvre à 100 % : le Sainte-Rose lavé au vin, le Rosé du Saguenay (tomme de chèvre) affiné pendant 30 à 40 jours, et le Sainte-Rose en grains. La fromagerie offre, tout au cours de l'année, différentes activités, comme la journée des champignons qui se tient en septembre ou encore des sorties en parapentes qui décollent du haut de la montagne dominant la ferme ; de plus, il est possible d'y pique-niquer, de marcher dans l'érablière que Rhéaume Villeneuve souhaite mettre en valeur dans les prochaines années, ou encore d'emprunter un sentier pédestre qui vous conduira au haut de la montagne et qui lève le rideau sur Sainte-Rose et le Saguenay.

Normand Tremblay

Framboisière Le Cageot, 545, chemin Saint-André, Jonquière.

VINS ET LIQUEURS

Au retour, en direction de Chicoutimi, vous apercevrez, dans le village de Saint-Fulgence, le premier vignoble établi au Lac-Saint-Jean : le Domaine de l'Anse. Implanté par Normand Tremblay en 1999, ce vignoble a donné ses premières vendanges en 2002 et près de 3 000 bouteilles ont été produites. Avec ses cépages, du Vandal-Cliche et du Sainte-Croix, Normand Tremblay veut étendre son vignoble sur les coteaux de Saint-Fulgence afin d'y répandre 12 000 plants de vigne d'ici un an ou deux. Un autre vignoble, de moindre envergure, est celui de la Framboisière Le Cageot. Donald Tremblay et Carmel Jomphre y cultivent, depuis vingt ans, la framboise ; dans un site enchanteur, ils offrent aux visiteurs les produits transformés de la framboise, dont une liqueur de framboise et un miel de framboise ; et, il y a peu, ils ont planté à titre expérimental une centaine de pieds de vigne (Sainte-Croix, Cliche, Sabrevois) pour éventuellement tirer un bon vin de leurs grappes.

Donald Tremblay, Framboisière Le Cageot.

En quittant Chicoutimi en direction de L'Anse-Saint-Jean, empruntez le rang Saint-Martin, puis la montée Grande-Anse et enfin le rang Saint-Joseph qui vous mènera directement au centre-ville de La Baie. Sur ces routes de campagne défilent de superbes décors entre la montagne, la rivière Saguenay, les paysages agricoles et les fermes d'élevage. Plusieurs gîtes du passant ont pignon sur rue dans ces rangs panoramiques dont le gîte La Vieille École et la Maison des Ancêtres. En fin de parcours, vous découvrirez la Fromagerie Boivin; mise sur pied en 1939, cette petite fromagerie artisanale est aujourd'hui une fromagerie d'envergure régionale avec sa quarantaine d'employés qui s'affairent à la fabrication d'un cheddar frais, en grain et en meule. Le village de L'Anse-Saint-Jean présente plusieurs similitudes avec Sainte-Rose-du-Nord et son décor est tout aussi attrayant. Le parcours du rang Saint-Thomas en est une belle illustration; à l'extrémité est du rang Saint-Jean-Baptiste se trouve la Pâtisserie Louise qui fabrique depuis seize ans, de façon artisanale, tartes, pains, galettes, etc. Bien connue des vacanciers de la région, la Pâtisserie Louise fournit des pains cuits dans des fours traditionnels à quelques pas de la maison. En bordure de la route 170, Les Brasseurs de l'Anse, devenus aujourd'hui les Brasseurs RJ, fabriquent toujours une bière artisanale, et une visite guidée des lieux est possible certains jours de la semaine.

Pâtisserie Louise, 328, Saint-Jean-Baptiste, Anse-Saint-Jean.

Four à pain de la Pâtisserie Louise.

PARLONS PAIN, SIROP ET MIEL

Si, au tournant des années 1920 et dans les deux ou trois décennies qui suivront, les boulangeries artisanales se multiplient au Lac-Saint-Jean (boulangerie Morin à Chicoutimi en 1915, boulangerie Lajoie à Métabetchouan en 1928, boulangerie Lesage en 1952 à Alma), voilà que ces mêmes boulangeries, qui sont encore en place aujourd'hui, répondent à des volumes plus importants. Fort heureusement, le cycle ne s'arrête pas là, puisque renaissent de petites boulangeries, où l'on est bien fier de présenter des pains

Éloi Gagnon, La Ferme Eliro.

variés de fabrication artisanale. C'est le cas, par exemple, de la boulangerie du Café de la Poste, à Sainte-Rose-du-Nord, ou encore de La Moisson d'Or à Saint-Félicien.

L'acériculture de la région est fort modeste; si on trouve ici et là quelques érablières et quelques cabanes à sucre conventionnelles, notamment dans la région de Laterrière, les produits de l'érable ne comptent pas parmi les produits agrotouristiques régionaux. Il en est autrement de l'apiculture qui, depuis plusieurs générations, est l'affaire de deux familles : la famille Picard de Normandin et la famille Charbonneau. George-Henri Picard a appris de son père les secrets du miel et, dès 1926, il a commencé à transmettre son savoir à ses deux fils, André et Raymond.

Miel Picard, Normandin.

Si la famille Picard ne gardait que 7 ou 8 ruches au début des années 1900, un à-côté de la production laitière, elle en possède aujourd'hui tout près de 1 000, qui servent principalement à la pollinisation des bleuetières ; mais la saison est bien courte dans la région et, dès le 10 août, les abeilles ralentissent considérablement leur activité avant d'entrer en hibernation environ un mois plus tard. Le miel produit est acheminé en bonne partie à Michel Langevin et à Dominique Boily qui, depuis 1989, se sont portés acquéreurs des Pastilles au miel Charbonneau de Chicoutimi. Avila Charbonneau, agronome, commence à s'intéresser à l'apiculture au début des années 1920 ; en plus de produire du miel en pot, il met au point un petit bonbon au miel baptisé « le berlingot », qu'il écoule sur le marché local et en pharmacie. Il met en marché par la suite des pastilles au miel, puis au beurre, puis au citron. Fabriquées encore aujourd'hui de façon artisanale, les pastilles au miel Charbonneau, sans agent de conservation, recommandées contre les maux de gorge, sont distribuées dans les pharmacies de l'est du Québec.

Jean-Marie Bergeron, Verger Métabetchouan.

1ᵉʳ Rang, Métabetchouan.

La culture des fruits, comme la pomme, la prune, la poire, n'a jamais été chose facile au Saguenay–Lac-Saint-Jean. Si l'on peut déceler quelques tentatives ici et là dans le paysage, notamment à L'Anse-Saint-Jean, village plus au sud, où les toponymes nous confirment la présence d'arbres fruitiers avec sa rue du Verger et sa rue des Pommiers, c'est à Métabetchouan que Jean-Marie Bergeron s'acharne depuis plus d'une dizaine d'années à implanter la culture du prunier. Et, après bien des revers, il croit avoir trouvé une variété bien adaptée au climat et au sol. À preuve : son verger de 700 pruniers pimbinas rouges, lesquels fournissent chaque année plus de 1 000 livres de prunes qu'il distribue sur les marchés locaux. Fier de son succès, il veut maintenant s'attaquer avec son fils Pierre à la fabrication d'une liqueur de prune qu'il espère mettre en marché d'ici cinq ans.

L'agriculture de la région se pratique sur une base extensive et les sols sont utilisés en bonne partie pour l'élevage bovin. Les autres élevages demeurent marginaux : c'est le cas de la volaille et du porc, concentrés entre les mains de cinq ou six producteurs. Cependant, la production ovine est en ascension constante. Le lac Saint-Jean est aussi célèbre pour sa ouananiche, une variété de saumon captive du lac, et sa tourtière. Dans le fjord du Saguenay, de La Baie à L'Anse-Saint-Jean, on pratique du début de janvier à la mi-mars la pêche blanche ; plus de 1 700 cabanes multicolores permettent aux amateurs de pêcher morue, sébaste, turbot, plie et éperlan.

LA CÔTE-NORD

Territoire immense où se côtoient l'aspect sauvage des terres et la douceur de la bande riveraine du Saint-Laurent longue de 1 250 kilomètres, la Côte-Nord est la deuxième région du Québec pour ses dimensions, mais avec une population qui dépasse à peine 100 000 personnes. S'étendant de l'est de la rivière Saguenay jusqu'à Blanc-Sablon, incluant l'île d'Anticosti, la Côte-Nord se caractérise par un paysage de forêt boréale qui cède graduellement le pas à la toundra dans sa partie la plus septentrionale.

Les « buttes à Valmore », Bergeronnes.

Pêche traditionnelle à l'embouchure de la rivière Ragueneau.

Avec en plus un relief relativement accidenté, on pourrait croire que l'agriculture n'a pas sa place sur cette terre toute tournée vers les activités forestières et la pêche. Traditionnellement, les voyageurs, les écrivains ont toujours perçu l'agriculture de la Côte-Nord comme une parente pauvre, « la fille du bois », qui ne trouve pas sa voie entre les gelées tardives printanières et les gelées précoces automnales.

Une partie du village des Bergeronnes nommé Le Bassin.

Avant les années 1960, l'agriculture de la Côte-Nord, qui occupait environ un septième du territoire des municipalités, se concentrait principalement sur une faible frange de littoral comprise entre Tadoussac et Betsiamites : c'était la cueillette du thé du Labrador, les bleuets et le beurre de Bergeronnes ainsi que le beurre et le fromage de Sacré-Cœur. « Les cultivateurs, qui sont tous des hommes de chantier, n'ont aucune préoccupation d'améliorer leurs terres, de varier les engrais, de pratiquer des assolements rationnels, de sélectionner leur bétail. Les rendements sont très faibles... », rapporte le géographe Blanchard en 1935. L'agriculture contemporaine de la Côte-Nord a innové. Bien que limitée par différentes contraintes, comme le climat et la disponibilité des sols, l'agriculture y est diversifiée. C'est dans l'axe de Grandes-Bergeronnes et Sacré-Cœur, qui s'étend sur quelques kilomètres à peine, que se trouvent le plus grand nombre d'agriculteurs et les fermes les plus productives. Si on jette un coup d'œil sur les productions animales, on constate que l'agriculture de la Côte-Nord repose sur une vingtaine d'éleveurs de boucherie, cinq producteurs laitiers, trois producteurs ovins et un de porcs.

Retour de la pêche à la Baie-Johan-Beetz.

Chemin des Dunes, Tadoussac.

Dans les environs de Baie-Comeau, on trouve des producteurs de chevaux, des éleveurs de grand gibier (cerf, chevreuil, daim, sanglier) et des pisciculteurs. Comme le souligne Ghyslaine Morin, copropriétaire d'une ferme laitière à Sacré-Cœur, « l'agriculture sur la Côte-Nord se fait d'une montagne à l'autre et ces montagnes sont souvent proches l'une de l'autre ».

L'agriculture régionale s'est aussi depuis longtemps fait une spécialité des petits fruits. La cueillette des fruits sauvages est une activité pratiquée de tout temps par les résidents. En tête de liste, le bleuet, répandu sur 1 700 acres de terre entre Sacré-Cœur et Gallix. D'autres petits fruits abondent, comme la catherinette, la lingonne, la chicouté ou plaquebière (déformation du vieux français « plat de bièvre » c'est-à-dire nourriture du castor). La Chicoutai de Natashquan (chicoutai veut dire « feu » en langue montagnaise et fait référence à la couleur du fruit avant maturité) et l'Airelle du Nord sont deux alcools mis en bouteille par la SAQ et qui contribuent à bien positionner la Côte-Nord sur la carte des produits régionaux du Québec. À Saint-Paul-du-Nord, on a développé une atocatière ; pour désigner la canneberge sauvage, les gens de la Côte-Nord emploient le terme « berry » ; l'autocueillette de fraises et de framboises fait aussi partie des activités saisonnières.

Thé des bois dans l'arrière-pays Bergeronnais.

Travaux agricoles à Baie-Sainte-Catherine.

Ce sont la forêt, le fleuve, les lacs et les rivières qui, depuis toujours, par le biais de la chasse, de la trappe et de la pêche, façonnent le menu des gens de la Côte-Nord : caribou, lièvre, perdrix,

loup-marin – chassé autrefois au printemps par les habitants des Escoumins – poissons, mollusques et crustacés. Il ne faut pas oublier le saumon, puisque la Côte-Nord possède plus d'une trentaine de rivières où celui-ci abonde ; 65 % des rivières à saumon du Québec y sont concentrées. Avec ces ressources abondantes et variées, les cuisiniers de la Côte-Nord multiplient les trouvailles pour bien garnir les tables. Le fin gourmet dégustera les frais poissons et fruits de mer provenant des eaux froides du Saint-Laurent, tels que les rouelles de pétoncle aux baies roses, la salade de couteaux de mer, le fameux saumon fumé, ainsi que la tarte aux fruits des champs arrosée d'un verre de chicouté ou encore la gelée de plaquebière ou d'airelle.

Airelles près du phare de Pointe-des-Monts.

56, Chemin du Quai, Sainte-Rose-du-Nord.

LES ARRÊTS
AGROTOURISTIQUES

1. Ferme Eliro *(farine, La Doré)*

2. Miel Picard *(miel, Normandin)*

3. Fromagerie des Chutes *(fromage, Saint-Félicien)*

4. Verger Métabetchouan *(prune, Métabetchouan)*

5. Érablière au Sucre d'Or *(beurre d'érable, Laterrière)*

6. Fromagerie Boivin *(fromage, La Baie)*

7. Pâtisserie Louise *(tarte, L'Anse-Saint-Jean)*

Consulter les Bonnes adresses ou le site www.upa.qc.ca
pour un inventaire complet des produits de la région.

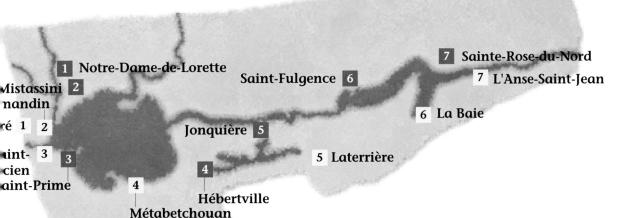

1 Notre-Dame-de-Lorette

Mistassini **2**

nandin

ré **1** **2**

7 Sainte-Rose-du-Nord

Saint-Fulgence **6**

7 L'Anse-Saint-Jean

6 La Baie

Jonquière **5**

int-

cien

aint-Prime **3** **3**

5 Laterrière

4

4

Hébertville

Métabetchouan

Rang Belle-Rivière, Saint-Gédéon.

Rang Saint-Isidore, Hébertville.

NOS COUPS DE CŒUR

1. La Magie du Sous-Bois *(petits fruits, Notre-Dame-de-Lorette)*

2. Chocolaterie des pères trappistes *(chocolat, Mistassini)*

3. Fromagerie Perron *(fromage, Saint-Prime)*

4. Fromagerie Lehmann *(fromage, Hébertville)*

5. Framboisière Le Cageot *(liqueur de framboise, Jonquière)*

6. Domaine de l'Anse *(vin, Saint-Fulgence)*

7. Fromagerie La Petite Heidi *(fromage, Sainte-Rose-du-Nord)*

Vallée de la Chaudière.

CONCLUSION

« Terroir est sans nul doute l'un des plus beaux mots de la langue française. Un mot solide. Rassurant. Un mot comme un bel arbre, avec ses racines profondes et ses ramures généreuses. Un mot d'une grave et douce richesse. Dedans il y a des paysages sauvages ou cultivés, des villages avec leur place et leur église, des marchés, des fêtes. Des couleurs et des odeurs, d'humus ou de silex, de forêts, de prés fraîchement fauchés, de blés et de fruits mûrs. Les accents d'une langue. Et par-dessus tout cela le long, lent, obstiné travail des hommes qui l'ont fait ce qu'il est, d'une génération à l'autre. À travers les méandres du temps se sont ainsi façonnées peu à peu une agriculture et une culture tissée d'Histoire et d'histoires, de légendes et de rites, de savoir-faire et de savoir-dire avec un passé, un présent et un futur. Tout terroir a ou a eu ses produits. […]

« Aux recettes d'hier, dont certaines ne relevaient plus que d'un folklore mélancolique, les cuisiniers d'aujourd'hui ont ajouté leurs créations, pas moins "de terroir" que celles d'hier, et tenant mieux compte des modes de vie d'aujourd'hui. Une cuisine de terroir n'est pas obligatoirement celle qui ne peut qu'aller en duo avec la nappe à carreaux, mais celle qui restitue l'âme du pays, l'âme du produit, que chacun peut traduire à sa manière. "La tradition est un mouvement perpétuel. Elle avance, elle change, elle vit. Efforcez-vous de la maintenir à la manière de votre époque." écrivait Jean Cocteau. »

Extraits recueillis à Luz-Saint-Sauveur dans les Hautes-Pyrénées,
France, mai 2003. *À propos de Terroirs et de Gastronomie*

J.D.

BIBLIOGRAPHIE SÉLECTIVE

AUBÉ, *Claude B. Chronologie du développement alimentaire au Québec*, Saint-Jean-sur-Richelieu, Éditions du Monde Alimentaire, 1996.

DAWSON *Nora. La vie traditionnelle à Saint-Pierre (Île d'Orléans)*, Québec, Presses de l'Université Laval, 1960.

DESLOGES, *Yvon, et Marc LAFRANCE. Goûter l'histoire, les Origines de la gastronomie québécoise*, Canada, Éditions de la Chenelière, 1989.

DORION, *Jacques. Un dimanche à la campagne*, Montréal, Éditions du Trécarré, 1999.

DORION, *Jacques. Saveurs des campagnes du Québec*, Montréal, Éditions de l'Homme, 1997.

DUPONT, *Jean-Claude. Le Fromage de l'île d'Orléans*, Montréal, Éditions Léméac, 1977.

DUPONT, *Jean-Claude. Le Sucre du pays*, Montréal, Éditions Léméac, 1975.

MARTIN, *Guylaine, et Marthe TAILLON. À la recherche de saveurs et de savoir-faire québécois oubliés*, Nicolet, s.é, 1999.

MARTIN, *Paul-Louis. Les fruits du Québec, histoire et traditions des douceurs de la table*, Sillery, Septentrion, 2002.

PROVENCHER, Jean. *Les Quatre Saisons dans la vallée du Saint-Laurent*, Montréal, Boréal, 1996.

ROISEUX, *Jules. Le guide complet des fromages du Québec*, Montréal, Éditions TVA, 2002.

ROY, *Pierre-Georges. L'île d'Orléans*, Québec, Éditeur officiel du Québec, 1976.

SOLIDARITÉ RURALE DU QUÉBEC. *Les terroirs : Mémoire des terroirs, De nature à culture : les produits du terroir*, Nicolet, août 2002.

LÉGENDE DES PHOTOGRAPHIES NOIR ET BLANC

Lucienne Bouchard et Georges-Édouard Girard, 268 rang Saint-Laurent, Baie-Saint-Paul.

REMERCIEMENTS

À Marjolaine Beaulieu du ministère des Régions du Québec, Marius R. Bédard, producteur de maïs de Neuville, Claire Bergeron de l'Institut québécois de l'érable, Stéphanie Boisvert de la Table de concertation agro-alimentaire de l'Outaouais, Yves Buteau, agronome du MAPAQ à Caplan, Karine Charpentier, conseillère en développement agrotouristique de Lanaudière, Ghyslain Côté, agronome du MAPAQ à Alma, Léonard Dorion, généalogiste, Ghyslain Gendron, professeur retraité de l'Université Laval, Bruno Hébert du Centre de réflexion chrétienne de Joliette, Colette et Marc Laberge des Éditions du Trécarré, Joanne Lacasse de l'UPA, Diane Lacroix de l'UPA en Estrie, Mélanie Lagacé de l'UPA de Saint-Jean-Valleyfield, Roger Lamontagne du MAPAQ à Sainte-Marie-de-Beauce, Joanne Laplante de l'UPA de la Côte-du-Sud, Victor Larivière de *La Terre de Chez Nous*, Linda Lavoie de l'UPA de l'Abitibi-Témiscamingue, René Ledoux de l'UPA Outaouais-Laurentides, Brigitte Léger des Îles-de-la-Madeleine, Jean-Paul Lemay, professeur retraité de l'Université Laval, frère Bruno Marie des archives de la Trappe d'Oka, Jacques Morin du Centre d'archives de Québec, Brian Montgomery, éleveur de dindons à Saint-Gabriel-de-Valcartier, Anne-Marie O'Bomsawin de l'UPA de Québec, Pierre Rhéaume de l'UPA, Carmen Saint-Denis de l'UPA à New-Richmond, Louise Simard du Musée du Cheddar de Saint-Prime, Félix Théberge, agronome du MAPAQ à Rouyn-Noranda, Laurier Tremblay, agronome du MAPAQ sur la Côte-Nord, Rémi Trudel ex-ministre du ministère des Régions du Québec, Pierre Vagneux, ingénieur retraité du MAPAQ, père Jacques Van Vliet, responsable du verger de l'abbaye cistercienne de Rougemont.

Des remerciements particuliers à Nicole Genêt (Îles-de-la-Madeleine), Félix Genêt-Laframboise (photos d'aliments), Yves Laframboise (Abitibi), Pierre Rambaud Le Cyclope (Côte-Nord) et Alain Vinet (Île-aux-Grues), qui ont gracieusement accepté de me fournir quelques photographies, ainsi qu'à Félix Genêt-Laframboise et André Bourget, qui ont su donner une signature graphique originale à cette publication. Enfin, toute ma reconnaissance à Sylvie Marier, directrice des Communications à l'UPA, pour son support indéfectible à la réalisation de cette publication.

LES BONNES ADRESSES

PRODUITS RÉGIONAUX, PRODUITS DU TERROIR, PRODUITS FERMIERS, PRODUITS MAISON, ETC.

AGNEAUX, CONFITURES, GELÉES, PRODUITS DE BOULANGERIE, TISANES,

BIÈRES, FARINES, HYDROMELS, VINS,

CASSIS, FINES HERBES, LIQUEURS, PRODUITS DE L'ÉRABLE, ETC.

CHOCOLATS, FOIES GRAS, POISSONS,

CIDRES, FROMAGES, PETITS FRUITS, PRODUITS DE LA POMME,

ET EN PLUS

CIRCUITS ET RANDONNÉES, COMPTOIRS DE PRODUITS RÉGIONAUX, FOIRES ET FESTIVALS, MARCHÉS PUBLICS, MUSÉES ET CENTRES D'INTERPRÉTATION

PLUS DE 800 ADRESSES D'AGRICULTEURS ET D'AGRICULTRICES, D'ARTISANS ET D'ARTISANES DE LA TRANSFORMATION, TOURNÉS VERS L'AGROTOURISME, DE TOUTES LES RÉGIONS DU QUÉBEC

AVANT-PROPOS

Depuis une vingtaine d'années, les produits du terroir du Québec sont devenus une fierté pour nos régions. Par leur créativité et leur détermination, des hommes et des femmes voués à l'agriculture ont doté les quatre coins du Québec de fleurons gastronomiques appréciés des collectivités et qui, régulièrement, obtiennent des reconnaissances internationales. Pour les Québécois et les Québécoises, les produits du terroir sont désormais autant d'invitations à des expériences gustatives mais aussi une belle occasion de découvrir un rang, un village, et surtout notre agriculture artisanale. Car ces artisans et ces artisanes de la terre contribuent par leur engagement à la vitalité et à la survie de leur milieu. Et les résultats observés aujourd'hui nous confirment leur choix judicieux. Ce carnet, les Bonnes adresses, qui présente des produits du terroir, des produits régionaux et des produits fermiers, vous convie certes à une fête quotidienne du goût et des saveurs ; mais cet ouvrage illustre encore davantage l'accueil que vous réservent ceux et celles qui ont marié leur passion à la tradition et au savoir-faire. Le ministère des Régions est heureux de souligner l'ensemble de ces initiatives.

Le ministère des Régions

Les Bonnes adresses a été conçu pour que vous puissiez vous y retrouver rapidement et facilement. En procédant par ordre alphabétique, il fait le tour des richesses gastronomiques de seize régions touristiques du Québec. Dans chaque région, pour chaque produit, vous trouverez donc une liste d'agriculteurs et d'agricultrices qui ont été recensés avec soin, ainsi que leurs coordonnées. S'ajoute à ce portrait des régions une présentation des activités touristiques qu'on peut vous y offrir : comptoirs de produits régionaux, circuits et randonnées, foires et festivals, marchés publics ainsi que musées et centres d'interprétation sont du nombre.

Nous avons donc retenu, dans les Bonnes adresses, des produits du terroir, des produits régionaux et des produits fermiers, voire des produits maison. Dans la plupart des cas, l'activité de transformation artisanale a été un critère important de sélection (sauf peut-être pour certains produits régionaux), même s'il n'est pas toujours évident de tirer la ligne entre ce qui est artisanal et ce qui ne l'est pas. On comprendra cependant que, pour certaines régions et certains produits, il était impossible de fournir une liste exhaustive de tous les agriculteurs et agricultrices, compte tenu de leur trop grand nombre ; c'est le cas par exemple d'acériculteurs de la région des Bois-Francs ou de la Beauce qui s'adonnent à une transformation primaire de la sève d'érable. Nous avons également exclu les fermes dont la seule activité est l'autocueillette, sauf pour certaines régions où l'agriculture artisanale de transformation est moins développée, comme sur la Côte-Nord. Enfin, nous n'avons pas retenu ce que l'on désigne généralement sous le nom d'élevages exotiques (cerf, sanglier, bison, autruche, etc.) ; leur apport tout récent à l'agriculture québécoise demande un peu plus de recul.

Si vous vous rendez en région, nous vous suggérons de vous procurer *Le grand atlas routier du Québec* (Cartotek Geo), qui permet de s'y retrouver facilement lorsqu'on sillonne les rangs du Québec. La mise à jour définitive des Bonnes adresses date de mai 2003.

J.D.

SOMMAIRE

ABITIBI-TÉMISCAMINGUE

Produits et producteurs

AGNEAU

Délices des Bergers
1160, Route 101 Nord
Saint-Bruno-de-Guigues
Tél. : (819) 728-2566
Saucisses, agneaux lourds

La Coopérative des Bergers du
Témiscamingue
559, 5e Rang
Laverlochère
Tél. : (819) 765-2182
Agneaux lourds

BIÈRE

Brasserie Belgh Brasse inc.
8, rue de la Brasserie Amos
Tél. : (819) 732-0553
Bière artisanale : la 8

BŒUF

Ferme du Geai Bleu
389, Route 101
Saint-Bruno-de-Guigues
Tél. : (819) 728-2441
Bœuf Highland

CASSIS

Cassiro
380, avenue Kirouac
Taschereau
Tél. : (819) 796-3395
Gelée et sirop de cassis

Le Verger des Tourterelles
863, Route 101 Nord
Ville-Marie
Tél. : (819) 622-0609
Confiture, gelée, sirop, coulis

CHAMPIGNONS

Les Champignons laurentiens
265, lac Berry
Berry
Tél. : (819) 732-7925
Champignons forestiers séchés et
cultivés

CHOCOLAT

Chocolat Béa
36, 5e Avenue Est
Amos
Tél. : (819) 444-9998
Chocolats variés

Chocolat Martine
22, rue Sainte-Anne
Ville-Marie
Tél. : (819) 622-0146
Chocolat La Caramelle

EAU

Eau de source naturelle ONBI
98, 1re avenue Est
La Sarre
Tél. : (819) 333-2501
Eau de source naturelle

Eaux vives Harricana
80, chemin des Sablières
Saint-Mathieu-d'Harricana
Tél. : (819) 727-9000
Eau embouteillée

FRAISE

Ferme Nord-Vie
1049, 2e Rang
Saint-Bruno-de-Guigues
Tél. : (819) 728-2225
Liqueur de fraises mistelle,
boisson alcoolisée

La Fraisonnée
12, 3e Rang Ouest
Clerval
Tél. : (819) 783-2314
Confitures : Pêche à l'érable, Délice à la
rhubarbe, etc.

FRAMBOISE

Au Gré des framboisiers
697, 9e Rang Ouest
Palmarolle
Tél. : (819) 787-3339
Confitures, beurre de framboise

La Baie des Outardes
268, chemin du Quai
Poularies
Tél. : (819) 732-3462
Vinaigre de framboises

Le Gallichan de Framboises
233, chemin de la Rivière-Ouest
Gallichan
Tél. : (819) 787-6301
Gelée, confiture

FROMAGE

Fromagerie Dion enr.
128, Route 101
Montbeillard
Tél. : (819) 797-2167
Fromage de chèvre, lait et yogourt

La Ferme au Village
45, rue Notre-Dame Ouest
Lorrainville
Tél. : (819) 625-2255
Le Cru du Clocher

La Vache à Maillotte
604, 2e Rue Est
La Sarre
Tél. : (819) 333-1121
Cheddar, fromage de brebis

FRUITS ET PETITS FRUITS

Le Verger des Tourterelles
863, Route 101
Ville-Marie
Tél. : (819) 622-0609
Jus de pomme, coulis de cassis, sirop de
groseilles

LAIT DE BREBIS

Crème frisson, les glaces
de la mère mouton
1214, 4e Rang
Guyenne
Tél. : (819) 732-6369
Crème glacée de lait de brebis

LÉGUMES

Les Serres coopératives de Guyenne
715, chemin des Serres Guyenne
Tél. : (819) 732-0456
Tomates rouges, roses et de grappe

MIEL ET HYDROMEL

Bélanger, Henri
601, 2e-3e Rangs
Colombourg
Tél. : (819) 333-6545
Miel, pollen

L'Artisane
321, 4e Rang
La Morandière
Tél. : (819) 734-6140
Miel, bonbons

Miel Abitémis
149, Route 101 Nord
Saint-Bruno-de-Guigues
Tél. : (819) 728-2087
Miel, pollen, moutarde, relish, sauce au
miel

POISSON

Duranseau, Henri
850, rue de la Croix-Rouge
Senneterre
Tél. : (819) 737-4572
Caviar d'esturgeon

Poissonnerie GMS
2050, chemin du Ski
Laniel
Tél. : (819) 634-2629
Caviar de corégone

Poissonnerie Témis
1099, montée Gauthier
Saint-Bruno-de-Guigues
Tél.: (819) 728-2949
Caviar d'esturgeon jaune, cretons de poissons

PRODUITS DE BOULANGERIE

Boulangerie à La Mie
964, rang de la Croix
Montbrun
Tél. : (819) 637-7308
Pains blancs

Boulangerie chez Nadège
194, 1re Avenue Ouest
Amos
Tél. : (819) 732-3881
Pains de blé et autres

Boulangerie Gerbe d'Or
et de Blé
1672, 3e Avenue
Val-d'Or
Tél. : (819) 825-5388
Pain de blé et autres

Gourmandises d'Aline
930, 2e Rue
Barraute
Tél. : (819) 734-1122
Pains, muffins, etc.

PRODUITS DE L'ÉRABLE

Domaine de l'Érablière
2e-3e Rangs
Rémigny
Tél. : (819) 763-8142
Beurre, gelée, sirop

Érablière Gaouette, Yvon
427, Route 386
Landrienne
Tél. : (819) 732-3532
Produits de l'érable

Érablière Lapierre, Lionel
1511, 2e Rang
Fabre
Tél. : (819) 634-2055
Beurre, gelée, sucre dur et mou

SAUCISSES

Charcuterie du Nord
49, 3e Avenue
Val-d'Or
Tél. : (819) 824-6552
Variété de saucisses

La Boucherie du Lac
36, rue Poirier
Rouyn-Noranda
Tél. : (819) 797-3069
Variété de saucisses

TISANES

Bioplex
266, rang Nord
Nédélec
Tél. : (819) 784-5411
Tisanes aux fines herbes

VIN

Vignoble Domaine Des Ducs
18, Boivin, route de l'Île-du-Collège
Ville-Marie
Tél. : (819) 622-2016
Vin blanc, vin rouge, porto

Activités agrotouristiques

COMPTOIRS DE PRODUITS RÉGIONAUX

Kiosque Les Jardins du Lac
Ville-Marie
Tél.: (819) 728-2225

La Maison Dumulon
191, avenue du Lac
Rouyn-Noranda
Tél.: (819) 797-7125

FOIRES ET FESTIVALS

Festival du poisson,
Angliers, février

Festival du bœuf,
Sainte-Germaine-Boulé, juin

Festival du porc,
Fugèreville, juin

Festival du Fermier,
Rivière-Héva, août

Festival de la tomate,
Guyenne, août

La Route du terroir,
La Motte, août

Les journées d'Antan,
La Corne, août

Festivités champêtres,
La Motte, août

Foire gourmande de l'Abitibi-Témiscamingue et du nord-est ontarien,
Ville-Marie, août

Fêtes champêtres,
Saint-Marc-de-Figuery, septembre

Salon bière et vin,
Val-d'Or, octobre

Les journées nationales du goût et des saveurs,
octobre

MARCHÉS PUBLICS

Marché public d'Amos,
juillet à octobre

Marché public de La Sarre,
juillet-août

Kiosque de l'Éden Rouge,
Saint-Bruno-de-Guigues

MUSÉES ET CENTRES D'INTERPRÉTATION

Centre d'interprétation
de l'Esker,
Saint-Mathieu

BAS-SAINT-LAURENT

Produits et producteurs

AGNEAU

Agneaux de l'Est
171, rang Massé Est
Saint-Gabriel
Tél.: (418) 798-4179
Agneaux de pré-salé

Mer Bergère
Notre-Dame-des-Sept-Douleurs
L'Isle Verte
Tél.: (418) 877-3110
Agneaux de pré-salé de l'Isle Verte

AIL

Ferme Marie-Roselaine
379, Route 132 Est
L'Isle-Verte
Tél.: (418) 898-3514
Ail transformé

BIÈRE

Brasserie Breughel
68, Route 132
Saint-Germain-de-Kamouraska
Tél. : (418) 492-3693
Bières artisanales Kamour

CHOCOLAT

Aux petits caprices
55, Route 132 Ouest
Saint-Simon
Tél. : (418) 738-2354
Chocolaterie et pâtisseries fines

La Fée Gourmande
167, avenue Morel
Kamouraska
Tél. : (418) 492-1050
Chocolats fins de tradition européenne

CONFISERIE

Confiserie Sportsman
36, chemin Bois-Francs
Mont-Carmel
Tél. : (418) 498-3255
Caramel, sirop de table, etc.

EAU

Eau Limpide inc.
121, rue Principale
Saint-Simon
Tél. : (418) 738-2229
Eau de source déminéralisée

FRAMBOISE

La Framboisière des 3 inc.
17, rue du Domaine
Saint-Pacôme
Tél. : (418) 852-2159
Le Pacômois, Lune d'Hiver,
Cap au Diable

Les Jardins du Saroît
400, rue Principale
Saint-Gabriel
Tél. : (418) 798-8394
Framboisière biologique ; confiture et
gelée

FROMAGE

Fromagerie des Basques inc.
69, Route 132 Ouest
Trois-Pistoles
Tél. : (418) 851-2189
Fromage aux fines herbes L'Héritage

Fromagerie Le Détour
100, route Transcanadienne
Notre-Dame-du-Lac
Tél. : (418) 899-7000
Cheddar de lait cru

Le Mouton Blanc
176, Route 230 Ouest,
La Pocatière
Tél.: (418) 856-6627
Fromage de brebis

GLACE

Les Glaces Ali-Baba
521, Route 132 Est
Cacouna
Tél. : (418) 862-1976
Yogourt, glace, sorbet

LÉGUMES

Dans mon Potager
328, Route 298 Sud
Saint-Donat
Tél. : (418) 739-4590
Ketchup, tartinade, gelée

Ferme Val-aux-Vents
468, 4e Rang Ouest
Saint-Valérien
Tél. : (418) 736-5947
Légumes transformés

Les Délices du Jardinier
67, rue Principale Ouest
Saint-Simon
Tél. : (418) 738-2565
Légumes transformés

MIEL ET HYDROMEL

Gaudreau, Gilles
497, 2e Rang Est
Saint-Éloi
Tél. : (418) 898-2926
Miel baratté et miel blanc

Miel naturel Saint-Paul-de-la-Croix
200, 3e Rang Ouest
Saint-Paul-de-la-Croix
Tél. : (418) 898-2545
Miel blanc, miel crémeux

PÉTALES DE ROSES

Les Serres Les Grands Vents
294, 4e Rang Est
Saint-Mathieu-de-Rioux
Tél. : (418) 738-2093
Sirop et gelée de pétales de roses

PETITS FRUITS

La Maison Ronde
183, rang Mississippi
Saint-Germain-de-Kamouraska
Tél. : (418) 492-3036
Coulis, sirop, confiture

Verger Fran-Nord
159, 2e Rang Est
Trois-Pistoles
Tél. : (418) 851-4663
Confitures de framboises,
bleuets, cerises

POISSON

Échinord
10, rue Industrielle
Saint-Fabien
Tél. : (418) 869-3161
Bourgots marinés

La Boucanerie
111, rue Principale
Saint-André-de-Kamouraska
Tél. : (418) 493-2929
Anguille fumée

Marché des Trois fumoirs
L'Isle-Verte
Rivière-du-Loup
Tél. : (418) 898-2046
Poissons fumés

Pêcheries Ouellet
38-A, avenue Morel
Kamouraska
Tél.: (418) 492-1872
Fumage artisanal du poisson (notamment
de l'anguille)

Pisciculture des Cèdres
323, 3e Rang Est
Sainte-Luce
Tél. : (418) 739-4266
Poisson fumé

Poissonnerie chez Louise
223, rue Seigneur-Côté (Route 132)
L'Isle-Verte
Tél. : (418) 898-2497
Poissons fumés et marinés

Poissonnerie Dionne, T.
584, rue Jean-Rioux
Trois-Pistoles
Tél. : (418) 851-4940
Produits salés et fumés maison

Poissonnerie Lauzier
57, avenue Morel
Kamouraska
Tél. : (418) 492-7988
Poissons fumés et marinés

PRODUITS DE BOULANGERIE

Boulangerie Folles Farines
113, rue Saint-Jean-Baptiste
Le Bic
Tél. : (418) 736-8180
Pains au levain, à l'abricot, à l'amande,
etc.

Boulangerie Niemand
82, avenue Morel
Kamouraska
Tél. : (418) 492-1236
Pain au levain biologique de tradition
européenne

La Boulange d'Auclair
484, 10e Rang
Auclair
Tél. : (418) 899-6462
Pain au levain, choco-Grenoble, brioches
variées

Les Baguettes en l'air
3, rue Saint-Paul, Rimouski
Tél.: (418) 723-7247
Pains variés

Micro-boulangerie La Seigneurie
290, rue Lafontaine
Rivière-du-Loup
Tél. : (418) 860-3331
Pain à l'avoine, pain aux olives

PRODUITS DE L'ÉRABLE

Érablière des Alléghanys
156, chemin du Village
Saint-Onésime-d'Ixworth
Tél.: (418) 856-4190
Gelée d'érable biologique

Érablière du Toulidou
56, rang Saint-Grégoire Nord
Auclair
Tél.: (418) 899-2415
Gelée d'érable biologique

Érablière Lizière
34, Côteau des Érables
L'Isle-Verte
Tél.: (418) 898-2815
Beurre, sucre, tire

Les Produits de l'Érable Sylden
22, rue du Pont
Saint-Clément
Tél.: (418) 963-3900
Caramel à l'érable

Vallier, Robert, artisan acériculteur
65, Route du Vieux Moulin
Auclair
Tél. : (418) 899-2825
Boisson alcoolisée à base de sirop
d'érable Domaine Acer, l'Éveil du
printemps, Charles-Aimé Robert

PRUNE

La Maison de la Prune
129, Route 132 Est
Saint-André-de-Kamouraska
Tél. : (418) 493-2616
Prunes de Damas en conserve,
confiture, gelée

TISANE

Viv-Herbes herboristerie
artisanale
35, 2e Rang
Lejeune
Tél. : (418) 855-2721
Tisanes et miel aux herbes

VIANDE

Charcuterie Boucher
812, Route 289
Saint-Alexandre
Tél. : (418) 495-2482
Charcuterie maison

Produits fumés Saint-Gabriel
78, avenue de la Rivière,
Saint-Gabriel
Tél. : (418) 852-2721
Jambon fumé, dinde fumée, etc.

Activités agrotouristiques

COMPTOIRS DE PRODUITS RÉGIONAUX

Le Magasin Général du Kamouraska
280, Route 132 Ouest
Saint-André-de-Kamouraska
Tél.: (418) 493-2888

Le Marché des Caburons
496, Route 132
La Pocatière
Tél.: (418) 856-5885

Place Lemieux
1560, rue du Phare
Pointe-au-Père
Tél.: (418) 724-2888

FOIRES ET FESTIVALS

Festival de la crevette,
Matane, juin

Les Fêtes du Québec
maritime,
fin juin-juillet

Festival du bœuf,
Saint-Clément, juillet

Festi-Porc,
Saint-Valérien, août

Fête des moissons,
Saint-Joseph-de-Lepage, septembre

Les journées nationales du goût
et des saveurs,
octobre

MARCHÉS PUBLICS

Les Halles Saint-Germain
115, rue Saint-Germain Ouest
Rimouski
Fruits, légumes, produits de boulangerie,
pâtes, fruits de mer

MUSÉES ET CENTRES D'INTERPRÉTATION

Économusée de l'Érable
Domaine Acer
65, route du Vieux Moulin
Auclair
Tél.: (418) 899-2825

La Maison de la Prune,
Verger-Musée
129, Route 132 Est
Saint-André-de-Kamouraska
Tél.: (418) 493-2616

Site d'interprétation de
l'anguille de Kamouraska
205, avenue Morel
Kamouraska
Tél.: (418) 492-3935

BOIS-FRANCS

Produits et producteurs

AGNEAU

Agneau Dodu
1990, chemin des Bouvreuils
Bécancour
Tél.: (819) 298-3006
Cretons, terrine au poivre, pâté
de foie d'agneau

Ferme Chevalaine
1665, 6e Rang
Saint-Wenceslas
Tél.: (819) 224-4171
Saucisse aux fines herbes

BIÈRE

Microbrasserie Multi-Brasses
1209, rue Saint-Joseph
Tingwick
Tél.: (819) 359-3887
Bières à la canneberge, au miel,
au sirop d'érable

CANARD

Les Canards de l'Avenir
117, Route 143
L'Avenir
Tél.: (819) 394-3076
Foie gras, gésier, magret

CANNEBERGE

Atocas Notre-Dame
136, Route 165
Sainte-Sophie
Tél.: (819) 362-2228
Canneberge biologique

Canneberge Bécancour
94, rang Saint-François
Saint-Louis-de-Blandford
Tél.: (819) 364-3853
Jus, purée de canneberges

Canneberges d'Or La Maison
Bergevin
1200, rang Belgique
Manseau
Tél.: (819) 356-2395
Chocolat aux canneberges, sirop, tartinade

Le Chapiteau d'Artisanat
3050, Route 218
Manseau
Tél.: (819) 356-2091
Produits transformés de la canneberge

Les Canneberges Atoka
3025, Route 218
Saint-Louis-de-Blandford
Tél.: (819) 356-2001
Jus, muffins, tartes, etc.

CHÈVRE

Ferme Caprice La Chevrière
339, chemin Allard
L'Avenir
Tél.: (819) 394-2066
Cubes de viande et gigots,
saucisses

CHOCOLAT

Fabrication de chocolat
Pauline Simard
185, 1ᵉʳ Rang
Saint-Louis-de-Blandford
Tél.: (819) 364-7422
Chocolat à l'érable, aux canneberges et
miel

La Céleste Praline
1816, rue Dublin
Inverness
Tél.: (418) 453-7373
Chocolat belge, crème glacée artisanale

M.A. Pépin chocolaterie
2365, rue Petit-Saint-Esprit
Saint-Jean-Baptiste-de-Nicolet
Tél.: (819) 293-4520
Variétés de chocolats

CIDRE

Cidrerie Verger des Bois-Francs
304, Route 116
Princeville
Tél.: (819) 364-5783
Sirop de pomme, vinaigre de cidre,
gelée, jus

Verger des Frères
905, boulevard des Bois-Francs Sud
Victoriaville
Tél.: (819) 357-8215
Cidre, jus, vinaigre

EAU

Les Eaux Larochelle
2540, rue Les Quarante
Saint-Jean-Baptiste-de-Nicolet
Tél.: (819) 293-4555
Eau de source

FAISAN

La Faisanbray
367, Route 122
Saint-Edmond-de-Grantham
Tél.: (819) 395-4458
Viande de faisan

FARINE

Moulin Lapierre
99, chemin Laurier
Norbertville
Tél.: (819) 369-9639
Farines de blé, de seigle, de lin, de sarrasin

Moulin Michel
675, boul. Bécancour
Bécancour
Tél.: (819) 298-2882
Farine de sarrasin et galettes

FINES HERBES

L'Armoire aux Herbes
375, rang des Chutes
Ham-Nord
Tél.: (819) 344-2080

TISANES

Le Grenier aux Herbes
2140, rang Grand-Saint-Esprit
Nicolet
Tél.: (819) 293-5807
Tisanes, huile de tournesol, vinaigre

Les Herbes de La Petite Suisse
3000, rang Desharnais
Saint-Christophe-d'Arthabaska
Tél.: (819) 382-2881

FROMAGE

Éco-Délices
766, 9ᵉ Rang Est
Plessisville
Tél.: (819) 362-7472
Le Mamirolle, La Raclette des
Appalaches, Le Louis Dubois, La Pomme
de Glace

Fromage Victoria
101, rue de l'Aqueduc
Victoriaville
Tél.: (819) 752-6821
Cheddar Princesse

Fromagerie Côté
80, rue Hôtel de Ville
Warwick
Tél.: (819) 358-3331
Le Sir Laurier, Le Cantonnier, Le
Vacherin

Fromagerie L'Ancêtre
1615, boul. Port-Royal
Bécancour
Tél.: (819) 233-9157
Cheddar biologique

Fromagerie Le Pastoureau
475, rue Saint-Jean-Baptiste Nord,
Princeville
Tél.: (819) 364-7474
L'Astrée, Le Pastoufrais et Gourmandine
de lait de brebis, Feuille d'Automne et
Pont Couvert de lait de vache

Fromagerie Tournevent
7004, rue Hince
Chesterville
Tél.: (819) 382-2208
Fromage de chèvre Le Biquet, le Chèvre
Noir et le Tournevent

La Moutonnière
3690, 3ᵉ Rang
Sainte-Hélène-de-Chester
Tél.: (819) 382-2300
Fromage de brebis, Cabanon, Bercail,
Champfleuri

LÉGUMES

Ferme Carignan, Pierre
12545, boul. Bécancour
Sainte-Angèle-de-Laval
Tél.: (819) 222-5823
Ketchup, marinades

Ferme des Pères
1017, 5ᵉ Rang
L'Avenir
Tél.: (819) 394-3219
Conserves maison

Fruits d'or
969, rang de l'Église
Saint-Eugène
Tél.: (819) 396-3612
Fruits et légumes transformés

Les Artisans de l'Aube
856, rang de l'Église
Saint-Eugène
Tél.: (819) 396-0140
Sauce jardinière, marinade, ketchup

Les Cultures de chez nous
1120, 9ᵉ Rang
Sainte-Brigitte-des-Saults
Tél. : (819) 336-4846
Poireaux en rondelles

MIEL ET HYDROMEL

Dubois, Madeleine
415, 6ᵉ Rang
Sainte-Sophie
Tél.: (819) 362-6912
Miel crémeux, gâteau au miel

Ferme des Pères
1017, 5ᵉ Rang
L'Avenir
Tél.: (819) 394-2793
Miel baratté, miel liquide

Ferme La Butineuse
4835, rue Saint-Laurent
Bécancour
Tél. : (819) 294-2751
Hydromel blanc, rosé aux bleuets, miel

L'Alvéole
676, rue Saint-Antoine
Sainte-Sophie-de-Lévrard
Tél. : (819) 288-5499
Miel au chocolat, miel aux bleuets, gelée
royale

Le Rucher de la Montagne
6500, rang Hince
Chesterville
Tél.: (819) 382-2656
Miel

Les Ruchers de l'Ancêtre et Fils
596, rang Saint-Jean-Baptiste
Saint-Guillaume
Tél.: (819) 396-2753
Miel crémeux, miel liquide

Miel Pellerin
70, 8ᵉ Rang
Tingwick
Tél.: (819) 359-2966
Miel de sarrasin, miel de
framboises

Miel Roberts
630, 3ᵉ Rang
Lyster
Tél.: (819) 389-5337
Miel et miel crémeux

Miellerie Goyette
1944, chemin Craig
Tingwick
Tél. : (819) 359-2371
Pollen, propolis, miel liquide

Miellerie Les Pèlerins
910, 9ᵉ Rang
Saint-Félix-de-Kingsey
Tél.: (819) 848-2349
Miel baratté crémeux

OIE

Ferme Cavaglia
100, route Lépine
Saint-Elphège
Tél.: (450) 783-6947
Oie fermière

Ferme des Saules (Oisilac)
33, rang de la Grande-Plaine Ouest
Saint-Elphège
Tél.: (450) 783-6526
Oie fermière

Ferme Jéronico
270, route Marie-Victorin
Nicolet-Sud
Tél.: (450) 293-2380
Oie fermière

Ferme Nikodale
86, rang du Pays-Brûlé Est
Baie-du-Febvre
Tél.: (450) 783-6684
Oie fermière

Aux Jardins de l'Oie
920, route Marie-Victorin
Nicolet-Sud
Tél.: (819) 293-4869
Confit, foie gras, rillette, terrine

PETITS FRUITS

Aux Jardins d'Émeraude
321, Route 116 Est
Princeville
Tél.: (819) 364-5873
Confiture, gelée et ketchup

Ferme des Ormes
175, chenal Tardif
Pierreville
Tél.: (450) 568-3709
Confitures, muffins, tartes

Ferme Paysan
333, Route 122
Saint-Edmond-de-Grantham
Tél.: (819) 395-2496
Confiture, tarte, marinade, fraises, framboises, bleuets

PINTADE

Les Faisans D'or
3625, rue des Bouvreuils
Bécancour
Tél.: (819) 298-4970
Suprême et foie de pintade

PLANTES SAUVAGES

Fougères et cie
228 B, rang de l'Île
Notre-Dame-de-Pierreville
Tél.: (450) 568-2323
Cœurs de quenouille marinés, têtes de
violon marinées

PORC

Porcherie Marigro
179, 11ᵉ Rang
Saint-Rémi-de-Tingwick
Tél. : (819) 359-2805
Pâté de campagne et 20 variétés de
saucisses de porc

POISSON

Poissonnerie Boisvert
338, chenal Tardif
Notre-Dame-de-Pierreville
Tél.: (450) 568-2450
Poisson fumé

Poissonnerie Desmarais, Pierre
31, 1ʳᵉ Avenue
Notre-Dame-de-Pierreville
Tél.: (450) 568-3181
Poisson fumé

Poissonnerie Desmarais,
Richard et fils
29, 1ʳᵉ Avenue
Notre-Dame-de-Pierreville
Tél.: (450) 568-3667
Poisson fumé

Poissonnerie Gobeil, Yvon
28, rue Poirier
Notre-Dame-de-Pierreville
Tél.: (450) 568-3434
Poisson fumé

PRODUITS DE BOULANGERIE

Boulangerie du lac William
175, côte de l'Église
Saint-Ferdinand
Tél.: (819) 428-4058
Pain blanc, pain de blé entier

Boulangerie Le Pain du Jour
1092, rue Principale
Daveluyville
Tél.: (819) 367-2999
Variété de pains frais

La Boulange
930, rang Bas-de-l'Île
Sainte-Monique
Tél.: (819) 289-2064
Pains au fromage, aux raisins, aux noix

Le Banneton
706, chemin Saint-Hyacinthe
Saint-Eugène
Tél.: (819) 392-2261
Pains à l'épeautre, au chocolat, au kamut, aux olives

PRODUITS DE L'ÉRABLE

Érablière Beauvan
78, rue de l'Église
Baie-du-Febvre
Tél.: (450) 783-6644
Chocolat, gelée, caramel, beurre

Érablière Grondard
416, rue Principale
L'Avenir
Tél.: (819) 394-2573
Beurre, bonbons, chocolat

La Samare
349, 10e Rang Sud
Saint-Pierre-Baptiste
Tél. : (418) 453-2290
Caramel, confiture

La Sucrerie d'Antan
320, Route 116 Ouest
Plessisville
Tél.: (819) 362-3882
Produits de l'érable

Les Sucreries d'En-Haut
6625, rang Hince
Chesterville
Tél.: (819) 382-9927
Bouteille personnalisée, tartinade

L'Invernois
640, chemin Dublin
Inverness
Tél. : (418) 453-7750
Produits maison

PRODUITS DE LA POMME

Les Vergers Blanchard
1062, Route 139
Wickham
Tél.: (819) 398-6624
Biscuit aux pommes, compote, croustade, gelée

Verger des Bois-Francs
304, Route 116
Princeville
Tél.: (819) 364-5783
Sirop de pomme, vinaigre de cidre, gelée, jus naturel

Vergers Duhaime et Associés
405, Route 239
Saint-Germain-de-Grantham
Tél. : (819) 395-2433
Tartinade, gelée, vinaigre de cidre, jus naturel

Verger des Horizons inc.
49, rue Saint-Louis
Warwick
Tél. : (819) 358-2790
Gelée et jus

Verger Nicolet
5760, rue Principale
Grand-Saint-Esprit
Tél. : (819) 289-2101
Beurre et gelée de pommes, vinaigre de cidre et jus

VEAU

Veau Schiember, T.
1512, 9e Rang Simpson
Notre-Dame-du-Bon-Conseil
Tél. : (819) 336-2439
Veau de grain nature, charcuterie fine

VIN

Vignoble de l'Aurore Boréale
141, rang Brodeur
Saint-Eugène-de-Grantham
Tél.: (819) 396-7349
L'Aurore boréale (blanc et rouge),
Nuit des Perséides (blanc et rouge),
Rosé des Peupliers (rosé),
Les Pléiades (apéritifs rouge et blanc)

YOGOURT, LAIT

Ferme La Saga
189, route Marie-Victorin
Baie-du-Febvre
Tél.: (450) 783-6723
Yogourt, beurre et lait de chèvre

Activités agrotouristiques

CIRCUITS ET RANDONNÉES

Circuit et forfait gourmand
Tél.: (450) 783-6363

Circuit horticole du Centre-du-Québec
Tél.: 1 877 235-9569

Circuit terroir
Tél.: 1 866 279-0444

La balade des saveurs
Tél.: 1 877 235-9569

La Route des Gourmands
Tél.: (819) 298-2070

La Route des jardins
Tél.: 1 877 235-9569

La Route des saveurs et des couleurs de l'automne
Tél.: 1 800 360-2989

COMPTOIRS DE PRODUITS RÉGIONAUX

Ferme des Ormes
175, chenal Tardif
Pierreville
Tél.: (450) 568-3709

Fromagerie L'Ancêtre
1615, boul. Port-Royal
Bécancour
Tél.: (819) 233-9157

Rose Drummond
210, boul. Lemire Ouest
Drummondville
Tél.: (819) 474-3488

FOIRES ET FESTIVALS

Festival de l'érable,
Plessisville, mai

Festival des jardiniers,
Kingsey Falls, mai

Festival des sucres,
Saint-Pierre-Baptiste, mai

Festival gastronomique,
Victoriaville, juin

Festival des fromages,
Warwick, juin

Mondial des cultures,
la Halte des saveurs,
Drummondville, juillet

Festival du cochon,
Sainte-Perpétue, août

Festival du bœuf
Inverness, août

Récolte en fête,
Drummondville, septembre

Les Trésors de la terre,
Saint-Eugène-de-Grantham,
septembre

Foire agroalimentaire d'automne,
Grand-Saint-Esprit, septembre

Automne en chansons
et les trésors de la terre,
Saint-Eugène-de-Grantham,
septembre

Potirothon,
Gentilly, septembre

Grande-Tablée des Oies,
Baie-du-Febvre, octobre

Fête des citrouilles illuminées,
Saint-Thomas-de-Pierreville, octobre

Festival de la canneberge,
Villeroy, octobre

Les journées nationales du goût et
des saveurs
octobre

Bal des moissons,
Drummondville, novembre

MARCHÉS PUBLICS

Marché public de Drummondville,
Drummondville, mai à octobre

Marché public Godefroy,
Bécancour, fin mai à mi-octobre

Marché champêtre,
Victoriaville, juin à octobre

Marché public à l'ancienne,
Village québécois d'antan,
Drummondville, octobre

Marché des produits régionaux,
Arthabaska, octobre

MUSÉES ET CENTRES
D'INTERPRÉTATION

Centre d'interprétation
de Baie-du-Febvre
420, route Marie-Victorin
Baie-du-Febvre
Tél.: (450) 783-6996
Ouvert à l'année, consacré en bonne partie à l'oie

Centre d'interpétation de
la canneberge
320, rang Saint-François
Saint-Louis-de-Blandford
Tél.: (819) 364-5112
Ouvert septembre-octobre

Musée de la cuisine
Parc des Voltigeurs
Saint-Charles-de-Drummond
Tél.: (819) 472-3662

Musée de l'érable
1280, rue Trudelle
Plessisville
Tél.: (819) 362-9292

CANTONS-DE-L'EST

Produits et producteurs

AIL

Le Petit Mas
5, Route 206
Sainte-Edwidge-de-Clifton
Tél.: (819) 658-3321
Fleurs d'ail hachées dans l'huile

ASPERGE

Aspergeraie de la Marmottière
2179, chemin Ménard
Coaticook
Tél.: (819) 849-9931

BIÈRE

Micro-Brasserie Le Lion d'or
2 et 6, rue Collège
Lennoxville
Tél.: (450) 562-4589
Blonde des Cantons, Bishop's Better, La
Tribune

Micro-Brasserie Le Memphré
12, rue Merry Sud
Magog
Tél.: (819) 843-3405
Une blanche, une irlandaise,
une scotch ale

BLEUET

Bleuetière Lacroix
104, rue Langevin
Saint-Alphonse-de-Granby
Tél.: (450) 375-6135
Apéritif de bleuet

La Colline aux Bleuets
2259, chemin Beattie
Dunham
Tél.: (450) 295-2069
Gelée, tarte, confiture

CANARD

Auberge d'Andromède
495, 6e Rang
Courcelles
Tél.: (418) 483-5442
Foie gras

Canards du Lac Brome
40, rue Centre
Knowlton
Tél.: (450) 242-3825
Trio de pâtés de canard, poivre, Grand
Marnier et du lac Brome

Les Ducs de MontRichard
393, chemin Alfred-Desrochers
Canton d'Orford
Tél.: (819) 868-2555
Foie gras de canard, rillettes de canard,
graisse de canard

La Girondine
104, Route 237 Sud
Frelighsburg
Tél.: (450) 298-5206
Pâtés, terrine, foie gras, etc.

CASSIS

Apéri-Fruits Compton
490, Ives Hill
Compton
Tél.: (819) 837-2559

CERISE

Vignoble Domaine Félibre
740, chemin Bean
Stanstead
Tél.: (819) 876-7900
Cru des Vallons (blanc), liqueur de
cerises Vice caché

CHAMPIGNONS

Mycoflor
7850, chemin Stage
Stanstead-Est
Tél.: (819) 876-5972
Pleurotes

CHOCOLAT

Confiserie Bromont
679, rue Shefford
Bromont
Tél.: (450) 534-3893
Chocolat et confitures

Confiseries Hansel et Gretel
3809, Route 202
Dunham
Tél.: (450) 295-1320
Chocolat maison

L'Œuf
229, chemin Mystic
Mystic
Tél.: (450) 248-7529
Chocolats variés

Pâtisserie aux Avelines
389, rue Principale
Eastman
Tél.: (450) 297-2160
Chocolat et pâtisserie

Cidre

Au Cœur de la Pomme
42, Route 237
Frelighsburg
Tél.: (450) 298-5319
Cidre et vinaigre de cidre

Cidrerie Fleurs de Pommiers
1047, rue Bruce (Route 202)
Dunham
Tél.: (450) 295-2223
Le Pommeau d'Or, La Cuvée de Noël

Domaine Félibre
740, chemin Bean
Stanstead
Tél.: (819) 876-7900
Le Pommé, Le Fruit défendu

Domaine Pinacle
150, chemin Richford
Frelighsburg
Tél.: (450) 298-1222
Cidre de glace, cidre fort

Les Petits Fruits Légers
331, chemin Brome
Lac-Brome
Tél.: (450) 534-2753
Cidre aux petits fruits

Fraise

Le Versant Rouge
576, 4ᵉ Rang Est
Saint-Georges-de-Windsor
Tél.: (819) 828-2890
Confiture de fraise

Framboise

Ferme au Pré Bleu
609, chemin Paul
Ascot Corner
Tél.: (819) 832-3959
Gelée de framboises, coulis

Framboisière Bellevue
4137, chemin North Hatley
Rock Forest
Tél.: (819) 562-6181
Gelée, confiture et coulis de framboises

Framboisière de l'Estrie
48, chemin Couture
Johnville
Tél.: (819) 837-2126 ou 837-2120
Vinaigre, sirop, vinaigrette de framboises

Fromage

Abbaye de Saint-Benoît-du-Lac
Chemin de l'Abbaye
Saint-Benoît-du-Lac
Tél.: (819) 843-4336
Bleu Ermite

Fromagerie La Germaine
72, chemin Cordon
Sainte-Edwidge-de-Clifton
Tél.: (819) 849-3238
Le Caprice des Saisons, Le Caprice des Cantons

Les Dépendances du Manoir
1199, boulevard Pierre-Laporte
(Route 241)
Brigham
Tél.: (450) 266-0395
Rougette de Brigham, Peau Rouge, Geai Bleu

Gelée de roses

La Rose de Nel
1-A, chemin Talbot
Stoke
Tél.: (819) 562-2440

Lait de chèvre

Le Domaine de la Chevrottière
326-C, rue Bruce
Dunham
Tél.: (450) 295-3584

Légumes

L'Herborerie
771, chemin Merrill
Georgeville
Tél.: (819) 868-0467
Confiture d'oignons

Miel et hydromel

Ferme Lune de Miel enr.
252, 3ᵉ Rang Est
Stoke
Tél.: (819) 346-2558
Miel aux bleuets, miel de trèfle

Ferme Pettigrew,
Carole et Pierre
173, chemin Richford
Frelighsburg
Tél.: (450) 298-5451
Produits du miel

Hydromèlerie Les Saules
Route 112
Saxby Corner
Tél.: (450) 372-8403
Gelée d'hydromel

Le Rucher Bernard Bee Bec
152, rue Principale
Stanstead
Tél.: (819) 876-2800
Hydromel, propolis, gelée

Les miels Lambert
566, rue Gosselin
Wotton
Tél.: (819) 828-2549
Miel, gelée, propolis

Les miels naturels Charbonneau
519, Route 202
Dunham
Tél.: (450) 295-2667
Cinq variétés de miel naturel, non pasteurisé

Poisson

Ferme du Péché Mignon
110, 1ᵉʳ Rang
Saint-Romain
Tél.: (418) 486-2333
Truite fumée

Ferme piscicole des Bobines
1, rue Saint-Henri
East Hereford
Tél.: (819) 844-2418
De la truite pour tous les goûts

Produits de boulangerie

Boulangerie l'Âme du Pain
702, rue Shefford
Bromont
Tél.: (450) 534-4478
Farine bio et levain naturel

Boulangerie Le Four à Bois
526, Route 263
Marston
Tél.: (819) 583-4225
Pains variés

Boulangerie Owl's Bread
299 A, rue Principale
Mansonville
Tél.: (450) 292-3088
Pain au levain, pain de campagne, pain huit grains

La Gourmestre
1126, rue de la Chasse-Gardée
Magog
Tél.: (819) 847-4447
Pains variés

La Rumeur Affamée
3809, Route 202
Dunham
Tél.: (450) 295-2399
Boulangerie, fromagerie

Le Panier à Pain
382, rue Principale Ouest
Magog
Tél.: (819) 868-6602
Pain et chocolat

Le Petit Fournil
6895, rue Louis-Saint-Laurent
Compton
Tél.: (819) 835-0466
Pains variés

Pâtisserie Val Racine
1224, rue Saint-Joseph
Valcourt
Tél.: (450) 532-3169
Pain et tarte

Phil Baker's Bakery
19, North Road
Stanbridge-East
Tél.: (450) 248-3188
Pains variés

PRODUITS DE L'ÉRABLE

Érablière Carbonneau
627, 10e Rang
Coaticook
Tél.: (819) 820-6358
Gelée, sucre, cornets

Ferme Mack
124, Route 108
Lingwick
Tél.: (819) 877-3163
Sirop, gelée, sucre

Ferme Martinette
1728, chemin Martineau
Coaticook
Tél.: (819) 849-7089
Gelée d'érable, caramel à l'érable

Produits d'érable pur Tessier,
Léopold et Carole
30, 11e Rang
Sawyerville
Tél.: (819) 889-3150
Velouté au sirop d'érable

Érablière Robillard, Pierre
2425, rue Goddard
Fleurimont
Tél.: (819) 562-1420
Vinaigre de vin à l'érable

PRODUITS DE LA POMME

La Pommalbonne
6291, Route 147 Nord
Compton
Tél.: (819) 835-9159
Jus, tartes, chaussons, gelée

Le Versant Rouge
574, 4e Rang Est
Saint-Georges-de-Windsor
Tél.: (819) 828-2890
Beurre de pommes et confitures

Les Moûts de P.O.M.
795, chemin Alfred-Desrochers, R.R. 2,
Magog
Tél.: (819) 843-6278
Moût de pomme

Verger familial C.R.
60, chemin Fitch Bay
Magog
Tél.: (819) 868-0600

Verger Ferland, R. et M.
380, chemin Station
Compton
Tél.: (819) 835-5762
Produits dérivés de la pomme

Verger Kessler
1300, rue Saint-Paul
Farnham
Tél.: (450) 293-0152

Verger Le Gros Pierre
107, rue Principale Nord
Compton
Tél.: (819) 835-5549
Jus et gelée de pomme

Verger Maplehearst
793, chemin Bruce
Dunham
Tél.: (450) 295-2295
Cidre de glace Casse-Pomme

Verger du mont Pinacle
134, Abbott's Corner, R.R. 1
Frelighsburg
Tél.: (450) 298-5316
Produits dérivés de la pomme

VIN

La Jovigniale
1568, rue Belvédère Sud, Sherbrooke
Tél.: (819) 346-2015
Feuilles de vignes farcies

Vignoble de La Sablière
1050, chemin Dutch (Route 235)
Saint-Armand
Tél.: (450) 248-2634
La Sablière (blanc), Le Saint-Armand
(blanc), Le Folichon (rosé), La Bernache
(apéritif)

Vignoble Domaine de l'Ardennais
158, chemin Ridge
Stanbridge-East
Tél.: (450) 248-0597
Chancellor (rouge), Seyval (blanc),
Coteau de Champlain (rosé), Ridgeois
(blanc)

Vignoble Domaine Félibre
740, chemin Bean
Stanstead
Tél.: (819) 876-7900
Cru des Vallons (blanc)

Vignoble Domaine du Ridge
205, chemin Ridge
Saint-Armand
Tél.: (450) 248-3987
Apéros

Vignoble La Bauge
155, rue des Érables
Brigham
Tél.: (450) 266-2149
La Bauge Classique (blanc), Le Solitaire
(blanc), Les Patriarches (rouge), La Bête
Rousse (rosé),
L'Aube (mistelle apéritive)

Vignoble Le Cep d'Argent
1257, chemin de la Rivière
Magog
Tél.: (819) 864-4441
L'Archer, Le Mistral, Le Cep d'Argent

Vignoble Les Blancs Coteaux
1046, rue Bruce, Route 202
Dunham
Tél.: (450) 295-3503
Vendange de Bacchus (blanc), La Taste
(blanc), La Vieille Grange (rouge)

Vignoble Les Chants de Vignes
459, chemin de la Rivière
Magog
Tél.: (819) 847-8467
Le Canon (blanc, rouge), Le Kyrie (apéri-
tif), L'Opéra (apéritif et digestif)

Vignoble Les Côtes d'Ardoise
879, rue Bruce, Route 202
Dunham
Tél.: (450) 295-2020
Estafette (digestif), Côte d'Ardoise
(rouge), Haute Combe (rouge), Carte d'Or
(blanc), Riesling (blanc), La Maredoise
(blanc), Le Givré (vin de glace)

Vignoble Les Pervenches
150, chemin Boulais
Rainville
Tél.: (450) 293-8311
Les Pervenches (blanc), Les Pervenches
Foch (rouge)

Vignoble Les Trois Clochers
341, Route 202
Dunham
Tél.: (450) 295-2034
Les Trois Clochers (blanc et rouge),
Seyval de Dunham (apéritif)

Vignoble L'Orpailleur
1086, Route 202
Dunham
Tél.: (450) 295-2763
Orpailleur (blanc, rouge et rosé),
Mousse d'Or (blanc mousseux),
Apérid'or (mistelle apéritive),
Part des Anges (mistelle),
Vin de Marquise (apéritif),
Vendange de glace (vin de glace)

Vignoble Mission du Vigneron
1044, boulevard Pierre-Laporte
Brigham
Tél.: (450) 263-1524
Vin de glace et vin de style porto

Vignoble Perkins Maplery
1825, chemin Robinson
Dunham
Tél.: (450) 538-3607
Ode Erable, La Sève

Vignoble Sous Les Charmilles
3747, chemin Dunant
Rock Forest
Tél.: (819) 346-7189
Sous les Charmilles (blanc)

DIVERS

Ferme Rock et Fleurs sauvages
396, Route 222
Racine
Tél.: (450) 532-4835
Condiments, tartinade, boulangerie

Ferme Sainte-Catherine
2285, chemin Sainte-Catherine
Rock Forest
Tél.: (819) 563-5881
Jus, produits de boulangerie, etc.

Lefebvre, A.
2616, route Nicolas-Austin
Bolton-Est
Tél.: (450) 292-3766
Condiments, tartinade, etc.

Paradis des Fruits
519, Route 202
Dunham
Tél.: (450) 295-2667
Miel, jus de pommes, poires, bleuets

Activités agrotouristiques

CIRCUITS ET RANDONNÉES

La route des vins des
Cantons-de-l'Est
Tél.: 1 800 355-5755

La Route du marché
à la ferme
Tél.: (819) 835-4803, poste 248

Le Sud du Québec à vélo
Tél.: 1 800 355-5755

Rendez-vous agrotouristique :
savourez notre vraie nature
Tél.: (819) 820-2020 ou
1 800 355-5755

COMPTOIRS DE PRODUITS RÉGIONAUX

Abattoir Tessier
891, Route 220
Bonsecours
Tél.: (450) 532-2485

Vitrine Nos Douceurs Champêtres
12, Route 116 Ouest
Danville
Tél.: (819) 839-2911

Vitrine de produits régionaux
137, rue Michaud
Coaticook
Tél.: (819) 849-6669

Vitrine de produits régionaux
Halte du Moulin, autoroute 55
Ulverton
Tél.: (819) 826-1118

FOIRES ET FESTIVALS

Festival de l'érable
Stanbridge-East, mars-avril

La Clé des Champs,
Dunham, mai

La fête du chocolat,
Bromont, mai

Confrérie de l'Omelette géante,
Granby, juin

Festival du pain de Cookshire,
Cookshire, juin

Exposition sur les
produits du terroir,
juin-octobre

Circuit gastronomique
et patrimonial,
Compton, juillet

Festival des gourmands,
Asbestos, août

Festival du lait,
Coaticook, août

Les fêtes du terroir,
Racine, août

Week-end des saveurs,
Compton, août

Fête de l'abondance,
Cookshire, septembre

Fête des vendanges,
Magog-Orford, septembre

Fête des moissons,
Compton, septembre

Fête des récoltes,
Compton, septembre

Fête des récoltes,
Saint-Malo, septembre

Festival de la
tarte aux pommes,
Stanbridge-East, septembre

La récolte des
couleurs du Mont-Ham,
Saint-Joseph-de-Ham-Sud, septembre

Le canard en fête
Lac-Brome, Bromont et
Knowlton, octobre

Les journées nationales du goût et
des saveurs,
octobre

Féérie de Noël,
East Hereford, novembre

MARCHÉS PUBLICS

Marché public
de North Hatley,
mai à octobre

Marché public De la
Ferme au Marché,
Compton, août

MUSÉES ET CENTRES D'INTERPRÉTATION

Centre d'interprétation
de l'abeille
Ferme Lune de miel
252, 3e Rang Est
Stoke
Tél.: (819) 346-2558

Centre d'interprétation de la vache
laitière
Ferme Jean-Noël Groleau
151, chemin Cochrane
Compton
Tél. : (819) 835-9373

Économusée de la vigne
Vignoble L'Orpailleur
1086, Route 202
Dunham
Tél.: (450) 295-2763

Musée du chocolat
La confiserie Bromont
679, rue Shefford
Bromont
Tél.: (450) 534-3893

CHARLEVOIX

Produits et producteurs

AGNEAU

Ferme Éboulmontaise
350, Rang Saint-Godefroy (Route 362)
Les Éboulements
Tél. : (418) 635-2682
Agneau de Charlevoix et légumes
biologiques

BIÈRE

Micro-Brasserie de Charlevoix
2, rue Racine
Baie-Saint-Paul
Tél. : (418) 240-2332
La Bonté Divine, La Côteilleuse

CANARD

La Ferme Gourmande
25, Sainte-Mathilde
Cap-à-l'Aigle
Tél.: (418) 665-6662
Confit, terrines, pâtés, foie gras

CHOCOLAT

Chocolaterie Cynthia
66-A, rue Saint-Jean-Baptiste
Baie-Saint-Paul
Tél.: (418) 435-6060
Chocolat exquis à saveur charlevoisienne

CIDRE

Cidrerie-Verger Pedneault
45, rue Royale Est
Île-aux-Coudres
Tél.: (418) 438-2365
Le Glacier, Rêve de mon Père, Le Vieux
Verger, Matins d'Automne, Le Pierre-
Étienne, L'Envolée, L'ombre du Coteau,
Écume de mer, La Grande Glace

FAISAN

Élevage de la Butte
aux Cailles
70, 5e Rang
Saint-Hilarion
Tél.: (418) 457-5050
Terrines et faisans grillés

FARINE

Moulin seigneurial
des Éboulements
157, rue Principale (Route 362)
Les Éboulements
Tél. : (418) 635-2239
Farine naturelle non blanchie

FROMAGE

Fromagerie de Saint-Fidèle
258, Route 138
Saint-Fidèle
Tél.: (418) 434-2264
Suisse et cheddar

Laiterie Charlevoix
1167, boul. Mgr-de-Laval
Baie-Saint-Paul
Tél.: (418) 435-2184
Cheddar vieilli et le Fleurmier

La Maison d'affinage
Maurice Dufour
1339, boul. Mgr-de-Laval
Baie-Saint-Paul
Tél.: (418) 435-5692
Le Migneron et le Ciel de Charlevoix

GOMME DE SAPIN

Les Gommes de sapin
du Québec
134, rue Saint-Jean-Baptiste
Baie-Saint-Paul
Tél.: (418) 435-3717
Gomme de sapin à l'aloès

LÉGUMES

La Métairie du Plateau
55, rang Centre
Les Éboulements
Tél. : (418) 635-2333
Betteraves jaunes, choux décoratifs,
mini-poireaux, etc.

Les Jardins du Centre
91, rang Centre
Les Éboulements
Tél. : (418) 635-2387
Gourganes, courges, patates bleues,
carottes jaunes, etc.

MIEL ET HYDROMEL

Michaud, Donald
52, rue des Falaises
Baie-Saint-Paul
Tél.: n.d.
Miel

POISSON

Fumoir Charlevoix
31, rang Sainte-Mathilde
Cap-à-l'Aigle
Tél.: (418) 665-6662
Anguille fumée à chaud, esturgeon fumé
à chaud, saumon et truite fumés à froid

PORC

Les Viandes biologiques
de Charlevoix
280, chemin Saint-Laurent
Baie-Saint-Paul
Tél.: (418) 435-6785
Porc biologique élevé au grand air

POULET

Les Viandes biologiques
de Charlevoix
120, rang Saint-Édouard
Saint-Urbain
Tél.: (418) 639-2954
Poulet biologique élevé au
grand air

PRODUITS DE BOULANGERIE

Boulangerie H. Gobeil et fils
674, chemin du Golf
La Malbaie Pointe-au-Pic
Tél. : (418) 665-4754
Pain à la farine blanche non blanchie

VEAU

Le Veau Charlevoix
4, rue Desbiens
Clermont
Tél. : (418) 439-4258
Veau de lait et de grain

Activités agrotouristiques

CIRCUITS ET RANDONNÉES

Fermes écotouristiques
de Charlevoix
Tél.: (418) 435-2939

La route des saveurs de Charlevoix
Tél.: (418) 457-3356

Al Dente
30, rue Leclerc,
Baie-Saint-Paul
Tél.: (418) 435-6695

Les finesses de Charlevoix
378, rang Saint-Godefroy,
Route 362
Les Éboulements
Tél.: (418) 635-1407

FOIRES ET FESTIVALS

Vallée gourmande,
Baie-Saint-Paul, juin

La Fête des saveurs,
Baie-Saint-Paul, octobre

Les journées nationales du goût et des saveurs,
octobre

MARCHÉS PUBLICS

Marché de Baie-Saint-Paul,
juin à septembre

MUSÉES ET CENTRES D'INTERPRÉTATION

Économusée de la farine
Les Moulins de l'Isle-aux-Coudres
247, chemin du Moulin
Île-aux-Coudres
Tél.: (418) 438-2184

Économusée du fromage
Laiterie Charlevoix
1151, boul. Mgr-de-Laval (Route 138)
Baie-Saint-Paul
Tél.: (418) 435-2184

Économusée de la pomiculture
Cidrerie-Verger Pedneault
45, rue Royale Est
Île-aux-Coudres
Tél.: (418) 438-2365

CHAUDIÈRE-APPALACHES

Produits et producteurs

CAILLE

Kégo-Cailles
60, rue du Manoir Ouest
Cap-Saint-Ignace
Tél.: (418) 246-5012

CANARD

Le Canard Goulu
524, rang Bois Joly Ouest
Saint-Apollinaire
Tél.: (418) 881-2729
Foie gras, confit, pâté, gésier confit, etc.

Paré, Lucie, Prévost, Claude
300, rang de l'Hêtrière
La Durantaye
Tél.: (418) 884-2933
Gavage de canards et faisans

CANNEBERGE

La Maison Bergevin
6, rue Charles-Rodrigue
Lévis
Tél.: (418) 835-2103
Sauce aux canneberges avec fruits entiers, coulis de canneberges

CHARCUTERIE

Détour en France
270, 3e Avenue
Lac-Etchemin
Tél.: (418) 625-2004
Rillettes de canard, de porc, de lapin, etc.

CHOCOLAT

Carsona-La Pralinière
282, 3e Avenue
Lac-Etchemin
Tél.: (418) 625-2000
Chocolat fait à la main

Les Chocolats favoris
32, avenue Bégin
Lévis
Tél.: (418) 833-2287
Chocolats fins, truffes, glaces artisanales

Les Confiseries Yoma
101, Club Social
Sainte-Germaine-du-Lac-Etchemin
Tél.: (418) 625-3536
Chocolat belge monté artisanalement

CIDRE

Verger-cidrerie à L'Orée du Bois
3161, route Marie-Victorin
Saint-Antoine-de-Tilly
Tél.: (418) 886-2342
Délices du Verger, Bonté Divine, le Seigneur de Tilly, Côte Saint-Antoine, le Crémant d'amour

Cidrerie La Pomme du Saint-Laurent
505, chemin Bellevue Ouest
Cap-Saint-Ignace
Tél.: (418) 246-5957
Le Vaillant, Le Saint-Laurent

Cidrerie-vinaigrerie La Virginie
485, Route 277
Lac-Etchemin
Tél.: (418) 625-3456
Cidres, beurre de pommes, tartinade

Cidrerie-verger Saint-Nicolas
2068, route Marie-Victorin
Saint-Nicolas
Tél.: (418) 836-5505
Le Vire-Crêpe, vin de fraises et de framboises

Cidrerie Saint-Antoine
3101, route Marie-Victorin
Saint-Antoine-de-Tilly
Tél.: (418) 886-2375
Marie-Stella, Perce-Neige, Soir d'Hiver, Airelle

Cidrerie du Nordet
991, chemin des Îles
Pintendre
Tél.: (418) 833-7183
Le Givre-Pomme

Verger Casabreton
270, chemin Jean-Guérin Ouest
Saint-Henri
Tél.: (418) 882-2929
Le Jaseur, Saveurs d'Automne, Framboisine, Pomme Royale

CRÊPES

Ferme Genest
2091, route Marie-Victorin
Saint-Nicolas
Tél.: (418) 831-9967
Crêpes de sarrasin aux graines de lin

FARINE

La Seigneurie des Aulnaies
525, rue de la Seigneurie
Saint-Roch-des-Aulnaies
Tél.: (418) 354-2800
Farine de blé entier biologique, de sarrasin, de seigle

Moulin de Beaumont
2, route du Fleuve (Route 132)
Beaumont
Tél.: (418) 833-1867
Farine de blé entier, pain, muffins

FRAMBOISE

Ferme Le Ricaneux
5540, rang Sud-Est
Saint-Charles-de-Bellechasse
Tél. : (418) 887-3789
Le Ricaneux, La Rigoleuse

FROMAGE

Fromagerie Bergeron
3837, route Marie-Victorin
Saint-Antoine-de-Tilly
Tél. : (418) 886-2234
Le Fin Renard, Le Seigneur de Tilly,
Coureur des Bois

Fromagerie-Chèvrerie Fruit d'une
Passion
164, Route 216
Sainte-Marguerite
Tél.: (418) 935-3210
La Tomme des Joyeux Fromagers

Fromagerie La Pépite d'Or
17520, boul. Lacroix
Saint-Georges
Tél.: (418) 228-2184
Le Grand Cahill

Fromagerie Port-Joli
16, rue des Sociétaires
Saint-Jean-Port-Joli
Tél.: (418) 598-9840
Cheddar en grains, beurre

Fromagerie du Terroir de
Bellechasse
585, route 138
Saint-Vallier-de-Bellechasse
Tél.: (418) 884-4027
Chèvre, cheddar, produits du
terroir

Société Coopérative Agricole de
l'Isle-aux-Grues
210, chemin du Roi
Île-aux-Grues
Tél.: (418) 248-5842
Le Mi-Carême, le Saint-Antoine, le
Riopelle

FRUITS ET LÉGUMES

À Tout Fruit
10700, boul. de la Rive-Sud
Lévis
Tél.: (418) 835-0249
Sorbet, nectar

Ferme Genest
2091, route Marie-Victorin
Saint-Nicolas
Tél.: (418) 831-9967
Gelée de groseilles, de cassis, de fraises,
ketchup. Sirop de pommes, de framboises, sauce au potiron

Fruits et légumes R.G.
29, rue Lamartine Est
Saint-Eugène
Tél.: (418) 247-5478
Condiments

Potager de la Nouvelle-France
Conservatoire du patrimoine végétal
de la Côte-du-Sud
Moulin banal des Trois-Saumons
515, chemin du Moulin
Saint-Jean-Port-Joli
Tél.: (418) 598-7225
Légumes de variétés ancestrales

Produits Leclerc, Thérèse
270, chemin de la Seigneurie
Saint-Roch-des-Aulnaies
Tél.: (418) 354-2847
Ketchups variés, confitures variées (pro-
duits maison)

LAPIN

Clapier Dorémi
460, rue Principale
Saint-Pamphile
Tél.: (418) 356-5820
Cretons et saucisses de lapin

MIEL ET HYDROMEL

Domaine Pellemond
246, chemin des Pionniers Ouest
L'Islet-sur-Mer
Tél. : (418) 247-3779
Miel et gelée

Hydromel de la Fée
250, rang Saint-Édouard
Saint-Philibert
Tél. : (418) 228-7525
Vin de miel sec et fruité

La Miellerie du
Musée de l'Abeille
30, rue Vézina
Saint-Joseph-de-la-Pointe-de-Lévy
Tél.: (418) 838-2850
Miel, hydromel, gelée, etc.

La Miellerie Royale
605, rue Piedmont
La Durantaye
Tél.: (418) 884-3139
Miel et autres produits

Les Ruchers des Aulnaies
100, route Elgin
Sainte-Louise
Tél. : (418) 354-2688
Miel naturel non pasteurisé

Les Ruchers DJF,
Le Miel d'Émilie
287, rang Beaurivage
Saint-Sylvestre
Tél.: (418) 596-3037
Moutarde au miel, pollen, gelée royale

Miellerie Prince-Leclerc
239, rue Haut-de-la-Paroisse
Saint-Agapit
Tél. : (418) 888-3323
Vin de miel La Vieille Reine, propolis,
pollen

Miel Pur Bourgault, Donat
57, avenue de Gaspé Ouest (Route 132)
Saint-Jean-Port-Joli
Tél. : (418) 598-6889
Miel

POISSON

Pisciculture Saint-Cyrille
26, place des Pins
Saint-Cyrille-de-Lessard
Tél.: (418) 247-7903
Mousse et pâté de truite

PRODUITS DE BOULANGERIE

Boulangerie artisanale La Levée du
Jour
344, rue Principale
Saint-Vallier-de-Bellechasse
Tél. : (418) 884-2715
20 variétés de pain artisanal

Boulangerie artisanale La Sainte-
Miche
168, Route 138
Saint-Michel
Tél.: (418) 884-3636
Pains aux raisins, aux olives, au sésame,
etc.

Boulangerie Sibuet
22, avenue de Gaspé Ouest
Saint-Jean-Port-Joli
Tél.: (418) 598-7890
Pain artisanal, viennoiseries

La Bouchée de Pain
421, rue Dorimène-Desjardins
Lévis
Tél.: (418) 837-3006
Pains variés

La Fournée de l'Artisan
73, rue de l'Église
Sainte-Claire
Tél.: (418) 883-3229
Pain variés et pâtisseries

Le Bon Froment
2286, chemin du Fleuve
Saint-Romuald
Tél.: (418) 839-5121
Pain au levain et autres

Les Gâteries de la Mie
318, route de l'Église
Saint-Jean-Port-Joli
Tél.: (418) 598-9545
Pâtisseries, pains, chocolats, pâtés

Porto Bellissimo
318, route de l'Église
Saint-Jean-Port-Joli
Tél.: (418) 598-9545
Pain frais, pâtisseries fines

Produits de l'érable

Érablière BCD
2, route Elgin
Saint-Aubert
Tél.: (418) 598-6505
Tire au chocolat fourrée au beurre
d'érable

Saint-Ferdinand-B
185, Route 165
Saint-Ferdinand
Tél. : (418) 428-3981
Tartes, sucre granulé etc.

Produits de la pomme

La Pomme du Saint-Laurent
492, chemin Bellevue Ouest
Cap-Saint-Ignace
Tél. : (418) 246-5957
Confitures

La Pommeraie des Couillard
560, chemin Bellevue Ouest
Cap-Saint-Ignace
Tél. : (418) 246-5060
Confitures, tartes

Le Verger de Tilly
4385, Terrasse des Chênes
Saint-Antoine-de-Tilly
Tél.: (418) 886-2539
Sous-produits de la pomme

Les Vergers du Cap
389, chemin Bellevue Ouest
Cap-Saint-Ignace
Tél. : (418) 246-3400
Confitures, tartes

Verger Corriveau
318, Principale
Saint-Vallier
Tél. : (418) 884-1226
Jus, vinaigre de cidre

Vin

Vignoble La Cache à Maxime
265, rue Drouin
Scott-Jonction
Tél.: (418) 387-5060
Le Jarret Noir, le Rosé de Maxime

Vignoble du Nordet
991, chemin des Îles
Pintendre
Tél.: (418) 833-7183
La Paruline, Le Cardinal, La Brise des
Prés

Activités agrotouristiques

Circuits et randonnées

Découvrons Saint-Antoine
Tél.: (418) 886-2218

Comptoirs de produits régionaux

Boutique Fromanie
le Petit Marché
2213, chemin du Fleuve
Saint-Romuald
Tél.: (418) 839-2525

La Pépite d'or
17520, boul. Lacroix
Saint-Georges
Tél.: (418) 228-2184

Salon de thé La Pralinière
282, 3e Avenue
Lac-Etchemin
Tél.: (418) 625-2000

Vitrine agroalimentaire de l'Amiante
267, rue Bédard Nord
Thetford Mines
Tél.: (418) 338-0827

Foires et festivals

Fête des sucres,
Saint-Aubert, mars

Festival beauceron de l'érable,
Saint-Georges, mars

Festival de l'érable,
Sainte-Perpétue, mai

Fêtes champêtres,
Saint-Antoine-de-Tilly, juin

La Foire du village,
Sainte-Hélène, juillet

La Foire agroalimentaire,
L'Islet, juillet

Journée champêtre,
Cap-Saint-Ignace, juillet

Journées portes ouvertes sur nos
petits jardins,
Cap-Saint-Ignace, juillet

Festi-bleuet,
Saint-Nérée, juillet

Festival de la truite,
Saint-Philémon, juillet

Festival de la galette
de sarrasin,
Saint-Lazare, août

Festival du poulet,
Saint-Damase, septembre

Festival du petit porc,
Saint-Joseph, septembre

Les fêtes de la Saint-Hubert,
Cap-Saint-Ignace, septembre

Fête des moissons,
Saint-Joseph, septembre

Journées nationales du goût et des
saveurs,
octobre

Festival de l'oie blanche,
Montmagny, octobre

Marchés publics

Le Grand Marché,
Saint-Georges,
24 juin au 22 septembre

Marché de Lévis,
Lévis, mai à octobre

Moisson du Roy,
Saint-Jean-Port-Joli, juin-septembre

Musées et centres d'interprétation

Le centre d'interprétation du gouda
Fromagerie Bergeron
3837, route Marie-Victorin,
Saint-Antoine-de-Tilly
Tél.: (418) 886-2234

CÔTE-NORD

Produits et producteurs

Confitures

Artisanat chez Mme Desneiges
468, rue Jacques-Cartier
Rivière-au-Tonnerre
Tél.: (418) 465-2140
Confitures de plaquebières ou chicoutés

Fruits et légumes

Aux Jardins des Prés
1068, rue Granier
Pointe-Lebel
Tél.: (418) 589-5681
Légumes variés, autocueillette, fines
herbes

Miel

L'Abeillie des Dunes
624, rue du Centre
Longue-Pointe-de-Mingan
Tél.: (418) 949-2672
Tartinade, sirop, miel

Poissons et fruits de mer

Imagimer inc.
402, avenue Arnaud, app. 3
Sept-Îles
Tél.: (418) 961-2160

Produits de boulangerie

Au Petit Four
14, Route 138
Forestville
Tél.: (418) 587-2800
Pain et pâtisseries

Boulangerie Rêve Doux
Route 138
Les Escoumins
Tél.: (418) 233-3724
Pains variés, chocolat

La Croissanterie Sept-Îles
6, rue Père-Divet
Sept-Îles
Tél.: (418) 968-4107
Pain et pâtisseries

Produits de l'érable

Ferme Cinq Étoiles
465, Route 172
Sacré-Cœur
Tél.: (418) 236-4551
Sirop, tire

Activités agrotouristiques

Foires et festivals

Fête de la mi-carême,
Natashquan, mars

La cabane à sucre et
ses traditions,
mars-avril

Les journées nationales du goût et
des saveurs,
octobre

Musées et centres d'interprétation

Musée Menier
Cap-Chat
L'Île-d'Anticosti
Tél.: n.d.
Différents chocolats de l'époque Menier

Site d'interprétation
du saumon
24, rue Luc-Mayrand,
Port-Cartier
Tél.: (418) 766-2777

GASPÉSIE–ÎLES-DE-LA-MADELEINE

Produits et producteurs

Agneau

Agneaux Bas-Saint-Laurent–Gaspésie
170, avenue Mont-Comi
Saint-Donat-de-Rimouski
Tél.: (418) 739-5566
Saucisse, agneau en découpe

Caille

Abattoir Chevarie
950, chemin des Caps
Fatima
Tél.: (418) 986-6416
Œufs de caille marinés

Carotte

Vallée Verte 1996 inc.
255, Route 132 Ouest
Sainte-Luce
Tél.: (418) 739-3378
Jus de carotte

Charcuterie

Charcuterie Boudreau
46, chemin Beauglen
Saint-Jules-de-Cascapédia
Tél.: (418) 759-5507
Produits de charcuterie

Charcuterie à l'Orange
et Vin Blanc
258, Route 132 Ouest
Percé
Tél.: (418) 782-2191
Charcuterie artisanale, saumon fumé maison

Choucroute

Choucroute biologique Tapp
49, rue Rooney
Douglastown
Tél.: (418) 368-6043
Choucroute biologique

Fines herbes

La Fermette d'Antan
556, rang de l'Irlande
Percé
Tél.: (418) 782-2348
Fines herbes, petits fruits, miel

L'Anse aux Herbes
187, chemin Belle Anse
Fatima (Îles-de-la-Madeleine)
Tél.: (418) 986-3936
Assaisonnements mer et terre,
arômes du jardin

Les Herbes salées
du Bas-du-Fleuve
182, chemin Perrault
Sainte-Flavie
Tél.: (418) 775-4922
Assaisonnements variés

Les Jardins de la Seigneurie
98, route de la Rivière
Grande-Vallée
Tél.: (418) 393-2053
Fines herbes et petits fruits

Framboise

Au Cœur de la Framboisière
273, boul. Pabos
Pabos
Tél.: (418) 689-6762
Confitures, tartes

La Vallée de la framboise
34, route Lauzier
Val-Brilllant
Tél.: (418) 742-3787
Mistelle de framboise,
liqueur de cassis.

Fromage

Fromagerie Les Méchins
133, route Bellevue Ouest
Les Méchins
Tél.: (418) 729-3855
Fromage cheddar

Fromagerie du Pied-de-Vent
149, chemin Pointe-Basse
Havre-aux-Maisons
(Îles-de-la-Madeleine)
Tél.: (418) 969-9292
Le Pied-de-Vent

La Ferme Chimo
1705, boul. Douglas
Douglastown
Tél.: (418) 368-4102
Fromage et yogourt de chèvre, Le Corsaire

FRUITS ET LÉGUMES

Conserverie de la Baie
168, 4ᵉ Rang Ouest
New Richmond
Tél.: (418) 392-4027
Confitures, gelées, ketchup, etc.

Douceur des Îles
49, allée Conrad-Miousse
Lavernière
Îles-de-la-Madeleine
Tél.: (418) 986-4731
Confiture de berris, de pommes de pré,
beurre d'églantier

Ferme Roger Bourdages et Fils
253, rue du Viaduc
Saint-Siméon
Tél.: (418) 534-2700
Confitures, coulis, tartes

Ferme Paquet et Fils
291, boul. Perron Ouest
Saint-Siméon
Tél.: (418) 534-3212
Confitures, chocolat, pâtisseries

La Jolie Gaspésie
722, Route 132
Percé
Tél. : (418) 782-5212
Coulis de baies d'amélanchier, gelée de
fleurs de pissenlit, gelée de pétales de
roses

Le Potager
179, 3ᵉ Rang Ouest
Caplan
Tél.: (418) 388-5165
Transformation artisanale de légumes
frais du jardin

MIEL ET HYDROMEL

Hydromel Forest
1059, Dimock Creek
Maria
Tél. : (418) 759-3027
Miel, hydromel

Le Vieux Moulin
141, route de la Mer
Sainte-Flavie
Tél. : (418) 775-8383
Miel et hydromel

Miel en mer
294, chemin des Échoueries
Havre-aux-Maisons
(Îles-de-la-Madeleine)
Tél.: (418) 969-4907
Tartine de miel

Trigaux
534, 5ᵉ Rang Ouest
Baie-des-Sables
Tél.: (418) 772-6329
Miel

POISSON

Atkins et Frères
1, rue Chanoine-Richard
Mont-Louis
Tél.: (418) 797-5059
Fumoir de viande et de produits marins

Caviars Émerance
80, boul. Gérard-D.-
Lévesque Ouest
Paspébiac
Tél.: (418) 752-2992
Caviar, caplan et saumon fumé

Fumoir Cascapedia
70, rue Gallagher
Cascapédia-Saint-Jules
Tél.: (418) 392-6207
Procédé de fumage traditionnel et arti-
sanal du saumon

Le Fumoir d'Antan
27, chemin du Quai
Pointe-Basse (Îles-de-la-Madeleine)
Tél.: (418) 969-4907
Hareng fumé nature et mariné

Fumoir Rocher Percé
50, Route 132
Percé
Tél.: (418) 782-2298
Saumon fumé au bois d'érable

Fumoir Roux, Raoul
1259, rue Matane-sur-Mer
Matane
Tél.: (418) 562-9372
Poissons fumés et délicatesses

Les Pêcheries Gros-Cap
521, chemin Gros-Cap
Cap-aux-Meules
Tél.: (418) 986-2710
Pâte de homard en conserve

L'Oursin les Méchins
374, rue Bellevue Est
Les Méchins
Tél.: (418) 729-3202
Tartinades d'oursin vert

Orcean
240, rue Bellevue
Grande-Rivière-Ouest
Tél.: (418) 385-4474
Rillettes de truite, sauce aux fruits de
mer, etc.

Pêcheries Marinard
41, rue de l'Entrepôt
Rivière-au-Renard
Tél.: (418) 269-3381
Pâté aux fruits de mer

PRODUITS DE BOULANGERIE

Boulangerie Do-Ré-Mie
9, rue Sainte-Anne
Percé
Tél.: (418) 782-2780
Pain artisanal et pâtisserie française

Boulangerie La Miche Canadienne
426, route de la Mer
Sainte-Flavie
Tél.: (418) 775-7155
Pain de ménage

La Mie Véritable
578, boul. Perron
Carleton
Tél.: (418) 364-6662
Pain à base de farine moulue sur pierre

Le Fournand
194, Route 132
Percé
Tél.: (418) 782-2211
Pains français, viennoiseries, etc.

Les Excursions de la Lagune
Marina de Havre-aux-Maisons
Havre-aux-Maisons
Tél.: (418) 969-4550
Croxignole (pâtisserie cuite dans l'huile
de loup-marin)

Madelon Boulangerie
355, chemin Petitpas
Cap-aux-Meules
Tél.: (418) 986-3409
Pain, pâtisseries, viennoiseries

PRODUITS DE L'ÉRABLE

Érablière du Grand Pic
118, route Leblanc
Saint-Omer
Tél.: (418) 364-3321
Produits dérivés du sirop d'érable

**Le Centre acéricole
matapédien**
11, chemin du Moulin
Saint-Cléophas
Tél. : (418) 536-3874
La Mignonne, La Passionnée, produits de
l'érable

Maison de l'Érable
299, chemin du Parc
Cascapédia
Tél.: (418) 392-6462
Produits dérivés du sirop d'érable

SORBET

La ferme des Petits Bonheurs
2809, rue du Petit Deuxième
Saint-Ulric
Tél.: (418) 737-9552
Sorbet et glace

VINAIGRERIE

Au Vieux-Couvent
292, Route 199
Havre-aux-Maisons
Tél.: (418) 969-2233
Vinaigrette de framboises

Vinaigrerie Caplan
45, 2ᵉ Rang Est
Caplan
Tél.: (418) 388-5085
Vinaigres variés

Activités agrotouristiques

COMPTOIR DE PRODUITS RÉGIONAUX

Boutique la Morue Verte
Manoir Le Bouthillier
578, rue du Griffon
L'Anse-au-Griffon
Tél.: (418) 892-5150

Café du Coin Centre Explorama
1, rue du Quai
Sainte-Anne-des-Monts
Tél.: (418) 763-2500

Le pavillon Gospel
95, avenue Port-Royal,
Bonaventure
Tél.: (418) 534-4814

Magasin général
Robin Whitman
32, rue à Bonfils
L'Anse-à Beaufils
Tél.: (418) 782-2225

Place Lemieux
1560, rue du Phare
Pointe-au-Père
Tél.: (418) 724-6161
Mets cuisinés maison

FOIRES ET FESTIVALS

Fête aux saveurs de la mer,
Étang-du-Nord, juin

Saveurs des Îles,
Îles-de-la-Madeleine, juin

Festival du pêcheur,
juillet

Festival du homard,
juillet

Fête champêtre
des Îles,
Fatima, septembre

Fête des récoltes,
Val d'Espoir, septembre

Festipomme,
Grande-Rivière, septembre

Journées nationales du goût et des saveurs,
octobre

MARCHÉS PUBLICS

Marché Forillon

Marché du Village
Aréna Wendell-Chiasson
195, chemin Principal
Cap-aux-Meules
Juin à août, les samedis

MUSÉES ET CENTRES D'INTERPRÉTATION

Centre d'interprétation
de la mariculture
Étang-du-Nord
Tél. : (418) 986-6317

Centre d'interprétation et de formation agroécologique
397, route des Pères
Val-d'Espoir
Tél.: (418) 782-2687

Centre d'interprétation du miel de la Gaspésie
Hydromel Forest
1059, Dimock Creek
Maria
Tél. : (418) 759-3027

Centre d'interprétation du mouton et de la laine
Les Jardins de Marie
1548, chemin Étang-du-Nord
L'Étang-du-Nord
Tél.: (418) 986-2880

Centre d'interprétation
du phoque
337, Route 199
Grande-Entrée
Tél.: (418) 985-2833

Interprétation des techniques de fumage
Atkins et Frères
1, rue Chanoine-Richard
Mont-Louis
Tél.: (418) 797-5059
Saumon fumé

L'Agriculture gaspésienne
d'hier à aujourd'hui
Musée de la Gaspésie
Gaspé
Tél.: (418) 368-1534

Le Fumoir d'Antan
Économusée du hareng
27, chemin du Quai
Pointe-Basse
(Îles-de-la-Madeleine)
Tél.: (418) 969-4907
Hareng fumé

LANAUDIÈRE

Produits et producteurs

AGNEAU

Bergerie des Neiges
1401, Rang 5,
Saint-Ambroise-de-Kildare
Tél.: (450) 756-8395
Rillettes d'agneau, saucisse, charcuterie

Bergerie Voyne
2785, rang Saint-Jacques
Saint-Jacques-de-Montcalm
Tél.: (450) 839-6583
Pièces d'agneaux et produits de l'érable

BIÈRE

Micro-brasserie L'Alchimiste
536-A, boul. Manseau
Joliette
Tél.: (450) 760-2945
La Bock de Joliette et sept autres bières

BŒUF

Les fermes Saint-Vincent
1171, rang Nord de la rivière du Chicot
Saint-Cuthbert
Tél.: (450) 836-2590
Charcuterie, tarte, pâté

EAU

Amaro
4061, rang Grande Sainte-Catherine
Saint-Cuthbert
Tél.: (450) 836-6236
Eau de souce naturelle

FARINE

Au Moulin Bleu
420, Route 341
Saint-Roch-de-l'Achigan
Tél. : (450) 588-2660
Farine de sarrasin, de blé entier, d'orge, de kamut, d'épeautre

Moulin Coutu, A.
3640, rang de la Rivière
Saint-Félix-de-Valois
Tél. : (450) 889-5422
Farines de blé entier biologique, de sarrasin biologique, de seigle biologique,
etc.

FRAISE

Ferme Dutil, L.N.
2272, rue la Vérendrye
Mascouche
Tél. : (450) 474-5569
Boissons de fraise Mariane des Moulins,
Poète des champs

Ferme Jean-Luc Leblanc
1474, Bas de l'Église Sud, (route 341)
Saint-Jacques
Tél.: (450) 839-2956

Ferme Rivest, Guy
1305, chemin Laliberté
Rawdon
Tél.: (450) 834-5127
Boissons de fraise La Libertine, Le
Libertin, La Courtisane, La Mistelle de
fraises

FROMAGE

Fromagerie du Champ
à la Meule
3611, rue Principale
Notre-Dame-de-Lourdes
Tél.: (450) 753-9217
Victor et Berthold, Le Fêtard, Laracam

Fromagerie Champêtre
495, rue Leclerc
Repentigny
Tél.: (450) 654-1308
Cheddar en grains, le Presqu'île

Fromagerie du
Domaine Féodal
1303, route Bayonne Sud
Berthierville
Tél.: (450) 836-7979
Cendré des Prés

Fromagerie
La Suisse Normande
985, rang Rivière-Nord
(Route 339)
Saint-Roch-de-L'Achigan
Tél. : (450) 588-6503
Le Petit Normand, Le Pizy, Le Feddo et
la Tome, Le Caprice, Le Crottin, Le
Barbu, Le Petit Poitou, Le Capra

La Bergère et le Chevrier
119, Grande Côte Est
Lanoraie
Tél.: (450) 887-1979
Louis Riel, Tomme de la Bergère

LÉGUMES ET FRUITS

En Robe des Champs
21, Arpin (9e rang)
Sainte-Marcelline
Tél. : (450) 883-3926
Confitures fines aux poires, à
l'orange, au pamplemousse.

Ferme Bionicale
122, Petite Ligne,
Saint-Alexis
Tél.: (450) 839-3035
Ail biologique, melon charentais

Érablière La Corniche
148, chemin du Lac de la Montagne
Noire
Saint-Donat
Tél.: (819) 424-7966
Confiture, gelée, ketchup

Ferme Levasseur-Desmarais
281, rue Montcalm
Sainte-Marie-Salomé
Tél.: (450) 839-9213
Marinade aux légumes

Ferme Perron
2477, rang Saint-Jacques
Saint-Jacques
Tél.: (450) 839-6706
Marinade, confiture, tarte

Les Conserves
de Tante Colette
64, 2e Avenue
L'Épiphanie
Tél.: (450) 588-4731
Conserves variées

Les Jardins Majeau
118, Route 125
Saint-Esprit
Tél.: (450) 839-9097
Ketchup, confiture, marinade

La Courgerie
2321, Grand rang Saint-Pierre
Sainte-Élisabeth
Tél.: (450) 752-2950
Produits transformés des
citrouilles, courges, potirons

MIEL ET HYDROMEL

Ferme apicole Bayonne Nord
1221, route Bayonne Nord
Sainte-Geneviève-de-Berthier
Tél.: (450) 836-4190
Gelée royale, propolis, miel pur, etc.

Miel de Chez Nous
1391, rang Pied-de-la-Montagne
Sainte-Mélanie
Tél. : (450) 889-5208
Miel de sarrasin, moutarde au miel, miel
à la menthe, etc.

Miel Nect'Art de Fleurs
1020, rang Kildare (Route 348)
Saint-Ambroise-de-Kildare
Tél.: (450) 752-2218
Miel liquide, miel crémeux, gelée royale

Ruchers Joliette
881, rang Double
Saint-Ambroise-de-Kildare
Tél.: (450) 759-7240
Miels de trèfle, de verge d'or, de sar-
rasin, etc.

PLANTES SAUVAGES

À la Table des Jardins Sauvages
17, chemin Martin
Saint-Roch-de-l'Achigan
Tél.: (450) 588-5125
Sel de laitue de mer, vinaigre de fleurs,
etc.

L'Arôme des Bois
8082, chemin Morgan, Camp Mariste
Rawdon
Tél.: (450) 834-3980
Ketchup aux têtes de violon, moutarde
aux aromates des bois, moutarde à la
bière, gelée de bourgeon d'épinette,
moutarde à l'érable, etc.

PORC

Ferme ancestrale Martin
36, rang Rivière-Sud
Saint-Esprit
Tél.: (450) 839-2499
Porc saveur, veau saveur,
poulet saveur

POULET

Ferme Beau-Jour
1310, rang Montcalm
Saint-Liguori
Tél.: (450) 759-8780
Poulet, dinde, porc à l'ancienne

Pinsonneault, Marc
840, chemin des Prés
Sainte-Marie-Salomé
Tél.: (450) 754-3307
Poulet de grand air

PRODUITS DE BOULANGERIE

La ferme du Bon Pain
446, route Bayonne Sud
Sainte-Geneviève-de-Berthier
Tél.: (450) 836-0540
Pain fait à la main, tartes

Micro-boulangerie
de l'artisan
75, rue Coulombe
Notre-Dame-des-Prairies
Tél.: (450) 752-5057
Pains variés

PRODUITS DE L'ÉRABLE

Érablière Urbain,
Lise et Rolland
4093, Route 34
Sainte-Julienne
Tél.: (450) 588-7206
Produits dérivés de l'érable

Érablière Val-Ré-Mi
3271, Petit rang Sainte-Catherine
Saint-Cuthbert
Tél.: (450) 836-2188
Boisson d'érable Douceur des Bois,
mousseux à l'érable, à la framboise et
aux canneberges

Friand-Érable Lanaudière
189, rang Guillaume-Tell
Saint-Jean-de-Matha
Tél.: (450) 886-3614
P'tit Réduit, Le Tonnelier

La Sucrerie
371, rue Principale
Sainte-Marcelline-de-Kildare
Tél.: (819) 883-5492
Produits de l'érable et boulangerie

Les sucrerie des Aïeux
3997, chemin Kildare (Route 348)
Rawdon
Tél.: (450) 834-6454
Chocolat belge à l'érable

Vinerie du Kildare
3997, chemin Kildare
Rawdon
Tél.: (450) 756-1525
Le Marie-Chantal, Esprit d'Érable

VEAU DE LAIT

Goût de Campagne
3781, rang Saint-Pierre
Saint-Félix-de-Valois
Tél.: (450) 889-4202

VIN

Domaine de l'Île Ronde
Vignoble Lafortune
C. P. 322
Saint-Sulpice
Tél.: (819) 823-4850
Le Héron Blanc, Le Saint-Sulpice, Rosé
de l'île

VINAIGRE

Les Jardins du Grand-Portage
800, chemin du Portage
Saint-Didace
Tél.: (450) 835-5813
Vinaigre aux herbes de thym

Les produits La Tradition
337, chemin du lac Ducharme
Sainte-Marcelline-de-Kildare
Tél. : (450) 883-3102
Vinaigres de vin de cerises, de pissenlit,
de baies de sureau, d'aubépine, de miel
d'érable, etc., et mère de vinaigre

DIVERS

Passion Gourmandise
90-B, Grande-Côte
Boisbriand
Tél.: (450) 434-1151
Caramel au beurre, poire au vin rouge

Activités
agrotouristiques

CIRCUITS ET RANDONNÉES

L'agrotourisme dans Lanaudière
Tél.: (450) 753-7486

COMPTOIRS DE
PRODUITS RÉGIONAUX

Délices du Gourmet
190, rue de la Visitation
Saint-Charles-Borromée
Tél.: (450) 759-9171

La Fringale
710, rue de la Visitation
Saint-Charles-Borromée
Tél.: (450) 759-3305

La maison de pays
de Lanaudière
844, Saint-François-Xavier, Terrebonne
Tél.: (450) 471-0049

Marché Manseau
548, boul. Manseau
Joliette
Tél.: 450) 752-1555

FOIRES ET FESTIVALS

Méchoui de porcs,
Saint-Esprit, juin

Journée champêtre,
Lanoraie, juillet

Journée champêtre,
L'Épiphanie, juillet

Les Classiques
Champs et Jardins,
Mascouche, Saint-Jacques-de-Montcalm
et Sainte-Élisabeth,
juillet-août-septembre

Les journées nationales du goût et
des saveurs,
octobre

MUSÉES ET CENTRES
D'INTERPRÉTATION

Centre d'interprétation
des sucres
Érablerie chez Madeleine
1325, côte Georges
Mascouche
Tél.: (450) 474-0418)

MARCHÉS PUBLICS

Marché champêtre de Lanaudière,
Repentigny, fin de mai au début
d'octobre

Marché ferme d'antan,
L'Assomption

LAURENTIDES

Produits et producteurs

AGNEAU

Ferme du Windigo
5, 3ᵉ Rang Gravel
Ferme-Neuve
Tél.: (819) 587-4321
Agneau de grain

BIÈRE

Brasseurs du Nord
875, boul. Michèle-Bohec
Blainville
Tél. : (450) 979-8400
Boréale Blonde, Wellington King

Broue Chope
46, boul. Industriel
Saint-Eustache
Tél. : (450) 472-7733
Chimère

Microbrasserie du Lièvre
110, boul. A.-Paquette
Mont-Laurier
Tél : (819) 623-1622
La Frousse, La Monoise

Microbrasserie Saint-Arnould
435, rue Paquette
Saint-Jovite
Tél. : (819) 425-1262
La Rivière Rouge, Le P'tit Train du Nord

CANARD

Ferme Provost-Richard
8294, rang Arthur-Sauvé
Mirabel
Tél.: (450) 258-4334
Canard de Barbarie

La ferme des Becs-Fins
9051, rue Sir-Wilfrid-Laurier
Saint-Canut
Tél.: (450) 258-4555
Foie gras et canard de Barbarie

CHOCOLAT

Abbaye cistercienne, Trappe d'Oka
1600, chemin Oka
Oka
Tél.: (450) 479-8361
Chocolat des moines d'Oka

Chocolaterie Rocky Mountain
3005, chemin Principal
Mont-Tremblant
Tél.: (819) 681-4545
Chocolats blanc, noir et au lait

Délices Arc-en-Ciel
998, rue Laviolette
Saint-Jérôme
Tél.: (450) 565-3663
Chocolaterie artisanale

Milord Chocolats
289, chemin Tomalty
Dalesville
Tél.: (450) 533-6916
Chocolat artisanal

CIDRE

Le Verger Lafrance, verger-cidrerie
1473, chemin Principal
Saint-Joseph-du-Lac
Tél.: (450) 491-7859
Cidre, tartes, beignes, jus de pomme

Le Verger Lamarche
175, montée du Village
Saint-Joseph-du-Lac
Tél.: (450) 623-0695
Cuvée de la Montée

Verger chez les Gauthier
1970, chemin Principal
Saint-Joseph-du-Lac
Tél.: (450) 623-3239
Cidre et autres produits

Verger du Parc
4354, chemin Oka
Saint-Joseph-du-Lac
Tél.: (450) 472-2463
Cidre et autres produits

ÉPICES

Épices Gourmandes
988, boul. Lajeunesse
Bellefeuille
Tél.: (450) 438-1366
Épices marinées dans l'huile de canola

FARINE

Le Moulin Légaré
236, rue Saint-Eustache
Saint-Eustache
Tél.: (450) 472-9526
Farines de sarrasin et de blé

FRAISE

Chaumont, Huguette
479, rang Lepage
Sainte-Anne-des-Plaines
Tél.: (450) 478-1021
Confiture de fraises

Au Pays des Fraises
11000, rang Sainte-Henriette
Sainte-Monique
Tél.: (450) 475-6158
Tarte, confiture et gelée de fraise

Ferme les 4 Fruits
6205, rang Saint-Vincent
Saint-Benoît
Tél.: (450) 258-1777
Jus de fraise

Labelle Fraise
15651, Petite-Côte-des-Anges
Saint-Augustin
Tél.: (450) 475-7561
Jus, vinaigrette

FROMAGE

Abbaye cistercienne d'Oka
1400, chemin Oka
Oka
Tél.: (450) 479-6396
Fromage Oka

Caprices Caprins
1688, montée des Venne
Mont-Laurier
Tél.: (819) 440-2380
Fromage fermier

Fromagerie de l'Érablière
1580, route Eugène-Trinquier
Mont-Laurier
Tél.: (819) 623-3459
Sieur Corbeau des Laurentides, le
Casimir, le Cru des Érables

Fromagerie Le P'tit Train du Nord
624, boul. Albiny-Paquette
Mont-Laurier
Tél.: (819) 623-2250
Le Windigo, le Wabessee, Le Duo du Paradis

La Ferme de la Butte Magique
1724, chemin de la Sauvagine
Saint-Faustin
Tél.: (819) 425-5688
Fromage de brebis domestique (non commercialisé)

Fromagerie Mirabel
150, boul. Lachapelle
Saint-Antoine
Tél.: (450) 438-5822
Cheddar

Saint-Monastère-Vierge-Marie-La Consolatrice
827, chemin de la Carrière
Brownsburg
Tél.: (450) 533-4313
Fromage bénit, fromage grec de chèvre et de brebis

LAPIN

Ferme Bisaillon
14150, côte des Anges
Mirabel
Tél.: (450) 475-6647
Produits dérivés du lapin

LAIT DE CHÈVRE ET YOGOURT

Ferme caprine Parent et Parent
3025, chemin de la rivière Rouge Nord
Saint-André-Est
Tél.: (450) 537-8543
Lait de chèvre

Moniales Bénédictines
300, boul. A. Paquette
Mont-Laurier
Tél.: (819) 623-3780
Caramel à tartiner à la vanille fait avec du lait de chèvre

LÉGUMES

Ferme des Pignons rouges
4574, chemin du Moulin
Labelle
Tél.: (819) 686-3078
Légumes biologiques

MIEL ET HYDROMEL

Ferme apicole Desrochers
113, 2e Rang
Ferme-Neuve
Tél.: (819) 587-3471
Hydromel L'Envolée, La Cuvée du Diable, etc.

Ferme Matthews
3320, Route 327
Saint-André-d'Argenteuil
Tél.: (450) 562-9135
Miel et produits dérivés

Intermiel
10291, rang La Fresnière
Saint-Benoît
Tél.: (450) 258-2713
Boissons Jardins Mellifères

Miramiel
10351, rang Saint-Vincent
Sainte-Scholastique
Tél.: (450) 258-3122
Gelée royale, hydromel, vinaigre

PETITS FRUITS

Gourmet Sauvage
541, rue Morin
Sainte-Adèle
Tél.: (450) 229-3277
Confitures, marinades, produits à base de plantes sauvages

POISSON

Pisciculture Gramp Jalac
624, chemin Plaisance
Chute-Saint-Philippe
Tél.: (819) 585-3137
Truite fumée au bois d'érable, truite fumée marinée

POULET

Ferme Aubin, Marc et Brosseau, Céline
2693, boul. Labelle
Prévost
Tél.: (450) 224-4762
Poulet de grain élevé à l'ancienne

PRODUITS DE BOULANGERIE

Boulangerie artisanale Le Voyageur
955, rue Labelle
Saint-Jovite
Tél.: (819) 425-9096
Spécialité pains québécois et européens

Boulangerie La Minerve
110, chemin des Fondateurs
La Minerve
Tél.: (819) 274-2728
Boulangerie artisanale

Boulangerie Saint-Jovite
963, rue Ouimet
Saint-Jovite
Tél.: (819) 425-2444
Pains variés

Ferme Morgan
90, chemin Morgan
Weir
Tél.: (819) 687-2434
Pain au levain et pain aux raisins

La Chouquetterie
116, rue Kandahar
Mont-Tremblant
Tél.: (819) 681-4509
Boulangerie artisanale

La Huche à pain
555, rue Principale
Sainte-Agathe
Tél.: (819) 324-0131
Boulangerie-pâtisserie artisanale

Le Pain Quotidien
259, chemin de la Grande-Côte
Rosemère
Tél.: (450) 435-8543
Boulangerie artisanale biologique

Pâtisserie Le Montagnard
833, rue Ouimet
Saint-Jovite
Tél.: (819) 425-8987
Boulangerie artisanale

PRODUITS DE L'ÉRABLE

Cabane à sucre Constantin
1054, boul. Arthur-Sauvé
Saint-Eustache
Tél.: (450) 473-2374
Tarte au sucre, ketchup aux fruits

Cabane à sucre Godard
2080, chemin de la rivière Rouge Sud
Saint-André-Est
Tél.: (450) 537-3953
Beurre et tire d'érable biologiques

Cabane à sucre Lalande
862, montée Laurin
Saint-Eustache
Tél.: (450) 473-3357
Produits divers de l'érable

Domaine Magaline
7091, montée Villeneuve
Saint-Augustin
Tél.: (450) 258-4132
Chocolat et gelée à l'érable

Cabane à sucre de la Montagne
Mont-Tremblant
Tél.: n.d.
Quinzaine de produits de l'érable haut de gamme

Érablière Lavallée, Réal et Lise
182, chemin de la Pommeraie
Saint-Joseph-du-Lac
Tél.: (450) 623-0495
Gelée et caramel à l'érable, etc.

Érablière d'Oka
342, rang l'Annonciation
Oka
Tél.: (514) 891-7776
Produits dérivés

Érablière Ouellette, Monique et Réjean
216, 2e Rang Gravel Nord, R.R. 1
Mont-Saint-Michel
Tél.: (819) 587-3878
Chocolat, caramel, gelée, etc.

Érablière Varin
302, rang Sainte-Germaine
Oka
Tél.: (450) 479-6232
Tire, beurre, cornets, bonbons

La Cabane à Gaston
289, chemin Tomalty
Dalesville
Tél.: (450) 533-6196
Beurre, gelée à l'érable, etc.

La Cabane à sucre chez Alice
144, chemin Isaac-Grégoire Sud
La Minerve
Tél.: (819) 274-2371
Tarte au sirop d'érable (spécialité maison)

La Villa du sirop
1050, boul. Arthur-Sauvé
Saint-Eustache
Tél.: (450): 473-3840
Produits de l'érable

Leblanc, Pierre
943, boul. Arthur-Sauvé
Saint-Eustache
Tél.: (450) 473-2850
Produits variés de l'érable

Sucrerie à l'Eau d'Érable
7870, rang Saint-Vincent
Mirabel
Tél.: (450) 258-3633
Beurre, gelée, bonbons enrobés de chocolat

Sucrerie Jetté
6325, chemin Verdon
Sainte-Scholastique
Tél.: (450) 258-3333
Vinaigrette à l'érable et autres

PRODUITS DE LA POMME

À la Croisée des pommes
90, rue Lacroix
Saint-Joseph-du-Lac
Tél.: (450) 623-8621
Beurre et sirop de pomme, vinaigre de cidre

À l'Ombre d'un jardin
1289, chemin Oka
Oka
Tél.: (450) 479-6435
Tarte aux pommes, croustillant aux pommes

Au cœur de la Pomme
2702, chemin Principal
Saint-Joseph-du-Lac
Tél.: (450) 623-0918
Jus de pomme

Jude-Pomme
223, rang Sainte-Sophie
Oka
Tél.: (450) 479-6080
Jus de pomme, tarte aux pommes, etc.

Les Vergers Lacroix
649, chemin Principal
Saint-Joseph-du-Lac
Tél.: (450) 623-4888
Jus de pomme, vinaigre de cidre, compote, beignets

Tarterie du Verger
des Musiques
854, rue Principale
Saint-Joseph-du-Lac
Tél.: (450) 623-4889
Tartes et gelée de pomme

Verger chez les Gauthier
1970, chemin Principal
Saint-Joseph-du-Lac
Tél.: (450) 623-3239
Gelée de pomme et tarte aux pommes

SARRASIN

Les jardins de Marie-Claire
813, 25e Avenue
Saint-Eustache
Tél.: (450) 623-2364
Jus de sarrasin et autres

VIN

Vignoble de la Rivière
du Chêne
807, rang Rivière-Nord
Saint-Eustache
Tél.: (450) 473-0112
L'Adélard, Glacée des Laurentides, Vendange des Patriotes

Vignoble des Négondos
7100, rang Saint-Vincent
Saint-Benoît
Tél.: (450) 258-2099
Le Suroît (rouge), Cuvée Saint-Vincent (blanc), L'Opalinois (apéritif), Orélie (blanc), Chambaudière (blanc), Rosois (rosé)

Vignoble La Roche des Brises
2007, chemin Principal
Saint-Joseph-du-Lac
Tél.: (450) 472-2722
L'Été Indien, La Rosée du Matin, La Perle de Saint-Joseph

Activités agrotouristiques

CIRCUITS ET RANDONNÉES

Circuits agrotouristiques de Deux-Montagnes: la route des mille et un plaisirs
Tél.: (450) 491-4444

Circuits agrotouristiques de Mirabel
Tél.: (450) 435-2800

COMPTOIRS DE PRODUITS RÉGIONAUX

Chez Bernard
41, rue Principale
Saint-Sauveur
Tél.: (450) 245-0000

Les Douces Saveurs du Terroir
3963, chemin Val-Limoges
Val-Limoges
Tél.: (819) 623-9563

FOIRES ET FESTIVALS

Les Arts Gourmands,
Sainte-Adèle, mai

La Grande Dégustation de vin,
Saint-Adolphe-d'Howard, août

Pommes en fête,
Deux-Montagnes, août-septembre

La fête des vins et foire des fromages fins,
Saint-Jérôme, septembre

De nature, de rêve et de saveurs,
Oka, septembre

Festival de la galette de sarrasin,
Saint-Eustache, septembre

Les journées nationales du goût et des saveurs,
octobre

La fête des vins et foire des fromages fins,
Mont-Tremblant, septembre

MARCHÉS PUBLICS

Marché agroalimentaire de Mont-Laurier
(vendredi) Boul. Paquette

Marché public de Sainte-Thérèse
(vendredis et samedis)

Marché Saint-Jérôme

Marcgé public de Val-David (samedis matins)

MUSÉES ET CENTRES D'INTERPRÉTATION

Centre d'interprétation de l'érable
Érablière Christian Macle
10291, rang de la Fresnière
Saint-Benoît-de-Mirabel
Tél.: (450) 258-2713

Centre d'interprétation de la courge
839, chemin Principal
Saint-Joseph-du-Lac
Tél.: (450) 623-4894

LAVAL-MONTRÉAL

Produits et producteurs

BIÈRE

Brasserie Le Cheval Blanc
5020, rue Saint-Patrick
Montréal
Tél.: (514) 362-1551
Cap Tourmente, Coup de Grisou, La Sainte-Paix, La Rescousse

Brasserie Le Chaudron
5710, rue Garnier
Montréal
Tél.: (514) 276-0744
Chanvre Rouge

Brasserie McAuslan
4850, rue Saint-Ambroise
Montréal
Tél.: (514) 939-3060
Frontenac, Griffon, Saint-Ambroise

Les Brasseurs GMT
5585, rue de la Roche
Montréal
Tél.: (514) 274-4941
Belle Gueule, Blanche de l'Île, Tremblay, Canon

Canard

Au festin de Babette
4118, rue Saint-Denis
Montréal
Tél.: (514) 849-0214

Chocolat

Chocolune
274, boul. Sainte-Rose
Laval
Tél.: (450) 628-7188
Chocolat, pâtisserie

Gourmet du Roi
600, 3e Avenue
Laval
Tél.: (450) 627-2627
Confiserie aux fruits et au chocolat

Le Glacier Bilboquet
1311, avenue Bernard Ouest
Outremont
Tél.: (514) 276-0414
Crèmes, sorbets, etc.

Maison Kakao
5090, rue Fabre
Montréal
Tél.: (514) 598-2462
Chocolat noir

Marlain Chocolatier
21, rue Cartier
Pointe-Claire
Tél.: (514) 694-9259
26 variétés de chocolat

Fromage

Fromagerie du
Vieux-Saint-François
4740, boul. des Mille-Îles
Laval
Tél.: (450) 666-6810
Bouchées d'Amour, Le Lavallois, Sieur
Colomban

Fruits et légumes

Bio-Ferme
573, rang Saint-Antoine
Laval
Tél.: (450) 962-5532
Confitures et ketchup

Délices d'Agathe
3155, avenue des Perron
Laval
Tél.: (450) 622-6429
Confitures et ketchup

Lady Marmelade
363, rue de Castelnau Est
Montréal
Tél.: (514) 278-1168
Fraise Dragon, J'aime sa fraise, Oignons
gloutons

La Tomate
4347, rue de la Roche
Montréal
Tél.: (514) 523-0222
Sauces, ketchups, gelées, jus, etc.

Le Farfadet
19, rue Principale
Sainte-Dorothée
Tél.: (450) 962-2536
Confiture, coulis de fruits, tartinade de
sucre à la crème

Quelques arpents de fruits
423, rang Saint-Antoine
Laval
Tél.: (450) 627-7518
Gelée, confitures, ketchup

Trésors du Château
3166, rue Francis-Hugues
Laval
Tél.: (450) 669-8982
Gelée de betterave (4 saveurs)

Liqueurs

La Maison des Futailles
6880, boul. Louis-H.-Lafontaine
Anjou
Tél.: (514) 353-1720
Chicoutai, Fine Sève, L'amour en Cage,
Minaki, Sortilège, L'Orléane, L'Airelle du
Nord

Miel et hydromel

Charbonneau, Raymond
6979, boul. Lévesque Est
Laval
Tél.: (450) 665-0648
Miel, gelée

Érabeille
22, rue Blondeau
Laval
Tél.: (450) 666-4798
Gelée de porto, érable et miel, marme-
lade

Guzzi, Bernard
Rang Saint-Antoine
Laval
Tél.: (450) 627-3338
Produits dérivés du miel

Rucher des Terrasses
283, avenue des Terrasses
Laval
Tél.: (450) 625-3160
Miel et gelée

Poisson

Nouveau Falero
5726-A, avenue du Parc
Montréal
Tél.: (514) 274-5541
Homard, moule, crabe des
neiges, etc.

Produits de boulangerie

Atelier-boulangerie de l'Est
4766, rue Sainte-Catherine Est
Montréal
Tél.: (514) 253-9101
Farines biologiques moulues
sur pierre

Au Menu
54, rue Duluth Est
Montréal
Tél.: (514) 841-9697
Pains, feuilletés, croissants

Autour d'un pain
1253, rue Beaubien Est
Montréal
Tél.: (514) 276-0880
Pains au levain, au blé, au sésame, etc.

Capucine et Tournesol
266, rue Bernard Ouest
Montréal
Tél.: (514) 277-0232
Pains à la farine de millet, de
seigle, de maïs

La Cigogne
264, rue Saint-Zotique Est
Montréal
Tél.: (514) 272-0000
Pains de campagne, tournesol,
lin et sésame

La Cabane à pain
2020, rue Gauthier
Montréal
Tél.: (514) 521-9766
Brignolet, Capucine, Tournesol

La Rome du Froment
15, rue Don Quichotte
Île-Perrot
Tél.: (514) 425-3330
Pain biologique intégral, pain de Lodève

Le Fournil ancestral
4254, rue Beaubien Est
Montréal
Tél.: (514) 721-6008
Pains au kamut, à l'épeautre, de sar-
rasin, de blé

Le Fromentier
1375, rue Laurier Est
Montréal
Tél.: (514) 527-3327
Miche campagnarde, blé entier, sésame,
olives, etc.

Le Passe-Partout
3857, boul. Décarie
Montréal
Tél.: (514) 487-9887
Pains au levain, au blé, etc.

Petit Diable Gourmand
8779, rue Lajeunesse
Montréal
Tél.: (514) 389-1551
Pâtisseries et viennoiseries

Val-Jalbert
1359, rue Ontario Est
Montréal
Tél.: (514) 522-1984
Dizaine de pains et produits du
Saguenay–Lac-Saint-Jean

PRODUITS DE LA POMME

Verger N. Bolduc et Fille
4305, rang du Haut-Saint-François
Duvernay, Laval
Tél. : (450) 664-7378
19 variétés de pommes et
confitures

SAUCISSES

Les Fermes du Haut-Panache
3621, rue Sainte-Famille
Montréal
Tél.: (514) 288-8382
Saucisses de gibier, de
poulet, etc.

TISANES

Avataq inc.
6700, avenue du Parc,
bureau 400
Montréal
Tél.: (514) 274-1166
Tisanes Délice Boréal

Activités agrotouristiques

CIRCUITS ET RANDONNÉES

La tournée gourmande
Tél.: (450) 978-5959

Les balades
champêtres de Laval
Tél.: (450) 978-5959

Les chemins de la nature
Tél.: (450) 978-5959

COMPTOIRS DE PRODUITS RÉGIONAUX

Fromagerie Atwater
134, rue Atwater
Montréal
Tél.: (514) 932-4653

Fromagerie Fleurie
1200, rue Fleury Est
Montréal
Tél.: (514) 388-3618

Fromagerie Maître-Corbeau
1375, rue Laurier Est
Montréal
Tél.: (514) 528-3293

Fruiterie Valmont
1495, avenue du Mont-Royal Est
Montréal
2147, avenue du Mont-Royal Est
Montréal
Tél.: (514) 523-9060 et
523-8212

La Fromagerie Hamel
220, rue Jean-Talon Est
Montréal
Tél.: (514) 272-1161

Le Fouvrac
1451, rue Laurier Est
Montréal
Tél.: (514) 527-9090

Le Maître Gourmet
1520, rue Laurier Est
Montréal
Tél.: (514) 524-2044

Mouton Noir Fromagerie
5645, rue Monkland
Montréal
Tél.: (514) 488-7592

William J. Walter
1957, avenue Mont-Royal Est
Montréal
Tél.: (514) 528-1901

FOIRES ET FESTIVALS

Le Mondial de la bière,
Montréal, juin

Fêtes gourmandes internationales
de Montréal,
Montréal, août

Festi-paille de Laval,
Laval, septembre

Le bon goût de
notre campagne,
Laval, septembre

Journées nationales du goût
et des saveurs,
Laval, octobre

Salon de la gastronomie,
Montréal, novembre

MARCHÉS PUBLICS

Marché Atwater,
12250, rue Albert-Hudon,
Montréal

Marché des Saveurs
du Québec,
280, place du Marché Nord,
Montréal

Marché Maisonneuve,
4445, rue Ontario Est,
Montréal

Marché Jean-Talon,
7075, avenue Casgrain,
Montréal

Marché des vins et des boissons
artisanales du Québec,
4445, rue Ontario Est,
Montréal

MAURICIE

Produits et producteurs

BIÈRE

Les Bières de la
Nouvelle-France
3451, chemin de la Nouvelle-France
Saint-Paulin
Tél. : (819) 268-5500
Ambrée de sarrasin, Claire-Fontaine,
Blonde d'épeautre

EAU

Source Saint-Justin
371, rue Gagné
Saint-Justin
Tél.: (819) 227-2106
Eau minérale naturelle gazéifiée

FARINE

Moulin Saint-Louis
1335, Petite Carrière
Sainte-Ursule
Tél.: (819) 228-8070
Farine de sarrasin

FROMAGE

Ferme Caron
1091, boul. Saint-Jean Est
Saint-Louis-de-France
Tél. : (819) 379-1772
Fromage de chèvre biologique Le
Blanchon

FRUITS ET LÉGUMES

Fruits des Bois
611, Route 359
Saint-Narcisse
Tél.: (418) 328-3928
Confiture, gelée

Le Jardin de ma Grand-Mère
2301, rang Saint-Charles
Sainte-Angèle
Tél.: (819) 268-5756
Confitures de cerises de terre, de
rhubarbe, de baies de sureau

Les Jardins maraîchers
H. Dugré et Fils
3861, rang Saint-Charles
Pointe-du-Lac
Tél.: (819) 377-3108
Marinades, confitures

Le Maraîcher de Batiscan
171, rue Principale
Batiscan
Tél.: (418) 362-2196
Produits de boulangerie, tartes, muffins
et légumes

MIEL ET HYDROMEL

Ferme apicole Huot
1560, boul. Saint-Jean Est
Saint-Louis-de-France
Tél. : (819) 378-5275

Villa des Abeilles
1440, rue Principale
Sainte-Ursule
Tél. : (819) 228-3156
Produits dérivés du miel

Rucher de la Montagne bleue
3750, rang Grande Ligne
Saint-Paulin
Tél.: (819) 268-2016
Hydromel, miel baratté

OIE

Terroir-Saveurs de la Seigneurie
Lefebvre
4510, boul. de Rigaud
Trois-Rivières
Tél. : (819) 374-4191
Confit d'oie

POULET

Le Crépuscule de Yamachiche
1321, chemin Grande-Rivière-Nord
Yamachiche
Tél.: (819) 296-3139
Poulet élevé au grand air

Poulet fermier Jym
2201, boul. Saint-Jean
Saint-Maurice
Tél.: (819) 375-2019
Poulet fermier

PRODUITS DE BOULANGERIE

Le Petit Boulanger inc.
1142, chemin Tour du Lac
Lac-à-la-Tortue
Tél.: (819) 538-8448
Produits biologiques, pain au
levain, au sarrasin

PRODUITS DE LA POMME

Verger Barry
1433, boul. Lanaudière
Sainte-Anne-de-la-Pérade
Tél.: (418) 325-2274
Jus, gelée, tarte, sirop

PRODUITS DE L'ÉRABLE

Érablière aux Mille Érables
1671, Route 153
Sainte-Thècle
Tél.: (418) 289-2348
Produits variés

Érablière Lampron
190, 2e Rang
Charrette
Tél.: (819) 386-4190
ou 691-2165
Boissons à l'érable, apéro, demi-sec,
méthode champenoise et méthode portu-
gaise

VIN

Domaine de la Vigneraie
1380, rue Principale
Notre-Dame-du-Mont-Carmel
Tél.: (819) 371-9444
Blanc et rouge

Vignoble Dubois, Bernard
1711, rang Saint-Charles
Saint-Prosper
Tél.: (418) 328-4213
Vin blanc et rouge (production en 2003)

Activités agrotouristiques

CIRCUITS ET RANDONNÉES

Circuit touristique des produits du
terroir de la MRC Maskinongé
Tél.: (819) 228-9461

COMPTOIRS DE PRODUITS RÉGIONAUX

La Pousse-Santé
783, boul. Saint-Laurent Ouest
Louiseville
Tél.: (819) 228-8629

Le magasin général Lebrun
192, rang Pied-de-la-Côte
Saint-Joseph-de-Maskinongé
Tél.: (819) 227-2147

FOIRES ET FESTIVALS

Pêche aux petits poissons
des chenaux,
Sainte-Anne-de-la-Pérade, janvier-février

Festival de la truite mouchetée,
Saint-Alexis-des-Monts, juillet

Les fêtes champêtres de la
seigneurie de la
Nouvelle-France,
Saint-Paulin, juillet

La fête des moissons,
Saint-Maurice, août

La campagne est à l'île
Saint-Quentin,
août-septembre

Délices d'automne,
Trois-Rivières, septembre

Festival de la galette
de sarrasin,
Louiseville, septembre

Les journées nationales du goût et
des saveurs,
octobre

MARCHÉS PUBLICS

Marché public de Shawinigan,
rue Champlain
Juin à septembre

MUSÉES ET CENTRES D'INTERPRÉTATION

Centre d'interprétation
de l'érable
1020, chemin Massicotte
Saint-Prosper
Tél.: (418) 328-4440

Musée de l'érable,
Érablière aux Mille Érables
1671, Route 153
Sainte-Thècle
Tél.: (418) 289-2348

MONTÉRÉGIE

PRODUITS ET PRODUCTEURS

AGNEAU

Bergerie Richelieu
441, rue Richelieu
Saint-Marc-sur-Richelieu
Tél.: (450) 584-2357
Produits de l'agneau

Mouton Village
12, chemin des Patriotes
Saint-Charles-sur-Richelieu
Tél.: (450) 795-3743
Produits de l'agneau

BIÈRE

Brasserie aux 4-Temps
480, rue Martineau Ouest
Saint-Hyacinthe
Tél.: (450) 796-1440
La Gargouille, La Montérégienne,
L'Exaltée

Brasserie Saint-Antoine-Abbé
3299, Route 209
Saint-Antoine-Abbé
Tél.: (450) 826-4609
Bières au miel

Brasserie Schoune
2075, chemin Sainte-Catherine
Saint-Polycarpe
Tél.: (450) 265-3765
Six variétés

Brasserie Seigneuriale
135-D, chemin du Tremblay
Boucherville
Tél.: (450) 641-6433
Bières seigneuriales et Seigneuriale
Blonde

Brasserie Unibroue
80, rue des Carrières
Chambly
Tél.: (450) 658-7658
La Blanche de Chambly, La Maudite,
L'Eau Bénite

Fourquet Fourchette
1887, avenue Bourgogne
Chambly
Tél.: (450) 447-6370
Vinaigre de bière à la Maudite, gelée de
pomme à la Fin du Monde, marmelade
d'orange à la Blanche de Chambly

Le Bilboquet
1850, rue des Cascades Ouest
Saint-Hyacinthe
Tél.: (450) 771-6900
Bière artisanale

CANARD

Aux Champs d'Élisé
114, rang du Vide
Marieville
Tél.: (450) 460-7865
Foie gras, terrine

Les Élevages Périgord
228, rue Principale
Saint-Louis-de-Gonzague
Tél.: (450) 377-8766
Foie gras de canard, mousse de foie gras
au porto

Les Quatre Feuilles
360, rang de la Montagne
Rougemont
Tél.: 1 800 561-6880
Pâté de canard de barbarie Au Coq du
Village

CHOCOLAT

Aux Trois Chocolats
887, rue Notre-Dame
Saint-Rémi
Tél.: (450) 454-6102
Chocolat belge artisanal

Chocolat belge Heyez
Père et Fils
16, rue Rabastalière Est,
Saint-Bruno-de-Montarville
Tél.: (450) 653-5616
Assortiment de 80 chocolats belges mai-
son

Chocolaterie Colombe
116, rang Casimir
L'Ange-Gardien
Tél.: (450) 293-8249
Chocolats faits à la main

Chocolaterie La
maison Gourmande
2515, avenue Bourgogne
Chambly
Tél.: (450) 447-4707
Chocolat français et belge de
fabrication artisanale

Chocolaterie Ody
101, 4ᵉ Rang Sud
Saint-Athanase
Tél.: (450) 358-1853
Chocolats alcoolisés aux saveurs des
liqueurs du terroir québécois

Chocolaterie du Vieux Beloeil
960, rue Laurier
Beloeil
Tél.: (450) 446-4100
Chocolaterie artisanale française

Chocolette
7, rue Sainte-Hélène
Salaberry-de-Valleyfield
Tél.: (450) 377-3660
Chocolat artisanal

La Cabosse d'or
973, chemin Ozias-Leduc
Otterburn Park
Tél.: (450) 464-6937
Chocolaterie belge artisanale

La Maison du Défricheur
971, montée des Bois-Francs
Montagne de Rigaud, Très-Saint-
Rédempteur
Tél.: (450) 451-5809
Chocolaterie

CERISE DE TERRE

Au Domaine des
Petits Fruits
101, 4ᵉ Rang Sud
Saint-Athanase
Tél.: (450) 358-1853
L'Amour en Cage, liqueur de cerise de
terre

Ferme Granger et Fils
732, chemin Petit Bernier
Saint-Jean-sur-Richelieu
Tél.: (450) 347-8097
Liqueur de cerise de terre, vinaigre de
gelée, cerises de terre fraîches

Passion Dorée
267, chemin Saint-Dominique
Saint-Pie-de-Bagot
Tél.: (450) 774-2621
Liqueurs alcoolisées et confiture

Verger Tremblay, Pierre
375, chemin de la Montagne
Mont-Saint-Grégoire
Tél.: (450) 347-6336
Confitures de cerises de terre

CIDRE

Au Pavillon de la Pomme
1130, boul. Laurier
Mont-Saint-Hilaire
Tél.: (450) 464-2654
Cidre, vinaigre

Cidrerie Alix, D.R.
303, rang de la Montagne
Rougemont
Tél.: (450) 469-3004
Le Baiser d'Amour, La Passion
Le Patrimoine

Cidrerie du Minot
376, chemin Covey Hill
Hemmingford
Tél.: (450) 247-3111
Minot Mousseux et Domaine du Minot

Cidrerie Clos-Saint-Denis
1149, chemin des Patriotes
Saint-Denis-sur-Richelieu
Tél.: (450) 787-3766
Cidre du Bourg et cidre de glace

Cidrerie Coteau Saint-Jacques
990, rang Saint-Charles
Saint-Paul-d'Abbotsford
Tél.: (450) 379-9732
Coteau Saint-Jacques, Cuvée sur Paille

Cidrerie du verger Gaston
1074, chemin de la Montagne
Mont-Saint-Hilaire
Tél.: (450) 464-3455
Ozias Leduc, Coteaux du Richelieu

Cidrerie du Village
509, rue Principale
Rougemont
Tél.: (450) 469-3945
Coup de foudre

Cidrerie Jodoin, Michel
1130, rang Petite Caroline
Rougemont
Tél.: (450) 469-2676
Calijo de Rougemont, Pom de vie, Fine Caroline

Cidrerie-verger Boutin, Léo
710, rang de la Montagne
Mont-Saint-Grégoire
Tél.: (450) 346-3326
Cuvée Versant Sud, Sieur de Monnoir

Cidrerie-verger Charbonneau, Denis
575, rang de la Montagne
Mont-Saint-Grégoire
Tél.: (450) 347-9184
Le Mousseux du fermier

Cidrerie-verger Larivière
1188, 8e Rang
Saint-Théodore-d'Acton
Tél.: (450) 546-3411
La Fête au Village, La Ruée vers l'Or, L'Éden

Clos de la Montagne Cidrerie et vignoble
330, rang de la Montagne
Mont-Saint-Grégoire
Tél.: (450) 358-4868
Le Maceron, La Drupa. La Cuvée réserve

La Face Cachée de la Pomme
617, Route 202
Hemmingford
Tél.: (450) 247-2899
Cidre de glace Frimas et Neige

Verger Petit et Fils
1020, chemin de la Montagne
Mont-Saint-Hilaire
Tél.: (450) 467-9926
Cidre, vinaigre et autres

Vignoble Dietrich-Joss
407, chemin Grande Ligne
Iberville
Tél.: (450) 347-6857
Cuvée Stéphanie

FINES HERBES

Trans-Herbe
1090, rue Parent
Saint-Bruno-de-Montarville
Tél.: (450) 441-0779
Tisanes L'Érable, La Courtisane

Vivaces Marie-Michel
785, rang Saint-Régis Sud
Saint-Constant
Tél.: (450) 638-2229
Fines herbes

FRAISE

Fraisière Hébert, Louis et Fils
978, chemin 4e ligne
Saint-Valentin
Tél.: (450) 291-3004
Le Valentin, Le Louis-Hébert et le Doux-Frisson

FRAMBOISE

La Ferme Quinn
2495, boul. Perrot
Notre-Dame-de-l'Île-Perrot
Tél.: (514) 453-1510
Gelée de framboises

FROMAGE

Chèvrerie « Les Filles du Roi »
5364, rue Louis-Badaillac
Carignan
Tél.: (450) 658-5224
Fromage et yogourt

Fromagerie Açoreana
65, rang Saint-André
Saint-Jacques-le-Mineur
Tél.: (450) 659-1200
Fromages ethniques au lait de vache et de chèvre

Fromagerie Au Gré des Champs
400, rang Saint-Édouard
Saint-Athanase
Tél.: (450) 346-8732
Le D'Iberville, Au Gré des Champs

Fromagerie Clément
54, rue Principale
Saint-Damase
Tél.: (450) 797-3301
Brie, Saint-Paulin

Fromagerie Fritz Kaiser
4e concession
Noyan
Tél.: (450) 294-2207
Fromages d'inspiration suisse, La Tomme de M. Séguin, Le Mouton Noir

Fromagerie Mes Petits Caprices
4395, rang des Étangs
Saint-Jean-Baptiste
Tél.: (450) 467-3991
Le Micherolle, Le Hilairemontois

Fromagerie Montefino et la ferme Diodati
1329, chemin Saint-Dominique
Les Cèdres
Tél.: (450) 452-4249
Fromages de chèvre

Fromagerie Ruban Bleu
449, rang Saint-Simon
Saint-Isidore
Tél.: (450) 454-4405
La Petite Chevrette, Le Saint-Isidore, Le Pampille

Laiterie Chalifoux
493, boul. Fiset
Sorel
Tél.: 1 800 363-0092
Cheddar Riviera, emmental, Havarti

Laiterie et Ferme Bord-des-Rosiers
509, chemin du Bord-de-l'Eau
Saint-Aimé-de-Massueville
Tél.: (450) 788-2527
Fromage biologique, lait d'antan

Les Fromages Riviera
1049, boul. Marie-Victorin
Sorel
Tél.: (450) 743-4439
Cheddar, depuis quatre générations

Plaisirs du Cabri
244, rang Haut-Corbin (Route 231)
Saint-Damase
Tél.: (450) 779-6032
Fromage de chèvre

Fruits et légumes

Arôme fleurs et fruits
850, rue Pierre-Caisse
Saint-Jean-sur-Richelieu
Tél.: (450) 349-3282
Gelées, tartinades et sirops à base de fleurs et de fruits

Les Aliments Livabec
95, rang Saint-Louis
Sherrington
Tél.: (450) 454-7971
Aubergines rôties, légumes piquants

Les Artisans du Terroir
1150, chemin de la Montagne
Saint-Paul-d'Abbotsford
Tél.: (450) 379-5353
Confitures, gelée, sirop

Ferme Bio Pointe-du-Moulin
2103, boul. Perrot
Notre-Dame-de-l'Île-Perrot
Tél.: (514) 453-9757
Produits transformés à base de fruits et légumes

Huile

Ferme biologique Machabée
7, rang Sainte-Marie
Saint-Chrysostome
Tél.: (450) 826-3342
Huile et vinaigre

Ferme Champy
205, rue Principale
Upton
Tél.: (450) 549-6032
Huiles de tournesol et de canola biologiques

Les Huiles naturelles d'Amérique
1854, chemin du Fleuve
Les Cèdres
Tél.: (450) 452-4559
Huile de tournesol biologique

Miel et hydromel

Domaine Le Clos des Brumes
824, 5e Rang
La Présentation
Tél.: (450) 796-3504
Cuvée Blé Noir, Duché Vieux-Chêne, Solidago, Trifolium, Élie-Anne

Hydromèlerie
Les Vins Mustier Gerzer
3299, Route 209
Saint-Antoine-Abbé
Tél.: (450) 826-4609
Hydromèlerie et miellerie

Hydromèlerie Miel Nature
395, chemin du Canal
Melocheville
Tél.: (450) 429-5869
Magie D'Amour

La Douce Miellée
210, rue Saint-Joseph
Waterloo
Tél.: (450) 539-1137
Miel selon les saisons de récolte

Miel Gauvin
13960, rue Bienvenue
Saint-Hyacinthe
Tél.: (450) 774-6100
Miel et ses dérivés

Miel Loiseau, François
167, rue Cartier
Saint-Denis-sur-Richelieu
Tél.: (450) 787-3042
Miellerie

Miel Lussier, R.
4195, rang des Soixante
Saint-Jean-Baptiste
Tél.: (450) 464-4649
Miel et autres produits

Miellerie Saint-Stanislas
272, Route 201
Saint-Stanislas-de-Kostka
Tél.: (450) 373-7535
Miel et autres produits

Ruchers Paradis, Richard
2645, rue Guy
Sainte-Rosalie
Tél.: (450) 799-4285
Miel et autres produits

Pintade

Les Produits d'Antoine
2015, du Rivage
Saint-Antoine-sur-Richelieu
Tél.: (450) 787-2988
Pintade fumée, terrine, confit

Produits de boulangerie

Boulangerie Chartrand
2563, Route 209
Saint-Antoine-Abbé
Tél.: (450) 827-2465
Pain maison

Boulangerie La Petite Grange
415, chemin Larocque
Salaberry-de-Valleyfield
Tél.: (450) 371-3510
Boulangerie et chocolaterie artisanale

Produits de l'érable

Cabane à sucre l'Hermine
212, rang Saint-Charles
Saint-Chrysostome
Tél.: (450) 826-3358
Produits de l'érable

Cabane à sucre Malouin
2325, rang du Cordon
Saint-Jean-Baptiste
Tél.: (450) 464-5557
Gelée, sucre, beurre, chocolat

Dumont vins et spiritueux
175, chemin Marieville
Rougemont
Tél.: (450) 469-3945
Brandy d'érable

Érablière Beauvan
71, rang Chatillon
La Visitation-de-Yamaska
Tél.: (450) 783-6644
Érablière biologique, beurre, tire, caramel, gelée, pépites, etc

Le Gabriel
Saint-Hyacinthe
Tél.: (450) 779-3288
Fleur-Sève, boisson à l'érable non alcoolisée

Les Fantaisies de l'Érable
Salaberry-de-Valleyfield
Tél.: (450) 370-0344
Vinaigrette à l'érable fruitée

Sucrerie de la Montagne
300, rang Saint-Georges
Rigaud
Tél.: (450) 451-5204
Site du patrimoine québécois

Produits de la pomme

Au Cœur de mon Verger
551, chemin Covey Hill
Havelock
Tél.: (450) 247-2000
Pommes, poires, prunes

Domaine Côte de Covey
360, chemin Covey Hill
Havelock
Tél.: (450) 826-0132
Pommes et dérivés (Vue exceptionnelle)

Verger d'Antan
186, Route 202
Havelock
Tél.: (450) 826-0463
Tarte aux pommes et confiture

Verger Blair
1421, Route 202
Franklin
Tél.: (450) 827-2605
Produits maison

Verger Cassidy
2910, Route 202
Franklin
Tél. : (450) 827-2000
Produits maison

Vergers écologiques Phillion
389, Route 202
Hemmingford
Tél. : (450) 247-2997
Jus de pomme

Verger Faille, Benoit et Mario
1737, Route 202
Franklin
Tél. : (450) 827-2556
Produits de la pomme

Verger Franklin
2340, Route 202
Franklin
Tél. : (450) 827-2913
Produits transformés de la pomme

Verger Lussier, Gérard
2574, Route 202
Rockburn
Tél. : (450) 827-2718
Produits maison

Verger Machabée, Suzanne
2721, Route 209
Saint-Antoine-Abbé
Tél. : (450) 827-2148
Produits de la pomme

Verger Mado
342, rue Haut-Corbin
Saint-Damase
Tél. : (450) 797-3637
Jus de pomme

Verger McMillan Orchards
1639, Route 202
Franklin Centre
Tél. : (450) 827-2748
Produits maison

Verger Orchard, Arthur
2157, Route 202
Rockburn
Tél. : (450) 264-4558
Produits de la pomme

Verger de la Montagne
118, chemin du Sous-Bois
Mont-Saint-Grégoire
Tél. : (450) 464-7432
Vingt-cinq variétés de pommes

Verger Paul Jodoin inc.
3333, rang du Cordon
Saint-Jean-Baptiste
Tél.: (450) 467-4744
Produits transformés de la pomme

SARRASIN

Aux Couleurs de la Campagne
2864, Route 219
L'Acadie
Tél. : (450) 346-1630
Galette de sarrasin

TERRINE

Les Élevages Carfio
1113, rue Salaberry
Mercier
Tél. : (450) 691-0368
Terrines et pâtés artisanaux

VIN

Vignoble Angell
134, rang Saint-Georges
Saint-Bernard-de-Lacolle
Tél. : (450) 246-4219
Vin blanc

Vignoble Les Artisans du Terroir
1150, rang de la Montagne
Saint-Paul-d'Abbotsford
Tél.: (450) 379-5353
Artisans du terroir (blanc et rouge), La
Vrillée (blanc)

Vignoble Cappabianca
586, boul. Saint-Jean-Baptiste
Mercier
Tél. : (450) 691-1515
Vin blanc Seyval, vin de glace

Vignoble Clos de la Montagne
330, chemin de la Montagne
Mont-Saint-Grégoire
Tél. : (450) 358-4868
Saint-Grégoire (blanc et rouge), Cuvée
Joffrey (blanc), Cuvée Versailles (rouge),
Grégorio (blanc), Bouquet du Clos (rosé)

Vignoble Clos Saint-Denis
1149, chemin des Patriotes
Saint-Denis-sur-Richelieu
Tél. : (450) 787-3766
Cuvée Saint-Denis (blanc et rouge),
Cuvée Montérégienne (blanc), Vin de
mon Pays (blanc)

Vignoble De Lavoie Poitevin
100, chemin de la Montagne
Rougemont
Tél. : (514) 909-2530
Mont-Rouge, La Tourelle, Seyval de
Rougemont

Vignoble Des Pins
136, rang Grand Sabrevois
Sainte-Anne-de-Sabrevois
Tél. : (450) 347-1073
Pin Blanc (blanc), Edelweiss (blanc),
Maréchal (rouge), Mousseux des Pins
(blanc), Geisenheim (blanc), Alpenrose
(rouge), Réserve (rouge), vin de glace

Vignoble Dietrich-Joss
407, chemin Grande Ligne
Iberville
Tél. : (450) 347-6857
Réserve du Vigneron (blanc), Rosé
d'Iberville (rosé), Réserve du Tonnelier
(rouge), Storikengold (blanc), Cuvée
Stéphanie (blanc), Dietrich-Joss (blanc),
Sélection Impériale (vin de glace)

Vignoble du Marathonien
318, Route 202
Havelock
Tél. : (450) 826-0522
Cuvée fût de chêne (blanc), Cuvée spé-
ciale (blanc), Vinifera (rouge), vin de
glace

Vignoble La Vitacée
816, chemin de l'Église
Sainte-Barbe
Tél. : (450) 373-8429
Vin blanc

Vignoble Le Royer-Saint-Pierre
182, Route 211
Napierville
Tél. : (450) 245-0208
Le Lambertois (rouge),
Terre de Saint-Cyprien (rouge),
Givre Noir (rouge),
Trois Sols (blanc et rosé),
La Dauversière (blanc),
Parcelle du Temps (blanc),
Le Garnement (apéritif)

Vignoble Morou
238, Route 221
Napierville
Tél. : (450) 245-7569
Clos Napierois (blanc),
La Closerie (blanc),
Le Monarque (blanc),
Le Closeau (rouge),
Le Rose des Vents (rosé)

VINAIGRE

Fourquet Fourchette
1887, avenue Bourgogne
Chambly
Tél. : (450) 447-6370
Vinaigre de bière, gelée de pomme

Les Vinaigres du verger des Oies
2518, Route 202 Est
Franklin
Tél.: (450) 827-2483
Variété de vinaigres

Vinaigrerie Gingras, Pierre
1132, rang de la Grande-Caroline
Rougemont
Tél. : (450) 469-4954
Vinaigre de cidre 100 % naturel

Activités agrotouristiques

CIRCUITS ET RANDONNÉES

La route des cidres de la Montérégie
Tél.: (450) 469-0069 ou (514) 990-4600

Le Circuit du Paysan
Tél.: 1 800 378-7648

COMPTOIR DE PRODUITS RÉGIONAUX

L'Eau Vive
250, rue Georges
Mont-Saint-Hilaire
Tél.: (450) 464-5767

FOIRES ET FESTIVALS

Journées Crêpes et cidres,
mai

Le printemps des cidres de la Montérégie,
mai

Fête du chocolat,
Bromont, mai

La clé des champs,
Dunham, mai

Festival de la truite,
Salaberry-de-Valleyfield, juin

Salon des vins du bassin de Chambly,
Chambly, juin

Festival de la gibelotte,
Sorel, juillet

Les délices en fête,
Salaberry-de-Valleyfield, juillet

Cyclopomme du Haut-Saint-Laurent,
août

Festival du maïs,
Saint-Damase, août

Festival de la grillade,
Saint-Chrysostome, août

Festival du porc,
Saint-Nazaire, août

Salon agroalimentaire du Suroît,
Sainte-Martine, août

La fête du Vieux-Marché,
Saint-Denis-sur-Richelieu, août

Festibière de Chambly,
Chambly, septembre

Foire agroalimentaire,
Acton Vale, septembre

Festival de la tarte aux pommes,
Stanbridge-East, septembre

Les journées nationales du goût et des saveurs,
octobre

Salon Cidre et saveurs du terroir en Montérégie,
Mont-Saint-Hilaire, novembre

MARCHÉS PUBLICS

Marché champêtre,
Saint-Charles-sur-Richelieu,
20 mai au 30 septembre

Marché Centre,
Saint-Hyacinthe, ouvert à l'année

Place du marché
Saint-Jean-sur-Richelieu

MUSÉES ET CENTRES D'INTERPRÉTATION

Centre d'interprétation de la chèvre
Fromagerie Ruban Bleu
449, rang Saint-Simon
Saint-Isidore
Tél. : (450) 454-4405

Centre d'interprétation du chocolat
La Cabosse d'Or
973, chemin Ozias-Leduc
Otterburn Park
Tél.: (450) 464-6937

Fromagerie Au Gré des Champs
400, rang Saint-Édouard
Saint-Athanase
Tél. : (450) 346-8732

Mouton Village
12, chemin des Patriotes
Saint-Charles-sur-Richelieu
Tél.: (450) 467-8880
Interprétation de la laine

Musée de l'Érable
16, rue Principale
Frelighsburg
Tél.: (450) 298-5181

Musée de la Pomme
Les Vergers Petch
431, Route 202
Hemmingford
Tél. : (450) 247-3414

OUTAOUAIS

Produits et producteurs

AGNEAU

Ferme Cavalier
39, montée Saint-André
Saint-Sixte
Tél.: (819) 985-2490

Ferme Lambert, Pierre
1292, rang Thomas
Saint-André-Avellin
Tél.: (819) 983-2689

Ferme Moreau
191, chemin Saint-André
Ripon
Tél.: (819) 983-1497

ASPERGES

Ferme la Macédoine
502, Route 323
Papineauville
Tél. : (819) 983-2662

ÉPICES

Voilà Masala
734, chemin Cook
Aylmer
Tél.: (819) 684-2930
Épices transformées

FINES HERBES

Destinée...La Rose au bois
66, chemin de Mulgrave
Lac Schryer, Montpellier
Tél.: (819) 428-2280
Plantes biologiques

Ferme An Korriganenn
33, chemin des Guides
Ripon
Tél.: (819) 428-2949
Menthe, marjolaine, romarin

Ferme la Défriche
129, chemin du lac Grosleau
Ripon
Tél.: (819) 428-1334
Ail, fleurs comestibles

Ferme la Rosée
115, rang Sainte-Augustine
Notre-Dame-de-la-Paix
Tél. : (819) 983-1521
Légumes et fines herbes

L'Arbofruit
7, chemin Dupont
Ripon
Tél. : (819) 983-6285
Jardin biologique

Les Bouquets
184, chemin Saint-André
Ripon
Tél. : (819) 983-6261
Herbes salées, légumes bio

Tara Shanti
1500, chemin de la Rouge
Sainte-Angélique
Tél. : (819) 983-6597
Plantes sauvages et cultivées

Fraise, framboise

Ferme Paquette, Denise et Marcel
628, Route 321 Nord
Papineauville
Tél.: (819) 427-6273

Fraisière Bélair,
D.C. et Fils
154, chemin Prud'homme
Cantley
Tél.: (819) 827-0641

Fraisière Patry
579, chemin Pierre-Laporte
L'Ange-Gardien
Tél.: (819) 986-8784

Fraiseraie Sol-Air
144, chemin Thomas Sud
Notre-Dame-de-la-Salette
Tél.: (819) 766-2158

Fromage

Ferme Floralpe
1700, Route 148
Papineauville
Tél. : (819) 427-5700
Heidi et Peter, Le Micha, Brebiouais

La Biquetterie
470, Route 315
Chénéville
Tél. : (819) 428-3061
Petit Vinoy et Saint-Félix

La Trappe à fromage
200, rue Bellehumeur
Gatineau
Tél.: (819) 643-9000
Petite fabrique de cheddar

Miel et hydromel

Miel et produits de miel Bellar-Spruyt
169, chemin du lac Bernard
Sainte-Cécile-de-Masham
Tél.: (819) 459-2794
Miel et gelée

Pierre L'Abeille, apiculture
27, chemin de la Beurrerie
Sainte-Cécile-de-Masham
Tél.: (819) 456-3604
Miel

Schultz, Jeff
Bryson Road
Shawville
Tél.: (819) 647-3665
Miel

Petits fruits

Les Petits Bonheurs de Sophie
239, rue Principale
Plaisance
Tél.: (819) 427-5055
Confitures et marinades artisanales

Produits Jamboree
817, chemin Riverside
Wakefield
Tél.: (819) 459-3453
Confitures

Plantes sauvages

Au Grenier de la Nature
936, chemin Couture
L'Ange-Gardien
Tél. : (819) 281-2215
Sapiel, gelée de thuya, sablés, farine de quenouille

Poisson

Boucanerie Chelsea
706, Route 105
Chelsea
Tél.: (819) 827-1925
Poissons et fruits de mer fumés

Domaine Arc-en-Ciel
Chemin Saint-Pierre
Val-des-Monts
Tél.: (819) 671-3762
Truite fumée au bois d'érable

Poulet de grain

Aux Saveurs des Monts
1402, rue Principale
Val-des-Monts
Tél.: (819) 457-2828
Poulet de grain

Produits de boulangerie

Au Rouet
1845, Route 105
Chelsea
Tél.: (819) 459-3116
Trentaine de pains et pâtés maison

Boulangerie La Miette
379, rang Sainte-Julie Est
Saint-André-Avellin
Tél.: (819) 983-6311
Fabrication artisanale

Boulangerie Le Méteil
114, chemin du lac Grosleau
Ripon
Tél. : (819) 428-7234
Pain biologique

Boulangerie Paysanne
94, rue Principale
Chénéville
Tél. : (819) 428-5020
Pains variés

Boulangerie du Village
239, rue Principale
Plaisance
Tél.: (819) 427-5055
Variété de pains

Pâtisserie Serge et Nicole
322, rue Papineau
Papineauville
Tél.: (819) 427-6905
Pâtisseries fines artisanales

Produits de l'érable

Cabane à sucre Brazeau
316, Saint-Charles
Papineauville
Tél.: (819) 427-5611

Érablière Le Domaine du Cerf
Lac Blue Sea
Blue Sea
Tél.: (819) 463-2524

Érablière Tremblay, Hubert
Chemin du Lac Trente et Un Milles
Sainte-Thérèse-de-la-Gatineau
Tél.: (819) 449-2529

Formidérable
232, chemin Old Chelsea
Chelsea
Tél.: (819) 827-9118
Truffe, meringue, poire, moutarde à l'érable

La Maison d'École Sucrerie
1085, Route 317
Saint-Sixte
Tél.: (819) 983-3525
Produits de l'érable

Le Domaine de l'Ange-Gardien
1031, chemin Pierre-Laporte
L'Ange-Gardien
Tél.: (819) 281-0299

Les Paniers d'Élaine Poulin
21, 5ᵉ Rang Nord
Ripon
Tél.: (819) 983-1041
Tartinades et produits de l'érable

Sucrerie Le Palais Gommé
562, chemin Doherty
L'Ange-Gardien
Tél.: (819) 281-9882

PRODUITS DE LA POMME

Le Verger du Ruisseau
235, chemin Eardley
Aylmer
Tél.: (819) 682-0422

VIN

Vignoble de la Vallée de l'Outaouais
828, chemin du Sixième Rang
Gatineau
Tél.: (819) 669-3060
Vignoble fermé au public

DIVERS

Alimentation la Défriche
Chemin du lac Grosleau
Ripon
Tél.: (819) 428-3940
ou 428-1334
Tournesol, levure, pois vert

Boucherie David
22, rue Principale
Chénéville
Tél.: (819) 428-3125
Boucherie fine et produits maison

Activités agrotouristiques

CIRCUITS

La Petite-Nation en
robe des champs
Tél.: (819) 423-5602

La route des herbes dans la
Petite-Nation
Tél.: (819) 423-5602

FOIRES ET FESTIVALS

Les fêtes gourmandes internationales d'Ottawa-Hull,
juillet

Le festival de la Patate,
Notre-Dame-de-la-Paix, août,

Le rendez-vous des saveurs de
l'Outaouais,
Hull, septembre

Le bal des citrouilles,
Ripon, octobre

Les journées nationales du goût et
des saveurs,
octobre

MARCHÉS PUBLICS

La Pêche
mai à septembre

Marché public de Bouchette

Marché public de Shawville,
terrain de l'exposition

Marché champêtre de Montebello
(samedi)

MUSÉES ET CENTRES D'INTERPRÉTATION

Érablière Ti-Mousse
442, rang Saint-Charles
Papineauville
Tél.: (819) 427-5413

QUÉBEC

Produits et producteurs

BIÈRE

L'Inox Maîtres-Brasseurs
37, quai Saint-André
Québec
Tél.: (418) 692-5347
Douze bières artisanales

Microbrasserie La Barberie
310, rue Saint-Roch
Québec
Tél.: (418) 522-4373
Noire légère fruitée, La Rousse au chanvre

BLEUET

Ferme Champs de rêve
241, rue Principale
Sainte-Geneviève-de-Batiscan
Tél.: (418) 362-2337
Bleuetière biologique

CANARD

Au Canard Cochon
1094, chemin Royal
Saint-Pierre (île d'Orléans)
Tél.: (418) 828-2823
Terrine, confit, pâté, foie gras, etc.

Le Canard au naturel
1249, Jacques-Cartier Sud
Stoneham
Tél.: (418) 848-5176
Foies gras, confits, magrets fumés

CASSIS

Ferme Liz Ouellet
1571, chemin Royal
Saint-Pierre, (île d'Orléans)
Tél. : (418) 828-0444

Ferme Monna
723, chemin Royal
Saint-Pierre (île d'Orléans)
Tél. : (418) 828-1057
Apéritif, liqueur et madérisé de cassis,
crème de cassis de l'île Ensorceleuse

Les Saveurs de l'Isle d'Orléans
2366, chemin Royal
Saint-Jean (île d'Orléans)
Tél.: (418) 829-0450
Cassis, fraises, framboises, rhubarbe,
pommes, cerises de terre, baies
d'amélanchier, bleuets transformés en
tartinades, gelées, coulis, sirops, vinaigres aromatisés, etc.

CHOCOLAT

Chocolaterie de l'Île d'Orléans
150, chemin du Bout de l'île
Sainte-Pétronille (île d'Orléans)
Tél.: (418) 828-2250
Chocolat, crème glacée, sorbet

Choco-musée Érico
634, rue Saint-Jean
Québec
Tél.: (418) 524-2122
Chocolaterie artisanale

Chocolaterie Royale
430, rue Principale
Grondines
Tél.: (418) 268-5497
Chocolat et saveurs du terroir

Les Mignardises Doucinet
319, 80ᵉ rue Ouest
Charlesbourg
Tél.: (418) 622-9595
Fudgerie artisanale (canneberge, bleuet,
nougat, etc.)

CIDRE

Cidrerie de La Capitale
1375, boul. Charest Ouest
Québec
Tél.: n.d.
Le Chant aux Pommes, La Sérénade,
L'Esprit du Nord

Cidrerie du Bout-de-l'Île
20, chemin du Bout de l'île
Sainte-Pétronille (île d'Orléans)
Tél.: (418) 828-9603
Cidre pétillant, cidre plat, L'Ensorcelé

Cidrerie-Verger Bilodeau
2200, chemin Royal
Saint-Pierre (île d'Orléans)
Tél. : (418) 828-9316
Le Petit Bonheur, La Tentation,
Symphonie

Domaine Steinbach
2205, chemin Royal
Saint-Pierre (île d'Orléans)
Tél. : (418) 828-0000
Cidres biologiques, cidres de glace

FINES HERBES

Fines Herbes par Daniel
771, chemin Royal
Saint-Jean (île d'Orléans)
Tél.: (418) 829-3000
Variété de fines herbes

FRAMBOISE

Framboisière Marois,
Micheline, Drolet, Yvon Marois
390, 3ᵉ Rang Ouest
Saint-Augustin-de-Desmaures
Tél.: (418) 878-4418
Confiture, coulis, gelée et vin de
framboises

La Framboisière
1402, chemin Royal
Saint-Pierre (île d'Orléans)
Tél.: (418) 828-2137
Confiture, sirop, gelée

Vignoble Moulin du Petit Pré
7007, avenue Royale
Château-Richer
Tél.: (418) 824-4411
Liqueur de framboise, crème de fram-
boise Petit Pré, Demoiselle de Printemps

FROMAGE

Ferme Piluma
150, rang Sainte-Angélique
Saint-Basile
Tél. : (418) 329-3080
Le Chevalier Mailloux, le Saint-Basile, le
Sarah Brizou

Ferme S.M.A.
2222, avenue d'Estimauville
Beauport
Tél.: (418) 667-0478
Fromage cheddar

Ferme Tourilli
1541, rang Notre-Dame
Saint-Raymond-de-Portneuf
Tél.: (418) 337-2876
Le Cap Rond, le Croquignol

Fromagerie Cayer
71, avenue Saint-Jacques
Saint-Raymond
Tél. : (418) 337-4287
Saint-Honoré, Paillot de Chèvre, Bleubry

Fromagerie Côte-de-Beaupré
9430, boul. Sainte-Anne
Sainte-Anne-de-Beaupré
Tél.: (418) 827-1771
14 variétés de fromage

Les Fromages de
l'île d'Orléans
4702, chemin Royal
Sainte-Famille (île d'Orléans)
Tél.: (418) 829-3670
Fromage de l'île (automne 2003)

FRUITS ET LÉGUMES

Ferme Le Comte de Roussy
6167, avenue Royale
L'Ange-Gardien
Tél.: (418) 822-1649
Fruits et légumes, tartes,
confitures

La conserverie du Quartier
315, chemin de la Canardière
Québec
Tél.: (418) 647-1367
Gelée de canneberge, confiture de
pommes, etc.

HUILE

Maison Orphée
1450, rue Provinciale
Québec
Tél.: (418) 681-1530
Huiles biologiques de lin, canola,
sésame et chanvre

MAÏS

Bédard, Marius R.
1068, Route 138
Neuville
Tél.: (418) 876-3374

Ferme Béland, Guy
1398, Route 138
Neuville
Tél.: (418) 876-3003

Béland, Marjolaine et Guy
1308, Route 138
Neuville
Tél.: (418) 876-2334

Côté, Émile
237, rue Jean-Basset
Neuville
Tél. : (418) 876-2954

Darveau, Pierrette et Hervé
216, Route 138
Neuville
Tél. : (418) 876-2451

Drolet, M.
229, Route 138
Neuville
Tél.: (418) 876-2997

Ferme ancestrale Larue, Denis
318, rue des Érables
Neuville
Tél.: (418) 876-3039

Ferme Bio-de-Ly
1635, Route 138
Neuville
Tél.: (418) 876-3574

Ferme Degeau
1188, du Ruisseau
Neuville
Tél.: (418) 876-2225

Ferme Dubuc
450, rue des Érables
Neuville
Tél.: (418) 876-3634

Ferme Gaudreau,
Benoît et Denise
430, rue des Érables
Neuville
Tél.: (418) 876-3295

Ferme Langlois et Fils
1087, Route 138
Neuville
Tél.: (418) 876-2816

Ferme maraîchère Nadeau
5, Route 138
Neuville
Tél.: (418) 876-2322

Jobin Jules et Claudette
79, Route 138
Neuville
Tél.: (418) 876-2452

Les Serres A. Giguère inc.
1152, Route 138
Neuville
Tél.: (418) 876-2380

MIEL ET HYDROMEL

Les Ruchers Promiel
8862, boul. Sainte-Anne
Château-Richer
Tél. : (418) 824-4411
Hydromel et miel

GIBIER À PLUMES

Ferme Orléans
2210, chemin Royal
Saint-Laurent (île d'Orléans)
Tél.: (418) 828-2686
Caille, faisan, pintade, perdrix, pigeon-neaux

POISSON

Domaine Orléans
285, chemin Royal
Saint-Pierre (île d'Orléans)
Tél.: (418) 828-9071
Mousse de truite, truite fumée, truite marinée

Fumoir Grizzly
2395, rue Chappe
Sainte-Foy
Tél.: (418) 877-4255
Fumage au sirop d'érable

Fumoir La Fée des Grèves
1920, avenue Jean-de-Clermont
Beauport
Tél.: (418) 666-1892
Truite et saumon fumés de l'Atlantique

Poissonnerie Paquet, Jos.
2705, chemin Royal
Sainte-Pierre (île d'Orléans)
Tél.: (418) 828-2670
Anguille, doré et esturgeon frais ou fumé

Poissonnerie Unimer
1191, avenue Cartier
Québec
Tél.: (418) 648-6212
Crabe, crevette, turbo, etc.

PRODUITS DE BOULANGERIE

Borderon, Éric,
2360, rue De Celles
Québec
Tél.: (418) 847-2808
Artisan boulanger

Boulangerie Culina
210, chemin Sainte-Foy
Sainte-Foy
Tél.: (418) 653-9894
Pains de seigle, aux noix, de blé intégral

Boulangerie Paul
1646, chemin Saint-Louis
Sillery
Tél.: (418) 684-0200
Pains au levain, aux olives, au fromage, etc.

Chez Marie
8706, avenue Royale
Château-Richer
Tél.: (418) 824-4347
Pain de ménage, beigne, brioche

La Boîte à Pain
289, Saint-Joseph Est
Québec
Tél.: (418) 647-3666
Pains biologiques

L'Artisan du Pain
1070, avenue Cartier
Québec
Tél.: (418) 523-7066
Pains au levain, aux olives, au fromage de chèvre

La Boulange
2001, chemin Royal
Saint-Jean (île d'Orléans)
Tél.: (418) 829-3162
Pain au levain, pain gourmand et vien-noiseries façonnées à la main chaque jour

La Boule-Miche
1483, chemin Sainte-Foy
Québec
Tél.: (418) 688-7538
Pain à base de farines moulues sur meule de pierre

La Mère Michèle
2500, chemin des
Quatre-Bourgeois
Sainte-Foy
Tél.: (418) 651-7645
Pains variés

Le Paingrüel
375, rue Saint-Jean
Québec
Tél.: (418) 522-7246
Pain au levain et farines biologiques

Pain et Passion
85, rue Saint-Vallier Est
Québec
Tél.: (418) 525-7887
Pain artisanal et pâtisseries

Panetier Baluchon
764, rue Saint-Jean
Québec
Tél.: (418) 522-3022
Pain et pâtisseries

PRODUITS DE LA POMME

Le Verger du Roy
464, chemin du Roy
Deschambault
Tél.: (418) 286-2226
Beurre, marmelade, jus, sirop

Les Caprices d'Antan
955, avenue Saint-Jean-Baptiste
Québec
Tél.: (418) 877-8614
Tartinade de pommes, de fraises et 5 fruits

Polyculture Plante
20, chemin du Bout de l'île
Sainte-Pétronille (île d'Orléans)
Tél.: (418) 828-9603
Jus, tarte, gelée, confiture

Société La Franche-Visée
200, chemin du Cap-Tourmente
Saint-Joachim
Tél.: (418) 827-1782
Gelée de pommes

PRODUITS DE L'ÉRABLE

Cabane à sucre l'Entailleur
1447, chemin Royal
Saint-Pierre (île d'Orléans)
Tél.: (418) 828-1269
Produits variés de l'érable

Érablière du Vieux-Cap
8851, avenue Royale
Château-Richer
Tél.: (418) 824-4416
Produits variés

L'Érablière Sucre d'Art
8515, chemin Royal
Château-Richer
Tél.: (418) 824-5626
Produits biologiques : chocolat, caramel, gelée

VIN

Vignoble Domaine Royarnois
146, chemin du Cap-Tourmente
Saint-Joachim
Tél.: (418) 827-4465
Vin du Domaine (blanc),
Vin de Montmorency (blanc)

Vignoble du Bourg Royal
1910, rue des Érables
Charlesbourg
Tél.: (418) 681-9119
Vin blanc, rouge et rosé, cidres.

Vignoble de L'Isle de Bacchus
1071, chemin Royal
Saint-Pierre (île d'Orléans)
Tél.: (418) 828-9562
L'Isle de Bacchus (blanc et rouge)

Vignoble Le Moulin du Petit Pré
7007, avenue Royale
Château-Richer
Tél.: (418) 824-4411
Les Grèves, Moulin du Petit Pré

Vignoble Sainte-Pétronille
1-A, chemin du Bout de l'île
Sainte-Pétronille (île d'Orléans)
Tél. : (418) 828-1253
Sainte-Pétronille (blanc et rosé)

Vinaigre

Le Meilleur de l'Île
1571, chemin Royal
Saint-Pierre (île d'Orléans)
Tél.: (418) 828-0444

Les productions d'Abalon
1737, chemin Royal
Saint-Laurent (île d'Orléans)
Tél.: (418) 828-1168
Les vinaigres de bleuets, de cassis, de
fraises, de framboises

Activités agrotouristiques

Circuits et randonnées

La Barberie
Circuit guidé de l'histoire
brassicole de Québec
Québec

Le Réseau agrotouristique
de Portneuf
Tél.: 1 800 409-2012

La Route des fleurs
de Portneuf
Tél.: 1 800 409-2012

La Route de la
Nouvelle-France

Comptoirs de produits régionaux

Au Palais des Arômes
9173, rue Henri-Bourassa
Charlesbourg
Tél.: (418) 624-2151

Aux Palais Fins Québécois
299, rue Saint-Paul
Québec
Tél.: (418) 692-2991

Épicerie fine des Chutes
2571, avenue Royale
Beauport
Tél.: (418) 660-5227

J.A. Moisan
699, Saint-Jean
Québec
Tél.: (418) 522-0685
Produits du terroir du Québec

La Giroflée
3320, chemin Sainte-Foy
Sainte-Foy
Tél.: (418) 658-7780

Le Crac
690, rue Saint-Jean
Québec
Tél.: (418) 647-6881

Les Saveurs de l'Isle d'Orléans
2366, chemin Royal
Saint-Jean (île-d'Orléans)
Tél.: (418) 829-0450

Marché du Terroir
1050, avenue Larue
Beauport
Tél.: (418) 663-1388

Foires et festivals

Salon de l'agriculture, de
l'alimentation et de la
consommation,
Québec, janvier

Festival de la gastronomie
de Québec,
Québec, avril

Marché public de fleurs
et de saveurs,
Saint-Raymond, août

Les Fêtes de la
Nouvelle-France,
Québec, août

Expo-Québec, carrefour
agroalimentaire,
Québec, août

Orléans, l'île ouverte,
Saint-Laurent, septembre

Carrefour produits régionaux,
Sainte-Foy, octobre

Palais du terroir,
Sainte-Foy, octobre

Journées nationales du goût et des
saveurs,
Québec, octobre

Noël au Marché,
Marché du Vieux-Port, Québec,
décembre

Musées et centres d'interprétation

Centre d'interprétation
de l'érablière
Ferme Miri enr.
55, Rang C
Saint-Ubalde
Tél.: (418) 277-2706

Économusée de la bière
L'Inox Maîtres-Brasseurs
37, rue Saint-André
Québec
Tél.: (418) 692-2877

Économusée du miel
Musée de l'Abeille
8862, boul. Sainte-Anne
Château-Richer
Tél. : (418) 824-4411

Musée de l'Érable
Cabane à sucre L'Entailleur
1447, chemin Royal
Saint-Pierre (île d'Orléans)
Tél.: (418) 828-1269

Marchés publics

Le marché de Saint-Raymond,
août

Marché du Vieux-Port,
160, Quai Saint-André, Québec,
de mars à janvier

Marché public de Sainte-Foy,
rue Roland-Beaudin, mai à octobre

Marché de Lévis

SAGUENAY–LAC-SAINT-JEAN

Produits et producteurs

Bière

Les Brasseurs R.J.
182, Route 170
L'Anse-Saint-Jean
Tél. : (418) 272-3234
22 sortes de bière dont Folie Douce,
L'Illégale, La Royale, Belle-Gueule,
Anges de l'Anse

Bleuet

Bleuetière Rivard, Michel
315, Rang 9
Saint-Ambroise
Tél. : (418) 672-4578
Produits dérivés du bleuet

Bleuetière Saguenay
701, rue Léon
Saint-Honoré
Tél.: (418) 275-7758
Ketchup aux bleuets, sirop de bleuets
Perle Bleue

Bleuets Mistassini
555, rue Dequen
Mistassini
Tél.: (418) 276-8611
Confitures, tartes

Délices du Lac-Saint-Jean inc.
388, rue Bossuet
Dolbeau-Mistassini
Tél.: (418) 276-4978
Chutney aux bleuets

La Magie du Sous-Bois inc.
801, 23e Avenue
Dolbeau-Mistassini
Tél.: (418) 276-8926
Sirop de bleuets, gelée de bleuets

CANNEBERGE

Atocas Lac-Saint-Jean
212, route Sainte-Marguerite-Marie
Dolbeau-Mistassini
Tél.: (418) 276-5222
Canneberge fraîche et congelée

CHOCOLAT

Chocolat Lulu
1806, boul. Saguenay Ouest
Chicoutimi
Tél.: (418) 549-1203
Chocolat aux bleuets

Chocolaterie Paplouf
1123, rue Notre-Dame
Saint-Félicien
Tél.: (418) 679-5201
Chocolat aux bleuets

Chocolaterie des pères trappistes de Mistassini
100, route des Trappistes
Dolbeau-Mistassini
Tél.: (418) 276-1122
Bleuets enrobés de chocolat, chocolat blanc, etc.

Chocolaterie Saint-Martin
42, rue Prince Ouest
Chicoutimi
Tél.: (418) 545-1660
Chocolat belge

La Java
1088, rue Saint-Cyrille
Normandin
Tél.: (418) 274-7230
Bleuets enrobés, coulis de bleuets

EAU

Labrador Laurentienne inc.
2700, boul. Talbot
Chicoutimi
Tél.: (418) 549-3715
Eau de source naturelle

FARINE

La ferme Eliro
2430, rang Saint-Paul
La Doré
Tél.: (418) 256-3755
Farines de blé entier, de sarrasin, de son, de seigle, d'orge

FRAMBOISE

Framboisière Le Cageot
5455, chemin Saint-André
Jonquière
Tél.: (418) 542-8464 ou 547-2857
Vin et liqueur de framboise, petit vignoble

FROMAGE

Fromagerie Boivin
2152, chemin Saint-Joseph
La Baie
Tél.: (418) 544-2622
Cheddar doux

Fromagerie Ferme Des Chutes
2350, rang Saint-Eusèbe
Saint-Félicien
Tél.: (418) 679-5609
Fromage cheddar biologique

Fromagerie La Petite Heidi
504, boul. Tadoussac
Sainte-Rose-du-Nord
Tél.: (418) 675-2537
Fromage au lait de chèvre

Fromagerie Lehmann
291, rang Saint-Isidore
Hébertville
Tél.: (418) 344-4015
Le Valbert, le Kénogami

Fromagerie Perron
156, 15e Avenue
Saint-Prime
Tél.: (418) 251-3164
Cheddar vieilli, Le Doyen

Fromagerie Saint-Laurent
735, 6e Rang Nord
Saint-Bruno
Tél.: (418) 343-3655
Cheddar frais

MIEL

Le Beau Miel de Saint-Ambroise
373, 8e Rang
Saint-Ambroise
Tél.: (418) 672-6232
Produits dérivés du miel

Les Pastilles au miel Charbonneau
348, rue Saint-Émile
Chicoutimi
Tél.: (418) 545-8244
Pastilles au miel

Miel Burniaux, Jean-Paul
373, 8e Rang
Saint-Ambroise
Tél.: n.d.
Variété de miels

Miels Marie-Soleil
2105, boulevard de l'Anse
Roberval
Tél.: (418) 345-3529
Miel de bleuet, gelée royale, miel de tournesol

Miel pur Maltais, Florian
308, 9e Rang
Saint-Léon
Tél.: (418) 481-2110
Miel pur et bonbons au miel

Miel Picard
782, carré Weiss
Normandin
Tél.: (418) 274-2708

Rucher Miche
1235, 7e Rang Est
L'Ascension
Tél.: (418) 347-5152
Miel liquide et cristallisé

Serres Alizé
1409, 5e Rang
Saint-Gédéon
Tél.: (418) 345-8137
Miel nature

Shore, Robert
20, rang du lac Vert
Saint-Thomas-Didyme
Tél.: (418) 274-2708
Variété de miels

PETITS FRUITS

L'Orée des Bois
37, rang Saint-Joseph
Notre-Dame-de-Lorette
Tél.: (418) 276-1075
Confiture de baies d'amélanchier, gelée, coulis, sirop

PRODUITS DE BOULANGERIE

Café de la Poste de Sainte-Rose-du-Nord
169, rue du Quai
Sainte-Rose-du-Nord
Tél.: (418) 675-1053
Pain artisanal, pain biologique

La Maison du Pain
460, rue des Saguenéens
Chicoutimi
Tél.: (418) 693-0562
Pains aux bleuets, aux
framboises, etc.

La Moisson d'Or
1093, boul. Sacré-Cœur
Saint-Félicien
Tél.: (418) 630-2747
Pains de blé et autres

Pâtisserie Louise
328, rue Saint-Jean-Baptiste
L'Anse-Saint-Jean
Tél.: (418) 272-2611
Pain, tartes, muffins
(produits maison)

PRUNES

Verger Métabetchouan
62, route Saint-André
Métabetchouan
Tél.: (418) 349-2039
Liqueur de prune

PRODUITS DE L'ÉRABLE

Érablière au Sucre d'Or
917, rue du Boulevard
Laterrière
Tél.: (418) 678-2505
Beurre d'érable

Sucrerie Martel, Conrad
82, rue des Côteaux
L'Anse-Saint-Jean
Tél.: (418) 272-2987
Tire, sirop, etc.

VIN

Domaine de l'Anse
247, rue Saguenay
Saint-Fulgence
Tél.: (418) 674-1019
Vin blanc

VINAIGRETTE

Produit alimentaire Vio
450, boulevard du Royaume
Chicoutimi
Tél.: (418) 549-2638
Vinaigrette

Activités agrotouristiques

CIRCUITS ET RANDONNÉES

Circuit de la terre à la table
Tél: (418) 347-1414

FOIRES ET FESTIVALS

Les dégustations du
dimanche après-midi,
Lac-à-la-Croix, été

Festival de la gourgane,
Albanel, juillet

Festival du bleuet,
Dolbeau-Mistassini, août

Les fêtes gourmandes,
Delisle, août

La fête des citrouilles,
Lac-à-la-Croix, octobre

Les journées nationales du goût et
des saveurs,
octobre

MARCHÉS PUBLICS

Les Halles du Vieux-Port
49, rue Lafontaine
Chicoutimi
Tél.: (418) 698-3025

Les Halles de la
Rivière-aux-Sables
2310, rue Vaillancourt
Jonquière
Tél.: (418) 546-2329

MUSÉES ET CENTRES D'INTERPRÉTATION

Centre d'interprétation de
l'agriculture et de la ruralité
281, rue Saint-Louis
Lac-à-la-Croix
Tél.: (418) 349-3633

Musée du Cheddar
de Saint-Prime
Fromagerie Albert Perron
156, 15e Avenue
Saint-Prime
Tél.: (418) 251-4922